国宏智库青年丛书

中俄关系中的黑龙江界河因素研究

A Study on Factor of Border River Heilongjiang
in China-Russia Relations

王 宛 ◎ 著

中国社会科学出版社

图书在版编目（CIP）数据

中俄关系中的黑龙江界河因素研究／王宛著 .—北京：
中国社会科学出版社，2023.12
（国宏智库青年丛书）
ISBN 978-7-5227-2851-3

Ⅰ.①中… Ⅱ.①王… Ⅲ.①中俄关系—边界问题—研究 Ⅳ.①D822.351.2

中国国家版本馆CIP数据核字（2023）第229314号

出 版 人	赵剑英
责任编辑	范晨星
责任校对	任晓晓
责任印制	王 超

出　　版	中国社会科学出版社
社　　址	北京鼓楼西大街甲158号
邮　　编	100720
网　　址	http://www.csspw.cn
发 行 部	010-84083685
门 市 部	010-84029450
经　　销	新华书店及其他书店

印刷装订	北京明恒达印务有限公司
版　　次	2023年12月第1版
印　　次	2023年12月第1次印刷

开　　本	710×1000 1/16
印　　张	16
字　　数	246千字
定　　价	86.00元

凡购买中国社会科学出版社图书，如有质量问题请与本社营销中心联系调换
电话：010-84083683
版权所有　侵权必究

目录

绪 论 // 1
    一 选题依据 // 1
    二 国内外相关研究现状 // 6
    三 创新与不足之处 // 16
    四 研究的主要内容及章节安排 // 18
    五 研究的方法 // 19
    六 概念辨析 // 20
    七 关于本书研究范围的说明 // 25

第1章 国际河流（界河）与国际关系问题理论 // 27
    一 国际河流的特点和功能 // 27
    二 国际河流与流域国家间互动关系 // 31
    三 流域国家间涉水关系的影响因素 // 37
    四 流域国家达成涉水合作的动力 // 46
    五 流域国家间达成合作的途径 // 48
    六 小结 // 52

第2章 中俄界河及黑龙江流域概况 // 54
    一 中俄界河 // 54
    二 黑龙江流域的自然地理状况 // 59
    三 黑龙江两侧的社会经济状况 // 61

四　黑龙江流域水资源及用水状况　// 77
　　五　小结　// 86

第3章　中俄围绕黑龙江的冲突与界河因素的出现　// 88
　　一　黑龙江从内河到界河的历史变迁　// 88
　　二　黑龙江界河地区冲突不断　// 99
　　三　小结　// 110

第4章　中俄围绕黑龙江的合作与界河因素的变化　// 111
　　一　中俄围绕界河黑龙江的合作历程　// 111
　　二　界河黑龙江是中俄合作平台　// 135

第5章　中俄围绕界河黑龙江互动变化的分析　// 145
　　一　从国际关系的不同层面分析　// 145
　　二　从涉水事件统计角度分析　// 157
　　三　小结　// 165

第6章　界河因素视野下中俄围绕黑龙江涉水合作动因、问题及前景　// 167
　　一　涉水合作的动因　// 167
　　二　当前涉水合作存在的问题　// 178
　　三　涉水合作的前景　// 183
　　四　涉水合作面临的制约因素　// 191
　　五　对涉水合作的若干建议　// 196
　　六　小结　// 202

结论与思考　// 204

附　录　// 209

参考文献　// 227

图表目录

图 1-1	1948—1999 年水冲突与合作等级分布	34
图 1-2	关于跨界水资源的 145 个协定的内容分布	35
图 4-1	中俄围绕黑龙江涉水合作机制结构	143
图 5-1	1951—2016 年中俄围绕黑龙江涉水事件强度等级分布	162
图 5-2	1951—2016 年中俄围绕黑龙江涉水互动事件数量及性质年际变化	162
图 5-3	1951—2016 年黑龙江流域风险强度等级年际变化趋势	163
图 5-4	1951—2016 年黑龙江流域中俄涉水事件内容结构	164
表 1-1	国际河流合作的类型及其利益一览	47
表 2-1	中国主要国际河流一览	55
表 2-2	1996—2022 年黑龙江省和吉林省 GDP 及其增长率统计	62
表 2-3	2005—2018 年黑龙江省货物进出口额情况	64
表 2-4	2005—2018 年吉林省货物进出口额情况	67
表 2-5	1998—2021 年黑龙江俄罗斯一侧三个行政区地区生产总值及人口	68
表 2-6	2000—2020 年中国在俄罗斯阿穆尔州进出口贸易中的比重统计	71
表 2-7	黑龙江中俄两侧社会经济状况对比	76
表 2-8	汇入黑龙江的主要河流径流量情况	79
表 2-9	黑龙江省和吉林省用水结构情况	80
表 2-10	黑龙江干流水资源总量和使用量	81
表 2-11	黑龙江流域大中型水电站情况一览	85

表 4-1	黑龙江干流梯级大坝规划一览	121
表 4-2	松辽流域主要河流全年期水质评价一览	128
表 4-3	中俄跨界水体水质联合监测断面、承担单位、频次、时间信息一览	130
表 4-4	中俄跨界水体水质监测项目一览	131
表 4-5	中俄跨界水体底泥监测采样点位、承担单位、频次、时间信息、项目一览	131
表 4-6	中俄《关于自然环境与自然资源保护和研究的跨境合作协议》包含的自然保护区一览	134
表 4-7	中俄围绕黑龙江签订的双边合作协定汇总	137
表 5-1	BAR 值说明	157
表 5-2	1951—2016 年黑龙江流域风险等级评价结果一览	161
表 5-3	1951—2016 年中俄围绕黑龙江涉水互动内容统计	165
表 6-1	黑龙江界河江段两侧的中俄口岸一览	175
表 6-2	部分俄罗斯远东超前发展区情况一览	190

绪 论

一 选题依据

（一）选题背景

1. 全球化大趋势背景下，需要关注全球水治理

当今世界正经历百年未有之大变局，虽然逆全球化思潮不断抬头，但全世界人民的命运和前途前所未有的紧密联系在一起，而全球治理体系与国际形势变化的不适应、不对称也前所未有。积极参与全球治理是新时代中国特色大国外交的重要内容。党的十八大以来，以习近平同志为核心的党中央统筹国内国际两个大局，践行共商共建共享的全球治理观，相继提出全球发展倡议、全球安全倡议、全球文明倡议，为全球治理提供中国方案，努力推动全球治理朝着更加公正合理方向发展。完善全球治理体系，不仅是我国发展的需要，也是国际社会对我国的期望。中国积极参与全球治理体系改革和建设，旨在寻求世界各国和地区的共同发展，谋求全人类的进步。

水安全问题凸显，水资源日益成为全球治理的重要内容之一。水资源面临来自全世界的影响，而同时水资源又影响着世界上的一切事物。水资源与人类健康福祉、生产力发展、社会进步和生态环境可持续发展息息相关，是可持续发展的关键所在。近年来，人口增长、城市化和工业化加快、粮食和能源安全政策变化、全球贸易增长等因素加剧了全球对水资源的需求。与此同时，在水污染、水资源的不合理使用和管理、低效的水供给和水分配体系、气候变化等因素的作用下，全球人均可利用淡水资源却在持续减少。联合国 2023 年发布的世界水发展报告显示，全球有20亿至30亿人面临缺水困境，预计到2050年全球将有17亿至24亿城市人口面临缺水问题。减少水稀缺带来的压力成为许多国家的目标之一，直接加剧了国家对现存可利用淡水资源的需求和争夺。人们越来越认识到水资源带来的挑战超越了单一国家的应对能力，有效水治理不仅需要科学技术支持，更重要的是国家间的合作。

2. 中国周边形势变化，需要关注国际河流因素

中国奉行睦邻友好外交，但中国所处的发展环境并不安定。美国视中国为挑战其全球霸权的潜在国家，因此利用南海、东海岛礁及领海主权争端、朝核问题等地区安全热点议题，在中国周边不断制造矛盾和冲突。2016年，美国在韩国部署"萨德"导弹防御系统，对中国国土安全构成较大威胁，引发国际社会高度关注。近来，美军战机在中国周边海空域开展军事活动，甚至造成紧迫局面，损害我国国家利益。当前国际格局正在经历重组变革，不确定和不稳定因素复杂交织，和平稳定的周边环境对我国国家安全与发展的意义格外凸显。

中国周边国际河流众多，关于国际河流跨界水资源的纠纷和争端越发严峻。随着我国经济发展、人口增长、综合国力提升，我国在周边国际河流境内部分的开发利用活动增多，虽然是在适度范围内，但仍然引起了流域其他国家的担忧甚至不满。争议最多且最早的是关于西南部的国际河流，这些国际河流多数是流经多个国家的跨境河流。相比之下，黑龙江跨界纠纷问题并不突出，原因是它的开发程度和流域人口密度较低。中国在周边形势变化的情况下，需要关注周边国际河流问题。

3. 中俄关系发展，需要关注黑龙江界河问题

俄罗斯是中国北部的最大邻国，是中国在推动世界多极化和国际关系民主化道路上可以倚重的国家，是"一带一路"建设的重要沿线国家，也是构建欧亚伙伴关系的关键力量，因而中俄关系是中国周边关系中的重中之重。20多年来，中俄双边关系不断攀升，从"相互视为友好国家"、"建设性伙伴"、"战略协作伙伴"、"全面战略协作伙伴"到"新时代中俄全面战略协作伙伴"。毋庸置疑，中俄关系是当今新型大国关系、周边睦邻关系的典范。在中俄建交70周年的时候，两国将双边关系提升到前所未有的高度，指明了中俄合作的新方向，也蕴含着中俄关系的新使命，共同推动中俄新时代全面战略协作伙伴关系在更高水平上不断前进。

黑龙江几乎贯穿中俄历史发展全程，因其特殊的边界身份而多年来成为中俄关注甚至争议的对象。2004年，中俄边界彻底划定，黑龙江存在着纷扰两国多年的主权问题成功解决。然而，2005年松花江发生了跨界水污染事件，使各界对黑龙江的关注程度再次上升，尤其是来自俄方的担忧。松花江事件暴露了一个问题，中俄在双边关系发展中对黑龙江的关注忽视了非传统视角，使得两国意识到黑龙江水资源对双边关系有着潜在消极影响。

4. 振兴中国东北老工业基地，需要关注黑龙江中俄边境地区

东北地区在我国改革发展全局中举足轻重。"振兴东北老工业基地"既是推进我国经济结构战略性调整的举措，也是完善我国对外开放战略布局的重要部署。[①] 推进中国式现代化，需要强化东北的战略支撑作用。[②] 推进东北老工业基地全面振兴的重要性和紧迫性不言而喻，然而单凭东北地区自身的资源禀赋来发展经济明显乏力。习近平主席认为，要推动东北老工业基地振兴，要"加强同周边国家和地区交流合作"，"全面提高对外开放水平"。与此同时，与我国北部相邻的俄罗斯大力实施远东地区开发计划。我国东北地区和俄罗斯远东地区地缘邻近，资源互补，都亟待解决发展难题。为了将两地经济形成整体合力，寻求两地联动发展，中俄两国已于2009年达成了《中国东北地区同俄罗斯远东及东西伯利亚地区合作规划纲要（2009—2018年）》。黑龙江作为中俄两国东部毗邻地区的界河，其在我国东北与俄罗斯远东合作开发中的地位和作用不可忽视。

---

① 《中共中央国务院关于全面振兴东北地区等老工业基地的若干意见》，新华社北京2016年4月26日电。
② 《习近平主持召开新时代推动东北全面振兴座谈会强调：牢牢把握东北的重要使命 奋力谱写东北全面振兴新篇章》，新华社哈尔滨9月9日电。

5. 中俄关系研究，需要横向拓展以及问题导向性研究

关于中俄关系的纵向未来，学术界一直在热议。笔者赞同外交部前副部长傅莹的观点。她认为中俄致力于构建的是一种平等的合作关系，是伙伴而不是同盟[①]。同时，中俄关系是下有保底的，中俄关系战略协作具备较强稳定性，国际、地区、双边层面互动机制全面，对话渠道通畅。在划定纵向发展空间后，中俄关系的横向拓展就显得尤为重要，甚至关系到两国战略协作的长期性、稳定性和高效性。在此背景下，中俄关系研究亟须转变视角，从纵向空间研究转向横向领域研究，从宏观性战略研究转向中微观性具体问题研究。进一步说，这种转向一方面能对两国关系研究的内容进行有益的补充，另一方面能寻求推动两国关系进一步提升的新增长点。应该说，本书以中俄黑龙江界河为研究对象，正是对中俄关系现实问题及学理研究新特点、新趋势的回应。

6. 国际关系研究，需要实现跨学科转变

随着全球化不断深入，世界各国和地区在多领域形成相互依赖，越来越多的全球性问题出现，比如生态环境保护、移民、跨国犯罪、自由贸易区等全球性挑战日益增多。国际关系的研究重点不再只是高级政治领域，而是更多地关注低级政治议题。这些新兴的国际关系议题离不开跨学科的研究和应用，包括地理学、管理学、社会学、环境学、心理学等。

除此之外，国际关系研究终归是为一国的发展服务，对外政策在某种程度上是一个国家国内政策的延续。党的十八大以来，以习近平同志为核心的党中央提出了"两个一百年"奋斗目标，提出了"四个全面"战略和"创新、协调、绿色、开放、共享"的新发展理念。党的十九大报告提出中国进入中国特色社会主义新时代，是决胜全面建成小康社会、进而全面建设社会主义现代化强国的时代，是中国日益走进世界舞台中央、不断为人类作出更大贡献的时代。为此，在对外政策方面，中国坚持和平发展道路，推动构建人类命运共同体。中国

---

① 傅莹：《中俄关系：是盟友还是伙伴?》，《现代国际关系》2016年第4期。

的国际关系研究应当基于中国特色社会主义国情和新时代中国特色社会主义思想，吸收和借鉴国外国际关系科学的优秀成果，建设有中国特色的国际关系研究体系，推动实现中国对外政策目标，从而更好地服务于我国的发展政策。

（二）选题的意义

本书选择中俄之间的界河黑龙江作为研究对象，选题的意义体现在学理和现实两个层面。

1. 学理意义

从推动全球治理的意义上讲，有必要建立全球国际河流水资源治理的理论体系。国际社会对国际河流与国际关系问题的研究时间并不长，但已经形成了丰富的理论成果。然而，现有成果比较分散，且尚有许多国际河流问题未得到有效和深入探讨。具体到中国，国内学者对国际河流水资源与国际关系问题的研究较国外学者晚，且研究多局限于我国西南地区的国际河流，而对我国其他国际河流（比如本书的研究对象黑龙江）的研究颇少。因此，本书将补充和发展国内国际关系领域关于中国周边跨界水资源问题的研究，也在一定程度上对推动构建全球国际河流水资源治理的理论体系贡献绵薄之力。

2. 现实意义

国际河流问题日益成为影响中国与周边国家关系发展的重要因素，在这一背景下关注国际河流黑龙江以及分析黑龙江界河与中俄关系之间的联系就显得非常有现实意义。在中俄关系发展中，界河黑龙江可能成为消极因素，也可能成为积极因素。研究中俄黑龙江界河跨界水资源问题不仅有利于稳定我国北部周边安全，而且可以助力中俄两国东部毗邻地区的共同开发，从而助力中俄关系的良性发展甚至实现提升突破。除此之外，研究中俄国际河流问题也为中国周边其他国际河流问题的解决提供借鉴，有利于为"一带一路"建设的推动创造更有益的周边环境。

二 国内外相关研究现状

本书的研究对象是中俄关系中的界河黑龙江。首先，它属于国际河流问题，黑龙江水资源的跨界性质使得它将中俄两国联系起来；其次，它属于中俄关系问题，黑龙江是中俄的边界，是中俄关系的组成部分，它所发挥的作用跟中俄关系密不可分。基于此，对于国内外相关研究现状的梳理和归纳主要分为三个方面：国际河流与国际关系研究、中俄关系研究和中俄关系中的界河黑龙江研究。

（一）国际河流与国际关系研究

在国外学界，国际河流问题研究起步较早，至今已经积累了一批有价值的成果。纵观这些成果可以发现，国际河流与国际关系问题的研究历程呈现出研究视角和研究方法两个方面的变化。

1. 研究视角的变化：从冲突到合作

20世纪60年代以来围绕中东地区三大国际河流流域发生的冲突，尤其是1967年第三次中东战争中对约旦河的争夺，引起了世界范围的关注。国际河流多被冠以流域国家间冲突之源。埃及外交部前部长布特罗斯·加利在1988年时表示："下一场在这里发生的战争不是为了政治，而是为了尼罗河"[①]。库利从约旦河跨界水冲突出发，提出水资源在历史上引发冲突且在未来仍将引发冲突的观点。[②]霍马-迪克逊关注资源稀缺和环境退化引发的冲突，认为不可再生资源更容易引起冲突，其中水资源引发冲突的可能性最大。[③]持有跨界水冲突观点的学者还有阿梅里奥、山姆森、克利奥特、斯塔和斯多尔、索弗、威斯汀、布洛

[①] 参见 Michael T. Klare, "The New Geography of Conflict", *Foreign Affairs*, 2001, No.3, p.5.

[②] Cooley John, "The War over Water", *Foreign Policy*, 1984(54), pp.3-26.

[③] Thomas F. Homer-Dixon, "Environmental scarcities and violent conflict: evidence from cases", *International Security*, 1994(1), pp. 919-920.

奇和达尔维什、瑞曼斯、克莱尔等。① 随着对国际河流与国际关系研究的深入，再加上20世纪90年代以后欧洲出现越来越多国际河流合作的成功案例，跨界水冲突的观点不断遭到质疑，学者越来越倾向于从合作的角度研究国际河流问题。穆斯塔法·多拉塔亚尔和蒂姆·格雷认为水稀缺使流域国家的决策制定者寻求互利协作的办法来解决问题从而避免冲突的发生。② 阿瑞尔·迪纳尔和施罗密·迪纳尔等也认为合作是国际流域国家间关系的主旋律。③ 持跨界水合作观点的学者还有洛维、阿肖克·斯温、利马奎得、穆默、英格拉姆等。④ 在此基础

---

① Amery, A. H., "Water security as a factor in Arab-Israeli Wars and Emerging Peace", *Studies in Conflict & Terrorism*, 1997, 20(1), pp. 95-104; Samson, P., Charrier, B., "International freshwater conflict: issues and prevention strategies", Green Cross Draft Report, 1997; Kliot, Nurit. *Water Resources and Conflict in the Middle East*. London: Routledge, 1994, pp. v; Starr, J. R., Stoll, D. C., "Water for the Year 2000", In Starr J. R. and Stoll D. C., ed., *The Politics of Scarcity. Water in the Middle East*. Boulder: Westview Press, 1988; Soffer, A., *Rivers of Fire: The Conflict over Water in the Middle East*. New York: Rowman & Littlefield Publishers Inc., 1999; Westing, A. H., ed. *Global Resources and International Conflict: Environmental Factors in Strategic Policy and Action*. New York: Oxford University Press, 1986; Bulloch, J., Darwish, A., *Water Wars: Coming Conflicts in The Middle East*, London: St. Dedmundsbury Press, 1993; Remans, W., "Water and war", *Humanitäres Völkerrecht*, 1995, 8(1); Klare, M. T., "The new geography of conflict", *Foreign Affairs*, 2001, 80(3), pp.49-61.

② Mostafa Dolatyar, Tim S. Gray, "The politics of water scarcity in the Middle East", *Environmental Politics*, 2000, 9(3), pp. 65-88.

③ Ariel Dinar, Shlomi Dinar, Stephen McCaffrey, Danen McKinney, *Bridges Over Water: Understanding Transboundary Water Conflict negotiation and Cooperation*, Singapore: World Scientific Publishing Co. Pte. Ltd., 2007.

④ Lowi, R. M., *Water and Power: The Politics of a Scarce Resource in the Jordan River Basin*, University of Cambridge Press, 1993; Ashok Swain, *Managing Water Conflict: Asia, Africa and the Middle East*, London: Routledge, 2004; LeMarquand D. "Developing river and lake basins for sustainable economic growth and social progress", *Natural Resources Forum*, 1989, 13(2), pp. 127-138; Stephen Mumme, "Innovation and reform in transboundary resource management: A critical look at the International Boundary and Water Commission", *Natural Resources Journal,* 1993, 33:1(1), pp. 93-120; Helen Ingram, David R. White, "International Boundary and Water Commission: An institutional mismatch for resolving transboundary water problems", *Natural Resources Journal*, 1993, 33(1), pp. 154-175; A. Szekely. How to accommodate an uncertain future into institutional responsiveness and planning: The case of Mexico and the United States", *Natural Resources Journal*, 1993, 33(2), pp. 397-403.

之上，美留町和艾伦认为在国际流域中冲突与合作共存，并且提出和构建了跨界水互动的模型，旨在反映出冲突与合作的共存状态和动态变化。①

2. 研究方法的变化：从个案定性到多案定量

国际河流已经多年来被学者当作研究对象，但初期的研究通常对特定单个国际河流进行定性分析，比如巴以和约旦之间的跨界水问题、中亚咸海地区跨界水问题、亚洲湄公河流域跨界水问题等②。只关注单个国际河流就容易得出跨界水冲突的观点，因此美国俄亥俄州立大学的沃尔夫等人致力于对世界范围内的国际流域进行整体研究，旨在发现更为普遍的规律和特征。他们建立了"国际水事件数据库"（International Water Events Database），收录了1948—2008年间国际流域国家间涉水互动事件的相关数据。通过统计和分析，他们发现多年历史数据表明共享流域国家之间围绕跨界水资源的互动呈现出的是倾向于合作和中立而不是冲突，尽管水在国际关系中扮演了刺激因素，然而近年来并未发生由水引发的战争。③

国内学界对国际河流与国际关系的研究多立足于合作，促进国际河流合作与管理。何大明等著的《国际河流跨境水资源合理利用与协

---

① Naho Mirumachi, J. A. Allan. Revisiting Transboundary Water Governance: Power, Conflict, Cooperation and the Political Economy. International Conference on Adaptive and Integrated Water Management. Basel, Switzerldand, November 12-15, 2007, p.7.

② "中东地球之友"（FoEME）组织开展了一项针对巴勒斯坦、以色列和约旦之间跨界水的研究，并于2010年出版了项目报告，分析了以色列和约旦进行跨界水合作的必要性，详见 FoEME, *Why Cooperate over Water? Shared Waters of Palestine, Israel and Jordan: Cross-border crises and the need for trans-national solutions*, Amman, Bethlehem, Tel Aviv: Friends of the Earth Middle East, 2010; 美国参议院对外关系委员会于2011年发布了关于中亚和东亚地区水安全可能威胁地区长期稳定的报告，详见 Senate Foreign Relations Committee: Water Security in Central and South Asia May Jeopardize Long-term Regional Stability, 2011; 史考特和皮尔斯·史密斯把研究对象放在了湄公河流域，详见 Scott, 'Water War' in the Mekong Basin?", *Asia Pacific Viewpoint*, 2012, 53(2), pp.147-162.

③ Shira Yoffe, Aaron T. Wolf, Mark Giordano, "Conflict and cooperation over international freshwater resources: indicators of Basins At Risk", *Journal of The American Water Resources Association*, 2003(5), pp. 1109-1126.

调管理》是第一部系统综合研究国际河流特别是跨境水资源利用与管理的书，为国际关系领域跨界水资源问题研究提供自然科学方面的文献。[①] 李志斐（2015）从水外交、周边关系和区域公共产品等角度对中国跨界水资源问题进行了系统研究，发表了《跨国界河流问题域中国周边关系》《水资源外交：中国周边安全构建新议题》等学术论文，出版了从国际关系角度分析跨界水资源的专著《水与中国周边关系》，兼具理论性和实用性。

国内学界多集中于研究地区国际河流问题，比如陈丽晖等的《国际河流流域开发中的利益冲突及其关系协调——以澜沧江－湄公河为例》（《世界地理研究》2003年第1期）、蓝建学的《水资源安全合作与中印关系的互动》、宫少朋的《阿以和平进程中的水资源问题》、徐向群的《叙以和谈的症结，安全与水资源问题探析》、杨恕和王婷婷的《中亚水资源争议及其对国家关系的影响》、冯怀信的《水资源与中亚地区安全》等。对东北亚地区国际河流的研究较少，主要研究成果有李传勋的《中俄毗邻地区非传统安全领域合作初探》、滕仁的《中俄在边界水体水资源安全方面的合作》、王志坚和翟晓敏的《我国东北国际河流与东北亚安全》等。

（二）中俄关系研究

无论在国内还是国外学界，中俄关系都是一个老话题，而且研究视角多样。在俄罗斯，俄科学院远东问题研究所、莫斯科国际关系学院、圣彼得堡大学东方学研究所等是研究中俄关系的重要学术机构。代表学者有：卢贾宁（С. Лузянин）、沃斯克列先斯基（А. Воскресенский）、卢金（А. Лукин）等。俄罗斯学者侧重于从地缘政治、国家安全、战略平衡等角度来看待中俄关系，关注中俄关系对俄国本土及其势力范围的影响。具体的关注点包括：中俄关系如何成为俄罗斯大国外交的工具，中俄在中亚地区的竞合关系，中俄在远东地区的关系，"丝绸之路经济

[①] 何大明、冯彦：《国际河流跨境水资源合理利用与协调管理》，科学出版社2006年版。

带"对俄罗斯主导的欧亚一体化会不会造成冲击,中国在俄罗斯国家安全战略中的角色,等等。总的来看,俄国学界虽然对中俄关系的发展持有一定的谨慎、怀疑态度,但同时也给予重视、理解甚至期待。

在国内学界,学者对中俄关系的研究多从国际格局、地区格局、大国利益等视角,以基本现状为切入点。代表性著作有:郑羽的《多极化背景下的中俄关系(2012—2015)》、季志业和冯玉军的《俄罗斯发展前景与中俄关系走向》、王海运的《新世纪的中俄关系》、高飞的《政治文化变迁与中俄关系的演变》、复旦大学俄罗斯研究中心和俄罗斯国际事务委员会的《中俄关系:2016模式》等。"丝绸之路经济带"与欧亚经济联盟("一带一盟")对接合作研究是近年来国内学界研究的热点。陆南泉、李永全、李兴、孙力、吴大辉、李建民、张宁等学者对此有相应研究,探讨的问题包括"一带一盟"对接合作的原则、路径及重难点问题,总体上对"一带一盟"对接的前景持乐观态度。

中俄关系研究的现有成果中,对黑龙江甚至东部毗邻地区的关注相对较少。然而,随着"一带一路"的提出、"一带一盟"的对接,中俄东部毗邻地区在中俄关系中的重要性不断提升,值得更多关注。界河黑龙江连接中国东北和俄罗斯远东,它为中俄关系的新研究提供了颇为独特的视角。

(三)中俄关系中的界河黑龙江研究

目前,国内尚未有著作专门以界河黑龙江为视角研究中俄关系,与界河黑龙江相关的内容多出现在中俄关系历史著作中。在中国知网(CNKI)上搜索结果显示,截至2017年4月1日,同时以"中俄关系"和"黑龙江"[①]为主题的有效学术论文有102篇[②],但这些论文只是涉及到"中俄关系"和"黑龙江",而并非是完全以这两个主题为研究对象。

---

① 此处笔者想要查询的"黑龙江"是指中俄黑龙江界河,但因与中国的"黑龙江省"在字面上相似,所以在搜索结果中会存在关于"黑龙江省"的论文。

② 中国知网搜索"中俄关系"和"黑龙江"主题词结果为160篇论文,但其中102篇为有效,即与本书研究内容相符,在中俄关系研究中涉及两国的边界黑龙江;有58篇无效,即与本书研究内容不符,比如某些文章关于黑龙江省人物传记、关于在黑龙江省召开的会议等。

对于黑龙江的关注较多的当属中国和俄罗斯，除此之外也得到了部分其他国家学者的关注。梳理国内外相关研究现状，发现有以下几方面特点。

1. 在中俄关系史研究中黑龙江多以边界的身份存在

关注的问题大致包括两个方面，即中俄边界的形成和两国边界谈判。中俄从无边界到边界大体形成经历了约两个世纪，其中黑龙江就在此过程中演变为两国的边界，然而中华人民共和国成立后两国围绕边界的划定存在争议，直到21世纪才得以解决。关于两国边界的历史基本出现在各类中俄关系史和边界史的著作和论文中。

中文著作包括中国社会科学院近代史研究所编著的《沙俄侵华史》、王希隆著的《中俄关系史略（一九一七年前）》、杨闯等著的《百年中俄关系》、薛衔天著的《民国时期中苏关系》、佟冬编的《沙俄与东北》、吕一燃编的《中国近代边界史》和张学昆编著的《中俄关系的演变与发展》，关于黑龙江的内容包含在两国历史不同阶段的论述中。除此之外，学者对中俄东段边界的形成原因及影响也进行了研究。张宗海讨论了中俄边界最初的形成，认为这一结果并非单纯是两国武力冲突的产物，同时也体现了东西方民族所具有的不同文明之间的碰撞。[①] 步平分析了中俄边界形成的过程，认为《尼布楚条约》所确定的边界符合中国在黑龙江地区的传统界限范围，而19世纪的边界则是打破了黑龙江原来南北政治、经济统一的局面，是强制性的和不合理的，之后由于种种国际形势的变化，两国的边界大致走向未出现变动。[②]

俄国学者对中俄东部边界的关注程度不亚于中国学者，而且带有强烈的时代色彩。19—20世纪初的俄国学者更多关注两国边界的合法性问题，积极记录和研究俄国获取黑龙江以北远东地区历史，其中不乏对事实的歪曲和对俄国侵略者的赞扬。[③] 俄国十月革命之后，部分

[①] 张宗海：《试论中俄最初边界的形成及特点》，《学习与探索》1992年第3期，第133—136页。

[②] 步平：《中俄东部边界的历史考察》，《学习与探索》1983年第6期，第125—131页。

[③] 关于20世纪的文献情况参考宿丰林《俄罗斯学者关于中俄东段边界形成史研究概述（上）》，《西伯利亚研究》2005年第3期，第53—55页。

俄国（苏联）学者对于两国边界问题的论述相对客观。比如安德烈耶夫的《十七至二十世纪的俄中关系》[①]、谢宾科夫的《十七世纪俄中关系》[②]、亚历山大洛娃的《俄罗斯在远东边境（十七世纪下半期）》[③]等。21 世纪以后，随着中俄关系的不断改善，俄国学者更多关注边界谈判与解决。卢金编著的《俄国与中国：四百年的互动》，细数了 400 年历史中中俄关系从最初到现在的演变过程，其中有一章节重点关注两国边界问题的解决。[④]加林诺维奇著的《20 世纪的俄国与中国：边界》，主要论述了 20 世纪俄国与中国关于边界的协调问题。[⑤]长期从事中俄边境工作的苏联著名外交官基列耶夫著有《俄罗斯与中国：边界谈判秘密内容》，根据条约文本分析中俄之间边界谈判内容，重点是 20 世纪 80—90 年代的谈判。[⑥]

2. 关注界河黑龙江两侧中俄边境地区

关注的重点主要是黑龙江两侧中俄边境地区经贸互动和民间往来。姜振军认为，在中俄共建"一带一路"的合作框架下，以黑龙江地区为中心的黑龙江陆海丝绸之路经济带将致力于打造贯通亚欧的国际运输网络，带动中俄东部边境地区的经济发展。[⑦]王海运认为，黑龙江界河中俄两侧地区地缘相近，且具有合作发展的互补性，但同时也存在着市场需求匹配度差和疑虑等因素。[⑧]刘长敏认为，中俄东部边界地区

---

① Александров, В. А., 《Русско-китайские отношения в XVII веке》. Народы Азии и Африки, 1974(3), С. 36-45.

② Щебеньков, Б. Г., 《Русско-китайские отношения в XVII в》. АН СССР, 1960.

③ Александров, В. А., Россия на дальневосточных рубежах (вторая половина XVII в.). Хабаровское книжное издательство, 1984.

④ Лукин, В. А., Россия и Китай: четыре века взаимодействия. История, современное состояние и перспективы развития российско-китайских отношений. Москва: Весь Мир, 2013.

⑤ Галенович, М. Ю., Россия и Китай в XX веке - Граница. Изограф, 2001.

⑥ Гиреев, В. Г., Россия - Китай, Неизвестные страницы пограничных переговоров. Российская политическая энциклопедия, 2006.

⑦ 姜振军：《中俄共同建设"一带一路"与双边经贸合作研究》，《俄罗斯东欧中亚研究》2015 年第 4 期，第 41—47 页。

⑧ 王海运：《中俄毗邻地区合作的机遇与障碍》，《西伯利亚研究》2015 年第 5 期，第 23—24 页。

经贸合作存在结构性障碍，边民之间的相互认同度并不乐观，这是"一带一路"倡议在边界黑龙江地区落实所需要重视的具体问题。① 郭晓琼认为，界河黑龙江的边境口岸是推动中俄边境地区经贸合作、经济社会发展以及民间往来的桥头堡，意义重大，但受到口岸建设和两国经贸合作两方面的限制因素影响，目前边境口岸存在发展失衡的情况。② 周逢民等系统梳理了中俄边境地区的经济金融发展和合作，以及外汇管理的现状与趋势。③ 于江波梳理了界河黑龙江两侧的自然资源特点，认为这为中国东北与俄罗斯远东及西伯利亚地区的经贸合作提供了坚实的基础。④

与中国以黑龙江相隔的远东地区一直是俄罗斯重视之地，一方面为了融入东北亚经济圈，另一方面为了加强对远东地区的控制。俄罗斯国际事务委员会2015年出版了关于中俄边境地区跨境经贸和金融关系的书籍，重点讨论了现状、存在的问题及前景；安德烈耶夫著的《中俄边境合作中的地缘政治因素》认为，21世纪以来由于中俄关系的不断提升，受地缘政治因素的影响，两国在边境地区的跨界合作显著增强。⑤ 梅里霍夫著的《远东国际关系中的俄罗斯移民问题（1925—1932）》运用大量回忆录讲述了1925年到1932年期间，在中苏冲突、日本侵略中国东北背景下远东地区俄罗斯移民的历史。⑥ 俄罗斯科学院联合中国学者共同出版的《俄罗斯与中国：经验、潜力区域和跨境合作》包含了对跨界自然资源、社会经济文化互动的分析。⑦ 从2001年以

---

① 刘长敏：《中俄东部边界近距离观察与思考》，《太平洋学报》2016年第3期，第59—66页。

② 郭晓琼：《黑龙江边境口岸：成果与问题》，《欧亚经济》2016年第2期，第99—109页。

③ 周逢民等编：《中俄边境地区经济金融发展与外汇管理》，中国金融出版社2009年版。

④ 于江波：《中俄边境地区黑龙江段资源特点及经贸合作》，《俄罗斯中亚东欧市场》2010年第6期，第42—46页。

⑤ Александров, В. А., Геополитика трансграничного взаимодействия России и Китая. Lambert Academic Publishing, 2014.

⑥ Мелихов, В. Г., Российская эмиграция в международных отношениях на Дальнем Востоке 1925-1932. Русский путь, 2007.

⑦ Ларин, В.Л., гл. ред. Россия и Китай: опыт и потенциал регионального и приграничного взаимодействия. Владивосток: Дальнаука, 2014.

来，在俄罗斯阿穆尔国立大学多次举办了"远东边界上的俄国和中国"（Россия и Китай на дальневосточных рубежах）国际学术研讨会，并出版会议论文集，比如2006年出版的《远东边境的俄罗斯与中国：阿穆尔河之桥》主要关注历史上和现在中俄在远东地区的经济、民族和文化互动。[1] 博特别列斯金娜分析了俄罗斯远东及亚太地区的交通基础设施建设问题。[2] 著名的汉学家卢金的《崛起中的中国与俄罗斯的未来》讨论了当前的俄罗斯与邻国中国的关系，包括边境合作和互动、移民问题等，认为中俄之间是互惠互利的有效合作。[3]

3. 聚焦界河黑龙江水资源的研究

从界河黑龙江水资源出发的研究成果相对较少，关注的问题主要是中俄合作开发利用黑龙江水资源，以及保护其周边生态环境。滕仁着眼于中俄边界水体，分析了两国边界水资源安全状况及合作前景。[4] 顾俊玲认为，开发利用黑龙江界河水资源对中国而言意义重大，但当前存在诸多不利因素，包括资金投入不足、设施老旧、缺乏跨界水资源开发利用相关法律法规、缺乏边界水资源合作经验等。[5] 贾德香等对中俄合作开发界河水电资源的前景进行了分析，认为中俄界河水电开发潜力大且经济效益高，而且当前的中俄关系也提供了合作开发的机遇。[6] 周翔宇等着眼于黑龙江跨境水电开发，为中俄有效合作开发黑龙

---

[1] Забияко А., П., Россия и Китай на дальневосточных рубежах: Мост через Амур. Амурский гос. ун-т, 2006.

[2] Подберезкина, О.А., Российский Дальний Восток и Азиатско-Тихоокеанский регион: проблемы интеграции транспортных систем. Вестник МГИМО-Университета, 2010(4), С. 295-304.

[3] Лукин В., А., Возвышающийся Китай и будущее России. Международные отношения, 2015.

[4] 滕仁：《中俄在边界水体水资源安全方面的合作》，黑龙江大学硕士学位论文，2007年。

[5] 顾俊玲：《中俄界江界湖水资源开发利用及对策的探讨》，寒区水资源研究会议，2008年7月26日。

[6] 贾德香、白建华、梁芙翠：《中俄界河水电项目合作开发前景分析》，《能源技术经济》2010年第2期，第5—7页。

江跨境水电资源构建出了多层次主体协同机制。[1] 谢永刚等从2005年松花江跨界水污染出发，探讨了中俄应对例如跨境水资源污染等灾害的合作机制，包括法律基础和解决措施。[2] 周海炜等也关注黑龙江跨境水污染，认为当前中俄跨境水污染合作机制主要以高层合作为主，不能满足当前的需求，应在政府合作的基础上同时开展市场和公众层面的合作。[3] 邹春燕等指出了界河黑龙江存在的生态环境问题，并且提出了中俄合作对这一地区生态环境的保护与治理建议，包括联合制定科学规划、签订合作协定以及成立统一指挥与协调机构等。[4]

与我国学者多从积极合作角度研究相比，俄国学者在黑龙江研究上存在诸多消极片面的观点。但中俄在黑龙江跨界水资源方面的合作得到了俄国学者的肯定。索恩切夫认为中俄两国在生态环境合作方面迈入了新阶段[5]；博尔果夫等认为即便中俄在黑龙江问题上存在分歧和矛盾，但双方相互尊重和信任，在黑龙江合作方面取得了丰硕的积极成果[6]；维诺格拉多夫等从法律的角度分析了中俄跨界水合作，利用条约梳理出了当前的合作机制。[7]

总体来看，通过梳理和对比国内外相关研究成果，笔者认为关于

---

[1] 周翔宇、张阳、刘宗瑞：《黑龙江流域跨境水电开发的多层次主体协同合作机制研究》，《水利经济》2016年第3期，第20—24页。

[2] 谢永刚、王建丽、潘娟：《中俄跨境水污染灾害及区域减灾合作机制探讨》，《东北亚论坛》2013年第4期，第82—91页。

[3] 周海炜、郑莹、姜骞：《黑龙江流域跨境水污染防治的多层合作机制研究》，《中国人口·资源与环境》2013年第9期，第121—126页。

[4] 邹春燕、丁丽、黄清：《中俄界河黑龙江生态环境保护与治理的对策研究》，《林业经济问题》2014年第3期，第193—199页。

[5] Солнцев, М.А., От конфликта к сотрудничеству: Российско-китайские отношения в области управления водными ресурсами. Международное право, 2009, No.1. C. 256.

[6] Болгов, М.В., Демин, А. П., Шаталова, К. Ю., Российско-Китайское сотрудничество в области использования и охраны трансграничных водных объектов：опыт и проблемы// Использование и охрана природных ресурсов в России, 2016, No.2. C. 94.

[7] Sergei Vinogradov, Patricia Wouters, "Sino-Russian Transboundary Waters: A Legal Perspective on Cooperation", Stockholm paper, Institute for Security and Development Policy, 2013.

中俄关系中界河黑龙江的研究存在四个方面的不足。(1) 缺乏对黑龙江的国际关系视角研究。现有成果虽然也是在中俄两国关系的大背景下的研究，然而要么把关注点放在边界，要么把关注点放在边境地区，要么把关注点放在跨界水，很少专门从国际关系角度对黑龙江的角色和作用进行分析。(2) 缺乏整体的研究框架。现有成果将黑龙江界河的属性分割开来，要么只关注它的边界属性，要么只关注它的河流属性，而未将这两种属性糅合起来。黑龙江既是中俄边界，起到分割和连接两国的作用，同时黑龙江也是国际河流，将其两侧地区的社会经济与流域自然生态系统紧密联系。因此，在研究中俄关系中的黑龙江界河因素时，要把黑龙江的边界属性和河流属性有机结合起来，全面展现黑龙江的政治、经济、社会和自然功效。(3) 缺乏立体的研究框架。现有成果将界河黑龙江的历史与现状分割开来，要么是在中俄关系历史中关注界河黑龙江，要么是在当前黑龙江边境地区的中俄经贸、人文和水资源合作中关注界河黑龙江，而未将历史与现状综合起来。黑龙江几乎贯穿中俄关系发展的整个历程，具有非常特殊的意义；历史发展蕴含着一定的规律，可以解释现状，还可以指导未来。因此，要客观和科学地探讨中俄关系中的黑龙江界河因素，就要把黑龙江的历史与现状有机结合起来，全面展示黑龙江在整个中俄关系历程中的表现。(4) 缺乏定量研究。现有成果多重视定性分析，而缺乏统计等定量分析，由此得出的结论容易忽视细节问题。因此，为了更加清楚和明确地分析中俄关系中的黑龙江界河因素，要适当地尝试在定性分析的基础上加入定量分析。正是上述几点不足之处为本书的研究提供了可创新之处。

三　创新与不足之处

本书的创新之处体现在研究对象、分析框架和研究方法三个方面。

第一，研究对象明确且新颖。从既有研究中可知，当前国内学界对中俄关系的研究多从国际格局、地缘政治、大国利益等宏观视角出发，而以国际河流为视角的研究成果相对较少。此外，当前国内学界对跨国河流与国际关系的研究多关注我国西南地区，而以黑龙江为研究对象的成果凤毛麟角。本书以黑龙江为对象，具体研究界河因素在中俄关系中的发挥的作用，在一定程度上弥补了国内中俄关系的具体问题研究不足之处，同时也是对国内国际河流与国际关系研究的有益补充。

第二，构建出立体和整体的分析框架。本书研究对象是中俄之间的界河黑龙江，但本书的研究内容不仅仅局限于国际河流水资源这个单一议题，没有割裂黑龙江既是河流又是边界的双重属性，而是将两种属性有机结合起来。同时本书将黑龙江界河水资源与其两侧中俄沿江地区的政治、经济、社会有机结合起来。因此，构建出一个相互联系、相互影响的立体的、整体的分析框架。

第三，使用定性与定量相结合的研究方法。本书收集、整理和统计出中俄（苏）围绕黑龙江界河的涉水互动事件，利用流域风险等级（BAR）评价指标对这些涉水事件进行量化，目的是能更细致、全面地呈现出两国围绕黑龙江界河涉水互动的特征和趋势，从而为分析两国关系中黑龙江界河因素的表现和变化提供事实依据。

尽管本书对界河黑龙江与中俄关系进行了较为有用的研究，但受笔者个人能力及资料获取等主客观条件的限制，本书仍存在以下不足。首先，理论框架尚需进一步完善。本书对国际河流与国际关系理论做了梳理和归纳，为中俄关系中的黑龙江界河因素研究提供理论分析框架和依据，然而对于中俄关系与黑龙江界河问题的研究，想要形成成体系的理论分析框架还需进一步思考和完善；其次，资料尚需进一步扩充。本书收集和整理了1951—2016年中俄（苏）围绕黑龙江界河的涉水互动事件，然而关于黑龙江1990年以前的历史事件获取受限较多，或记录不详尽，或信息未公开，所以本书收集到的历史数据并不完整，这对分析结果存在一定的影响，尚需进一步完善；最后，跨学科研究尚需进一步深入探讨。本书的研究对象是黑龙江界河，涉及国际关系学、水文学、地理学、马克思主义政治经济学、管理学等。本书在论述和分析过程中部分涉及这些不同的学科内容，熟悉了界河黑龙江的自然地理概况，尤其是水资源领域，分析了意识形态对两国围绕界河黑龙江涉水互动的表现，借鉴了流域跨界水资源管理机制等。然而，要将涉及的不同学科的内容融会贯通和有效契合，实现从多学科到跨学科研究的转变，尚需进一步深入探讨。以上不足只能通过日后进一步完善，提高理论分析能力，挖掘更多史料加以扩充和提升。

四　研究的主要内容及章节安排

本书聚焦于中俄关系中的国际河流问题，把界河黑龙江作为一个因素来分析中俄关系，探讨黑龙江在中俄关系中所扮演的角色和发挥的作用，梳理中俄两国围绕界河黑龙江的合作现状，研判这一合作的前景，并最终提出中国的对策。本书拟解决以下三个关键问题。

（1）界河黑龙江如何成为中俄关系中的一个因素，在双边关系历史长河中发挥着什么样的作用。

（2）界河黑龙江在中俄关系中扮演的角色和发挥的作用发生了明显的变化，导致这一变化的原因是什么。

（3）未来界河黑龙江这个因素在中俄关系中能发挥怎样的积极作用，以及如何推动这一积极作用的实现。

本书共分为五个部分，6章。第一部分，"绪论"，说明选题依据，研究国内外相关文献，提出研究对象。第二部分，第1章，"国际河流（界河）与国际关系问题理论"，总结了国内外学界关于国际流域国家间关系的理论研究成果，作为全文的理论基础。第三部分，包括第2—5章。第2章，"中俄界河及黑龙江流域概况"，概述了界河黑龙江的自然地理特征，对比分析了黑龙江流域中国一侧与俄罗斯一侧的政治、经济和社会状况。第3章和第4章着眼于在中俄关系中界河黑龙江这个因素的出现和变化。其中，第3章，"中俄围绕黑龙江的冲突与界河因素的出现"，着眼于黑龙江从中国内河演变成中俄两国界河的历史变迁过程及其后双方在黑龙江地区的纠纷；第4章，"中俄围绕黑龙江的合作与界河因素的变化"，着眼于中俄（苏）围绕黑龙江的互动关系从冲突到合作的变化过程。第5章，"中俄围绕界河黑龙江互动变化的分析",对中俄围绕黑龙江流域的互动进行评价,并从国际关系角度分析了在中俄关系中黑龙江这个界河因素从冲突向合作转变的原因。第四部分,第6章,"界河因素视野下中俄围绕黑龙江涉水合作动因、问题及前景",分析了中俄围绕界河黑龙江涉水合作的动因,同时分析了当前合作的问题,探讨了合作的前景,指出了合作面临的潜在障碍,给出了相关对策建议。第五部分,"结论与思考",对全文作出总结,并提出深层次思考。最后是本书的附录和参考文献。

五 研究的方法

本书的研究运用了多种相结合的研究方法,具体如下。

1. 文献研究法

文献研究是本书题目选定和思路形成的前提,通过对国内外相关研究的全面梳理和总结,从中分析出现有研究的不足之处和有待创新之处,找到新颖的、独特的研究对象,并且在文献资料基础之上构建出分析的框架。

2. 历史分析法

历史分析是本书研究内容开展的基础,通过对历史背景及事件发生的详细情况进行分析,能够总结出事态发展或关系演变的原因和规律,从而为未来规划和前景预测提供史料支撑。

3. 比较分析法

国际河流流域国家在政治、经济、社会和文化等方面存在差异,这在一定程度上影响着流域国家对待跨界水资源的态度。本书对比了黑龙江流域中俄两侧部分的发展状况,分析了两地对跨界水资源的依赖和需求差异,为提出促进两国围绕黑龙江合作的建议提供客观依据。

4. 案例分析法

中俄两国围绕界河黑龙江互动关系的转折往往以特定事件的发生而呈现,因此有必要分析这些特定事件的详细情况。在本书中,并未将这些特定事件单独进行整体分析,而是将其糅合在不同的观点之下,用以解释和支撑观点。

5. 跨学科综合分析法

国际河流与国际关系是一项涉及多领域的跨学科问题研究，包括国际关系学、水文学、地理学、外交学、经济学、管理学等学科的内容。

六 概念辨析

通过对国内外数据库的搜索，与本书题目中"界河"相关的词语包括但不限于：国际河流、跨界河流、共享河流、国际水道、国际流域、共享水、跨界水等。这些词语在本书中会出现，然而它们之间有同义的，有包含关系的，也有概念不确定的。因此，本书开篇先对有关概念进行阐释，目的在于帮助后文更好的分析。

1. 国际河流

对于国际河流的含义，存在着多种版本的定义。有些版本对国际河流的界定重点放在其航行功能上。国际社会上普遍借鉴的《奥本海国际法》便是如此。在1905—1906年出版的《奥本海国际法》中对国际河流的描述是"可以从公海通航至某些属于有关国家领土的河流"，"各国商船在条约承认下平时在这些河流自由航行"。[①] 这一时期，国际河流的概念包含着浓厚的政治色彩，一旦被界定为国际河流便意味着对所有国家开放自由航行。1966年8月，国际法协会第52届大会通过的《国际河流利用规则》[②] 沿用了奥本海把国际河流作为航行目的使用的观点，认为国际河流（包括湖泊）是位于两国边界或经过两国或多国的含有可通航部分的河流。[③]

国内部分学者也有参考奥本海对国际河流的定义，比如我国国际法权威王铁崖，认为国际河流就是"流经两个国家以上的河流，船舶

---

① ［英］劳特派特：《奥本海国际法》（上卷 第二分册），商务印书馆1987年版，第11页。

② 《国际河流利用规则》，也称《赫尔辛基规则》。

③ 《国际涉水条法选编》，水利部国际经济技术合作交流中心编译，社会科学文献出版社2011年版，第143页。

从这些河流能够直接通航至海洋，有专门的国际条约确定平时航行自由的原则"。①王志坚对国际河流的定义也大致相似，即是"依据国际条约等法律制度对所有国家自由通航的河流"。②有些学者则把重点从河流的航行功能转向了其本身的地理内涵。比如，谈广鸣基于自然地理因素，从国际河流的构成来对其进行定义。③我国国际法学家盛愉对国际河流的概念进行了全面的界定，她和周岗从广义角度增加了国际河流涵盖的内容，认为国际河流是指"流经或分割两个或两个以上国家的可通航的河流，包括国际河流的干流和流入干流的各级支流，以及流域内的地下暗流、湖泊、沼泽、分支运河、地下水层等，亦即由各种水体构成的一个脉络相通的水域"。④

从国际河流的概念出现发展至今，随着社会经济发展、国家间相互依赖不断加深，其定义已经泛化，功能和涵盖范围得到扩大。

2. 国际水道

国际水道是一个在国际河流之后提出却又往往会引发混淆的概念。国际水道的首次正式提出是在《国际水道非航行利用的国际规则》⑤中，意在回避传统国际河流概念中包含的自由航行政治意味，突出国际河流作为跨越国界河流的自然地理特征，⑥即分隔或者流经两国或多国。因此，国际水道的概念提出之后便常常代替国际河流称谓出现在国家之间签订的双边或多边河流条约中。⑦然而，在相当长一段时期内，国际水道在使用时仍然未脱离自由航行政治含义，比如1921年的《国际性可航水道制度公约及规约》中国际水道的定义仍然涉及非沿岸国的

---

① 王铁崖主编：《国际法》，法律出版社1995年版，第231—232页。
② 王志坚：《国际河流法研究》，法律出版社2012年版，第1页。
③ 谈广鸣、李奔编著：《国际河流管理》，中国水利水电出版社2011年版，第95页。谈广鸣把国际河流定义为组成部分位于不同国家的河流，包括地表水和地下水，如干流和支流、湖泊、含水层、冰川、蓄水池和运河等。
④ 盛愉、周岗：《现代国际水法概论》，法律出版社1987年版，第21页。
⑤ 1911年4月27日，国际法学会通过《国际水道非航行利用的国际规则》。
⑥ 王志坚：《国际河流法研究》，法律出版社2012年版，第19页。
⑦ 王志坚、邢鸿飞：《国际河流法刍议》，《河海大学学报》（哲学社会科学版）2008年第10卷第3期，第93页。

航行。① 直到 1997 年 5 月 21 日，联合国第 51 届大会通过的《国际水道非航行使用法公约》突破性地将国际水道用作非航行目的。② 该公约对国际水道的概念进行了确切的定义，即"组成部分位于不同国家、并且通常流入共同终点的地面水和地下水的整体系统，包括水道中相互关联的河流干流和支流、湖泊、含水层、冰河、水库和运河"。③ 这一突出自然地理特征的定义在很大程度上影响了后来学者对于国际河流概念的界定。

3. 界河④

从国际法角度定义，界河是指分隔两个国家陆地领土的河流，也被称为国境河流⑤；从自然地理角度定义，界河是指边界线与河床重叠并前进的河流，国家之间呈左右岸的关系⑥。奥本海将河流划分为四类：国内河流（national rivers）、界河（boundary river）、多国河流（plurinational river）和国际河流（international rivers），把界河和国际河流区分开来，认为界河并不是国际河流。在界河和国际河流的关系上，国内学者观点不一。王铁崖与奥本海的分类一致。而同样是国内国际法学家的盛愉却将界河归纳在国际河流类别之下，认为国际河流包括跨国河流和界河两种。⑦ 从地理学科角度出发研究国际河流的学者何大明等把国际河流分为毗邻水道（contiguous watercourse，包括界河、跨境湖泊、跨境含水层）和连接水道［successive watercourse，又称多国河流、跨国（境）河流］。⑧ 总的来说，把界河视为一种国际河流的观点较

---

① 王志坚、邢鸿飞：《国际河流法刍议》，《河海大学学报》（哲学社会科学版）2008 年第 10 卷第 3 期，第 94 页。
② 杨明：《国际水法基本原则研究》，昆明理工大学博士学位论文，2008 年，第 6 页。
③ 《国际水道非航行使用法公约》第二条。参见《国际涉水条法选编》，水利部国际经济技术合作交流中心编译，社会科学文献出版社 2011 年版，第 17 页。
④ 本书中的界河特指国际界河。
⑤ 贾琳：《国际河流争端解决机制研究》，知识产权出版社 2014 年版，第 78 页。
⑥ 谈广鸣、李奔编著：《国际河流管理》，中国水利水电出版社 2011 年版。
⑦ 盛愉、周岗：《现代国际水法概论》，法律出版社 1987 年版，第 20 页。
⑧ 何大明、冯彦著：《国际河流跨境水资源合理利用与协调管理》，科学出版社 2006 年版，第 8 页。

普遍。

界河和跨国河流在国际水法[①]中也没有得以区分。[②]然而，如果简单地把界河视为国际河流而进行讨论，反而淡化了界河本身区别于跨国河流的特性，不利于研究的深入。所以，在此需要特别地对界河和跨国河流进行对比分析。首先，涉及国家的区别。界河只涉及两个沿岸国，而跨国河流至少涉及两个国家（包括沿岸国家和非沿岸国家）[③]。其次，对称关系的区别。界河的两个沿岸国之间大体处于对等关系，双方在对界河的利用方面具有同等的条件。而在跨国河流中，沿岸国根据不同的地缘位置被划分为上游国、中游国和下游国，它们在对界河的利用方面具有不对称性，上游国家较下游国家占据一定的优势。

4. 国际流域

20世纪50年代之前，国际社会对于国际河流的关注集中于航行功能，忽略了地面水和地下水之间的整体自然关系。然而，随着国际河流非航行功能的重要性不断提升，国际河流的范围不断拓展，从水系统角度出发的国际流域的概念随之应运而生。1956年国际法协会提出国际河流应该作为一个整体考虑其全民利用以取得最高利益的原则。[④]1966年的《国际河流利用规则》对国际流域的概念进行了具有划时代意义的界定，即"延伸至两个或多个国家的地理区域，界限取决于相连水系统的界限，水系统包括流入同一终点的地表水和地下水"。[⑤]

---

① 国际上一般将由国家间、地区间、国际组织等制定或达成的，用于解决国际河流（湖泊）相关国家间水资源开发和环境保护的水分歧与冲突的条约、协定或公约、规则等通称为国际水法。详见冯彦、何大明《国际水法基本原则技术评注及其实施战略》，《资源科学》2002年第4期，第90页。

② 钱人瑜、钱振健、李智：《国际跨界河流与边界河流合作比较研究》，《重庆理工大学学报》（自然科学版）2015年第29卷第8期，第71页。

③ 贾琳认为跨国河流包括两种类型，一种是只对沿岸国开放的，一种是通海可航且对所有国家开放的。在第二种情况下，涉及的国家不仅包括沿岸国，还包括非沿岸国。详见贾琳《国际河流争端解决机制研究》，知识产权出版社2014年版，第78—79页。

④ 盛愉、周岗：《现代国际水法概论》，法律出版社1987年版，第26页。

⑤ 1966年在国际法协会第52次大会上通过的《赫尔辛基规则》第一章的第二条。参见《国际涉水条法选编》，水利部国际经济技术合作交流中心编译，社会科学文献出版社2011年版，第143页。

1986年国际法协会通过的《关于国际地下水的汉城规则》中将《赫尔辛基规则》定义的国际流域概念的范围进一步扩大，认为国际流域还包括不与任何国际地表水相连的封闭地下水。①2004年国际法协会柏林会议通过的《关于水资源法的柏林规则》延续了《赫尔辛基规则》和《关于国际地下水的汉城规则》中国际流域的概念。②

综合来看，国际流域就是延伸至两个或多个国家，由流入同一终点的地表水和地下水（包括不与任何地表水相连的封闭地下水）组成的整个水系统所限定的地理区域。相比国际河流而言，国际流域强调从流域整体角度对国际河流进行综合利用和管理，这一概念是当前国际河流研究的重点之一，也成为国际河流综合利用管理和生态环境保护的原则之一。

5. 跨界水资源③

国际河流由河床、河岸和河床中流动的水三部分组成。河床和河岸属于沿岸国的领土，而河床中的水涉及其他沿岸国，④因此国际河流河床中的水是本书的研究重点。按照《联合国环境规划署环境法教程》中的解释，"存在于国际河流中的水资源就是跨界共享水资源，包括河流、湖泊及其支流的地表水和地下水系统"。⑤如前所述，国际河流分为跨国河流和界河，那么存在于界河中的水资源是跨国界共享，而存在于跨国河流中的水资源不仅是跨国界共享而且是跨国际区域共享，这是因为水的跨界流动使上游国家与下游国家"连接地"共享⑥。所谓共享，即国际河流中的水资源为其所有沿岸国家共同享有。根据国际法的规定，沿岸国享有其境内国际河流部分的主权，有权对这部分水

---

① 《关于国际地下水的汉城规则》参考水利部国际经济技术合作交流中心编译：《国际涉水条法选编》，社会科学文献出版社2011年版，第160页。
② 《关于水资源法的柏林规则》参考水利部国际经济技术合作交流中心编译：《国际涉水条法选编》，社会科学文献出版社2011年版，第162页。
③ 本书中特指国际共享水资源，不包含内河流域中的共享水资源。
④ 贾琳：《国际河流争端解决机制研究》，知识产权出版社2014年版，第84页。
⑤ 王曦主编/译：《联合国环境规划署环境法教程》，法律出版社2002年版，第272页。
⑥ 何大明、冯彦著：《国际河流跨境水资源合理利用与协调管理》，科学出版社2006年版，第11页。

资源进行利用和开发。虽然沿岸国根据主权属性可以对其共享的国际河流划定政治边界，然而河流中的水资源却不会因国家边境而停止流动，水资源的流动属性使得某一沿岸国在其境内对国际河流的利用和开发必然会引发区域或国际影响。因此，对国际河流中共享水资源的开发、利用、管理和保护需要各沿岸国的共同合作。

本书采用盛愉等对国际河流的定义，同时体现河流的可航功能和自然地理内涵。本书同样采用盛愉的河流分类方法，将界河视为国际河流的一种，与跨国河流区分开来。相比国际河流而言，国际流域强调从流域整体角度对国际河流进行综合利用和管理，这一概念是当前国际河流研究的重点之一，也成为国际河流综合利用管理和生态环境保护的原则之一。所以，虽然本书的研究对象是黑龙江界河，然而全文的研究是在黑龙江界河所在流域的框架之下开展的。

七 关于本书研究范围的说明

本书以《中俄关系中的黑龙江界河因素研究》为题，主要研究黑龙江在中俄关系中的角色和作用。现需要对研究范围进行以下两点说明。

第一，关于研究时间范围的说明。"中俄关系"这个称谓涉及研究时间范围。现在我们一般提到"中俄关系"即是指中华人民共和国与俄罗斯联邦之间的关系，这是狭义上的说法，时间段是从苏联解体至今。而广义上的"中俄关系"则是指从17世纪开始至今，清政府执政的中国与沙俄，以及它们之后的历代政府之间的关系。在这400年左右的时间内，两国政府更替换代，中国经历了清朝、中华民国、中华人民共和国，俄国经历了沙俄、苏联、俄罗斯联邦，因此双边关系也经历了多个阶段。黑龙江早在清朝时期就在与沙俄之间的互动中发挥了重要作用，而且这种影响几乎贯穿古今，因此本书选取广义上的"中俄关系"概念，研究时间范围从17世纪至今。

第二，关于研究区域范围的说明。"界河黑龙江"这个称谓涉及研究区域范围。之所以用"界河黑龙江"，是因为对于黑龙江的认识在自然地理方面和政治方面存在差异。从自然地理角度而言，黑龙江指从额尔古纳河和石勒喀河汇合处开始一直到注入鄂霍次克海为止的整段河流；从政治角度而言，通常提到黑龙江则认为是指从额尔古纳河和石勒喀河汇合处开始直到与乌苏里江交汇处为止，也即黑龙江整条河流干流的上游段和中游段，是中俄两国的边界部分，下游段乌苏里江口至鄂霍次克海部分全部在俄罗斯境内，不属于中国。因此，本书用"界河黑龙江"特指作为中俄边界的黑龙江段部分，也就是黑龙江河流的干流上游和中游段。界河黑龙江两侧行政区则包括中国一侧的黑龙江省和吉林省，俄罗斯一侧的阿穆尔州、犹太自治州和哈巴罗夫斯克边疆区。不同行政区从地理和政治意义上可以分割开来，但是自然资源、地形地貌、气候等却是无法分割的整体，因此本书的研究是在黑龙江流域的大框架之下，对此在第二章有详述。

第1章
国际河流（界河）与国际关系问题理论

关于国际河流与国际关系问题的研究，本章对相关观点进行梳理和归纳，目的在于为本书的研究提供理论依据。在梳理和归纳的同时，必要之处会指出这些观点在适用于中国时所存在的问题。之所以在本章标题中加上了"（界河）"，是因为本书将界河视为国际河流的一种类型，关于国际河流与国际关系的理论一般适用于界河这种特殊的类型。

一 国际河流的特点和功能

国际河流的主体是河中的水资源。国际河流既具有水的一般特性，同时又赋予了河中水资源跨界的特性。也正是因为具有跨界的特性，国际河流在某种程度上具有边界的功能，对沿岸国家产生着一定的影响。国际河流的特点和功能如下。

1. 国际河流的跨界性

国际河流中的水资源具有流动性，从上游流向下游。水资源本身是没有边界的，然而一旦河流水资源流经不同的行政区域，就由此产生了政治边界。人为划定的这个政治边界并不能阻止河流水资源的流动，国际河流从一个国家流出而流入另一个国家，或者两个国家以国际河流为界，国际河流由此具有了跨界性。国际河流中的跨界水不是一个地方性或国家性的问题，而是一个国际性的问题。

2. 国际河流流域国家差异性

流域水资源在流域内不同区域亦存在一定的时间和空间分布，上中下游和干支流等在自然条件、自然资源和地理位置、经济技术基础、开发条件等方面存在较大差异。[①]国际河流水资源流经或分割不同国家，使不同流域国家对流域水资源的控制能力和使用规划不同，往往引发矛盾和纠纷。

3. 国际河流流域的整体关联性

流域内水资源与其他土地、生物等自然要素之间的联系极为密切。[②]任何一个流域国家对共享水资源的使用都会对整个生态系统造成程度不同的、直接或间接的影响，从而涉及其他流域国家。因此，国际河流将政治、经济、文化等领域存在差异的流域国家紧密联系起来，形成相互依赖共同体。流域国家彼此之间的相互依赖关系提高了"报复"行为的成本，同时也提高了"互惠"行为的可能性。

4. 国际河流与传统安全和非传统安全同时关联

传统安全涉及政治安全和军事安全等"高级政治问题"，主要包括"应对外部势力对本国主权的战争威胁、军事侵略和政治控制等，强调以增强军事实力、实行军事结盟和采取武力打击等手段确保国家安全"。[③]非传统安全则是指传统安全问题之外的其他所谓低级政治安全问题，如经济安全、恐怖主义、环境污染、人口爆炸、毒品走私、跨国犯罪、艾滋病传播等。[④]传统安全关注国家的主权、领土和军事威胁等；非传统安全则是以人为中心，重视的是整个人类社会。传统安全与非传统安全两者并不是独立存在，而是交织并存，在一定条件下还可以出现互相转化。当非传统安全问题与国家主权、领土联系在一起时，则有可能升级为传统安全问题。

据此，水资源污染以及由水利用引发的生态环境恶化等问题属于非传统安全范畴。然而，国际河流的性质决定了它与非传统安全关联的同时也与传统安全相关。由前所述，国际河流是指流经或分割两个

---

① 何俊仕、尉成海、王教河编：《流域与区域相结合水资源管理理论与实践》，中国水利水电出版社2006年版，第14页。

② 何俊仕、尉成海、王教河编：《流域与区域相结合水资源管理理论与实践》，中国水利水电出版社2006年版，第14页。

③ 张明明：《论非传统安全》，《中共中央党校学报》2005年第4期，第111页。

④ 徐坚：《非传统安全问题与国际安全合作》，《当代亚太》2003年第3期，第3页。

或两个以上国家的河流，包括地表水和地下水，如干流和支流、湖泊、含水层、冰川、蓄水池和运河等。国际河流是一国领土的组成部分，同时又有其特殊性。国际河流或是流经或是构成两个或两个以上国家的边界，而传统意义上的边疆是指"以国家为基础形成的由领土、领海、领空组成的国家疆域的边界地带"①，所以国际河流属于国家边疆的一部分。边疆与传统安全的关联性不言而喻，边疆因其是一国与邻国接触最为频繁和直接的地带，因此更容易受到外部势力的"战争威胁、军事侵略和政治控制"②。

5. 国际河流的边界功能

国际河流或是流经或是构成两个或两个以上国家的边界，所以国际河流整体或部分地构成了国家之间的边界。在一般的概念里，边界是指将不同国家的领土范围区分开来的线，同时具有地理意义和政治意义。在国际法中，国家边界是指划分一个国家的领土和另一个国家的领土、一个国家的领土和未被占领的土地、一个国家的领土和公海以及国家领空和外层空间的想象界线，边界是有主权的国家行使其主权的界限。③ 边界的类型包括三种。（1）自然边界。采用自然地理屏障（比如山、河、湖、海、海峡等）为国家边界。其中，若以河流为边界，通常将主航道中心线或河道中心线作为边界线。许多河流被当作边界，比如德国和波兰之间的奥德海、美国与墨西哥之间的里奥格兰德河等。（2）人为边界。当不存在明显的自然屏障或自然屏障不适合当作边界时，毗邻的政治单位就需要共同设置人为边界，比如人为屏障（墙、石碑或铁丝网较为常见）或几何线（连接两个定点的直线或若干此直线构成的折线）。（3）看不见的边界。文化边界将两个或多个具有不同文化的毗邻地理区域划分开来。每种文化拥有共同的历史、价值观念、语言、民族、种族和宗教等，以此区别于其他文化。然而，文化之间的

---

① 余潇枫、徐黎丽、李正元等著：《边疆安全学引论》，中国社会科学出版社2013年版，第61页。
② 张明明：《论非传统安全》，《中共中央党校学报》2005年第4期，第111页。
③ 王恩涌：《政治地理学——时空中的政治格局》，高等教育出版社1998年版，第91页。

边界不一定很明显，某些人文特征难以区分，所以文化边界的设置往往较难。[1]

边界具有屏蔽效应和中介效应。边界的屏蔽效应是指边界对不同区域间跨界相互往来所产生的阻碍作用；边界的中介效应则是指边界作为中介促进不同区域间跨界相互往来。[2]边界的两种效应赋予了国家边界具有相应的功能，即维护边界安全和促进边界地区经济合作。一方面，国家边界具有划分国家领土、构建与维护国家身份的功能。边界是为了在国家和国际层面上获得政治制度的稳定，维持着内政与外交的区分。[3]边界将两国划分开来，扮演着"屏障"的角色，维护着边界的安全，包括传统边境安全和非传统边境安全，前者涉及国家主权和领土完整，后者涉及经济、水资源、生态环境、贩卖毒品、非法移民等。维护边界安全是原始功能，国家的根本利益所在，这决定了它在很大程度上塑造着国家边界政策的偏好；另一方面，国家边界具有促进边境地区经济合作的功能，表现在降低交易成本、抑制距离衰减原理、腹地优势和国境需求。[4]虽然边界将国家划分开来，但边界地区却是毗邻国家间往来最直接和最频繁的地带。边界地带不同区域间的差异有利于地区发展，这对于那些不处于边界地带的区域来说是一种地理优势。随着区域合作、次区域合作的加强，国家边界的"屏蔽"效应得到弱化，"中介"功能出现强化的趋势。[5]出现这样的趋势具有客观性，但两种功效的强弱关系则具有主观性，国家对边界的功能判

---

[1] 关于边界的分类参考 Guo Rongxing. Cross-Border Management: Theory, Method and Application. Springer Berlin Heidelberg, 2015, pp. 5-12.

[2] 参考杨荣海《边界效应会制约中国跨境经济合作区建设吗——以中越、中老和中缅的数据为例》，《国际经贸探索》2014年第3期，第75页。

[3] James W. Scott, Bordering, Border Politics and Cross-Border Cooperation in Europe. Neighbourhood Policy and the Construction of the European External Borders (这本书作者是 Filippo Celata, Raffaella Coletti). Springer, 2015, p. 29.

[4] 胡志丁、骆华松、李灿松、张伟：《地缘安全视角下国家边界的三重功能及其优化组合》，《人文地理》2012年第3期，第74页。

[5] 胡志丁、骆华松、李灿松、张伟：《地缘安全视角下国家边界的三重功能及其优化组合》，《人文地理》2012年第3期，第74页。

断依赖情境而定。[①] 国际河流作为国家边界，同样具有维护边界安全和促进边界地区经济合作两种功能。

二 国际河流与流域国家间互动关系

国际河流与国际关系问题的研究成果涉及不同关注点，比如稀缺性、相互依赖、国内政治、地理、国家权力、安全-水关系、水-战争、制度化和组织化等。然而不难发现，这些研究几乎都离不开对冲突或合作的讨论。阿伦·汉斯更是将水政治直接定义为研究流域国家间围绕跨界水资源发生的冲突与合作。[②] 换句话说，冲突与合作是国际关系领域中国际河流跨界水资源问题研究的本质，是主线。学者对于国际河流水资源的讨论基本是围绕这一对关系展开的。

（一）国际河流与流域国家间冲突

在过去的半个世纪里，地理因素重新成为国际关系研究的重要关注点。从地缘政治学衍生出了"资源地缘政治"，即认为跨越政治边界的重要或稀缺资源正成为冲突的来源，而资源稀缺性的增加提高了冲突发生的可能性。"水战争""水冲突"的观点正是在这一背景下孕育而生。[③] 约旦河、尼罗河等国际河流流域经常被用来论证"水战争""水冲突"。马林·法尔肯马克讨论了淡水供给问题会导致潜在的国际冲突，认为水是引发1967年第三次中东战争和1982年以色列入侵黎巴嫩的因素。[④] 格莱克分析了约旦河、尼罗河等国际河流的案例，提出了水引发

[①] Tuomas Forsberg, "Theories on Territorial Disputes", in Tuomas Forsberg, ed, *Contested Territory: Border Disputes at the Edge of the Former Soviet Union*, Aldershot: Edward Elgar, 1995, p.28.

[②] Ariel Dinar, Shlomi Dinar, Stephen McCaffrey, Daene McKinney, *Bridges over Water: Understanding Transboundary Water Conflict, Negotiation and Cooperation*. Singapore: World Scientific Publishing Co. Pte. Ltd., 2007, p.41.

[③] Shira B. Yoffe, Aaron T. Wolf, "Water, conflict and cooperation: Geographical perspective", *Cambridge Review of International Affairs*, 1999(2), p. 198.

[④] Malin Falkenmark. Fresh waters as a factor in strategic policy and action. Global resources and international conflict, edited by Arthur H. Westing. Oxford University Press, 1989, pp. 89-94.

冲突的形式，包括以水资源为军事和政治目标、以水资源系统作为战争工具。[1]霍马-迪克逊提出环境稀缺已经引发以及将来还会引发暴力冲突，并且以约旦河为例论证河流水如何引发国家间冲突。[2]

"水战争""水冲突"的论断将水资源问题安全化，将水资源上升为高级政治议题。水资源同土地一样是国家领土的一部分，对一国领土的任何侵犯都会被视为对一国国家安全的威胁。第二届世界水论坛给出了"水安全"的定义，即能够持续获得充足的洁净水源从而维持生命，促进人类福祉和社会经济发展，免受水源污染和与水相关灾害的威胁，以及在和平与政治稳定的环境中保护生态系统。[3]有限的水资源受到地理、政治、社会等因素的影响，当这些因素的变化超过了水资源系统的适应和承载能力，就会出现安全和稳定性问题。对于个人和国家内部而言，水安全是非传统安全领域问题，属于低级政治。然而国际河流水资源跨越了流域国家之间的政治边界，关系国家安全，所以国际河流水安全上升到高级政治，流域国家面临着其他国家通过共享水资源带来的安全威胁。国际河流流域就是一个水安全复合体。在这个复合体中，权力的不同形式和差异影响着水要求和水使用，这增加了流域的安全风险。

格莱克将水冲突分为以下六种类型：（1）控制水资源（国家和非国家行为体），水供给和取水是冲突的来源；（2）军事工具（国家行为体），水资源或水资源系统在军事行为中被用作武器；（3）政治工具（国家和非国家行为体），水资源或水资源系统被用作政治目标；（4）恐怖主义（非国家行为体），水资源或水资源系统被非国家行为体当作目标或暴力工具；（5）军事目标（国家行为体），水资源系统成为军事行为的目标；（6）开发争议（国家和非国家行为体），水资源或水资源系统成为

---

[1] Peter Gleick, "Water and conflict: fresh water resources and international security", *International Security*, 1993(1), pp. 83-89.

[2] Thomas F. Homer-Dixon, "Environmental scarcities and violent conflict: evidence from cases", *International Security*, 1994(1), pp.5-12.

[3] Serageldin, I., "From vision to action after the Second World Water Forum", *Water Science and Technology*, 2001, 43(3), p. 31.

经济和社会发展中争议和争夺的主要来源。[1]格莱克以上述六种冲突类型为标准，创建了水冲突数据库（Water Conflict Chronology Database），收录了从公元前3000年到2015年间的全球涉水冲突事件。

（二）国际河流与流域国家间合作

随着越来越多国际河流合作案例的出现，学界对于"水战争""水冲突"的质疑增多，认为这些观点几乎都是从单个或几个流域出现的冲突事件为出发点而得出，过于片面。学者们开始重新思考国际河流跨界水资源在国际关系中的角色，关注的重点转向了合作。

沃尔夫通过梳理历史事件发现水协定的数量很显著，水更容易导致国际合作而不是冲突。希拉·约夫等人在俄勒冈州立大学（OSU）创建了跨界淡水冲突数据库（Transboundary Freshwater Dispute Database）[2]，其中收录了1948—1999年报道的全球国际河流流域中关于淡水资源的冲突或合作事件[3]。数据库包含了约1800项事件，涉及124个国家，122个当前或历史国际流域。创建者设计出了评价流域风险等级（Basins at Risk）[4]的指标，对数据库中包含的涉水互动数据进行赋值，划分出不同的等级。BAR包括15个等级，分别从–7到7：其中，从–1到–7代表冲突的程度递增，从温和的口头交恶升级到正式宣战；从1到7代表合作的程度递增，从温和的口头支持上升到一体化；0则代表中立，或未表现出显著特征。评价结果显示，数据库中包含的事件中，合作性事件占据主导地位，比例超过2/3，而冲突性事件比例不

---

[1] Water Conflict Chronology, "Pacific Institute", http://www2.worldwater.org/conflict/index.html.

[2] Transboundary Freshwater Dispute Database，在后文简写为TFDD。

[3] 该数据库中包含的事件是指发生在国际河流流域中涉水冲突或合作事件，涉及水消耗（比如水量、水质）或水量管理（比如洪水或防洪、航行用途的水位），其余事件均不包含在内（比如水作为武器、受害体或战争目标、航运或建造港口、边界或领土纠纷（比如控制河中岛屿）、水电交易、涉及流域外第三方、国家内部问题）。

[4] Shira Yoffe, Aaron T. Wolf, Mark Giordano, "Conflict and cooperation over international freshwater resources: indicators of Basins At Risk", *Journal of The American Water Resources Association*, 2003(5), pp. 1110-1113. Basins at Risk, 在后文简写为BAR。

到 1/3。具体地，超过 57% 的涉水事件表现为言语交往，温和的口头交恶、没有显著特征或者温和的口头支持；温和的口头支持涉水事件在所有事件中比例明显最高，约为 24%；3 到 7 往往需要流域多边合作，实现的难度相对较大；水战争（-7）事件没有发生，因为水发生大规模军事冲突（-6）有 21 件（见图 1-1）。该定量研究还发现，相比于其他领域，流域国家在涉水问题上更倾向于合作，也就是说涉水问题并不比非涉水问题更容易引起冲突。[1] 这在一定程度上是对"水战争""水冲突"科学性的否定。沃尔夫等由此得出结论，尽管水在国际关系中扮演了刺激的因素，然而过去一段时期内并未发生因为水而导致的战争。历史和当前的研究表明，因为水管理和纠纷解决而导致的冲突不太可能出现。[2]

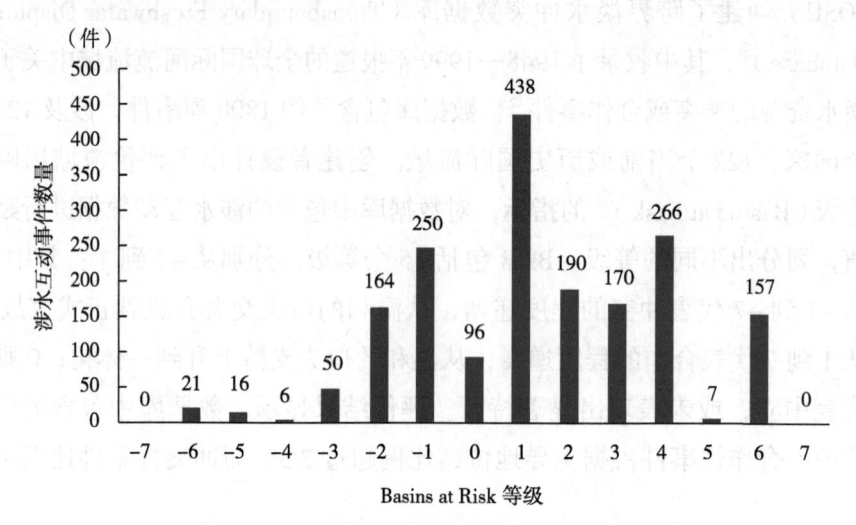

图1-1　1948—1999年水冲突与合作等级分布

资料来源：Shira Yoffe, Aaron T. Wolf, Mark Giordano, "Conflict and cooperation over international freshwater resources: indicators of Basins At Risk", *Journal of The American Water Resources Association*, 2003, 39(5), p. 1113.

---

[1] "Conflict and cooperation over international freshwater resources: indicators of basins at risk", *Journal of the American Water Resources Association (JAWRA)*, 2003, 39(5), p.1117.

[2] Wolf, A. T., Yoffe, S. & Giordano, M., "International waters: identifying basins at risk", *Water Policy*, 2003, 5(1), pp.29-60.

俄勒冈州立大学与联合国教科文组织共同合作对国际水事件数据库（International Water Events Database）进行了更新，增加了 2000—2008 年间的 755 项涉水事件，更新后的数据库包括了 2586 件与水有关的事件。比较 1948—1999 年和 2000—2008 年的数据发现，都是合作事件占主导地位；后一阶段冲突事件比例虽然有所增加，但冲突程度却有所降低。[①]

针对流域国家间涉水合作内容，达乌迪作了进一步的分析。他对 145 个关于跨界水资源的协定内容进行统计分析，结果表明，在 145 个协定中数量最多的是关于水力发电（39%）和水资源利用（37%），其次是防洪（9%），数量最少的是渔业（1%）[②]（见图 1-2）。值得关注的是，关于水量分配的协定数量很少，这在一定程度上反映了流域国家间在水量分配上达成一致的难度很大。

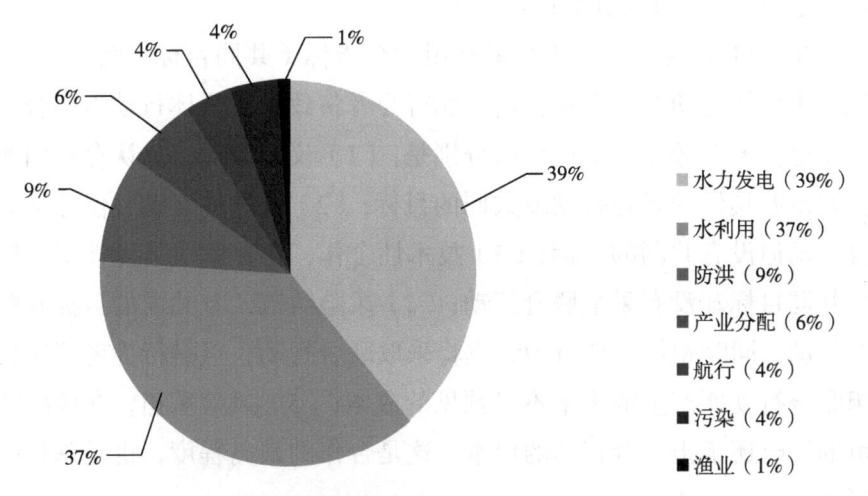

图1-2　关于跨界水资源的145个协定的内容分布

资料来源：UN World Water Development Report 2006.

2006 年联合国发布的世界水发展报告中肯定了跨界水合作的进

[①] Lucia De Stefano, Paris Edwards, Lynette de Silva, Aaron T. Wolf, "Tracking cooperation and conflict in international basins: historic and recent trends", *Water Policy*, 2010(12), p. 876.

[②] UN World Water Development Report 2006, p. 222.

步："当前国际社会越来越需要政治包容性和避免冲突的积极态度，需要协调一致竞争性需求和相关者的利益，这些都促进了从对抗到合作的转变、从单边行为到对话的转变、从异议到共识的转变。"[1] 强调流域国家间围绕跨界水资源的合作，并不表示对流域国家间存在冲突进行否定。

（三）国际河流与流域国家间冲突——合作共同体

事实上，流域国家间关系中同时存在着冲突与合作，两者不能绝对地分开。美留町和艾伦认为关于流域国家间涉水关系通常是既包含冲突又包含合作，因此构建了跨界水互动关系模型（Transbounday Waters Interaction Nexus）用来描述国际流域中冲突与合作的共存状态及动态变化。[2] 李昕蕾指出，将跨国河流视为冲突与合作共存互动复合体的分析框架是跨国水治理研究的最新发展趋势。[3]

在 TWINS 模型中，研究者利用四个指标（共同目标、联合行动、致力于集体行动的意图和相信其他行为者将致力于集体行动）将合作程度分为五个等级，从低到高分别是：（1）议题应对，承认存在问题但并没有具体的联合行动或共同的目标；（2）偶然性互动，偶然地联合行动但没有共同的目标；（3）技术性合作，存在解决具体涉水问题的共同目标却没有采取联合行动；（4）风险防范，有共同的目标和联合行动，同时相信其他行为者也将采取联合行动，但是行为者不用负担联合行动所产生的未来不可预见的成本；（5）风险承担，在风险防范的同时还承担联合行动的成本，这是合作的最高程度，也是理想的形式。

---

[1] UN World Water Development Report "Water, a shared responsibility", p.388. http://www.unesco.org/new/en/natural-sciences/environment/water/wwap/wwdr/wwdr2-2006/.

[2] 关于 TWINS 的内容参考 Naho Mirumachi, J. A. Allan. Revisiting Transboundary Water Governance: Power, Conflict, Cooperation and the Political Economy. International Conference on Adaptive and Integrated Water Management. Basel, Switzerland, November 12-15, 2007, pp. 1-21.

[3] 李昕蕾：《冲突抑或合作：跨国河流水治理的路径和机制》，《外交评论》2016 年第 1 期，第 152 页。

同时，在TWINS模型中，研究者根据哥本哈根学派（Copenhagen School）和诺伊曼的安全理论将冲突程度分为四个等级，由低到高分别是：（1）非政治性的，议题不涉及国家，或者不在公共领域范围之内；（2）政治性的，属于公共政策、需要政府决策和资源配置的议题；（3）安全化的，能够引发现实威胁，并且需要采取超出一般政治议程的紧急措施的议题；（4）暴力性的，已经被安全化的议题进一步升级出现暴力行为。

TWINS模型为国际河流流域研究提供了一个系统性分析的框架。研究者可以利用TWINS模型来描述某一时期内国际流域冲突与合作互动关系的历史变化过程；可以在国际层面分析不同流域国家的利益和理性行为；可以在国内层面分析不同利益相关者，比如农民、企业等的利益和理性行为；可以加入权力和政治经济进程因素，分析权力和政治经济稳健性如何影响流域国家的冲突或合作行为。

三 流域国家间涉水关系的影响因素

艾伦·汉斯认为国际河流流域的地理和水文特性给流域国家之间形成了一个环境、经济、政治和安全相互依赖复合体。[①]流域国家间围绕跨界水资源可能发生冲突也可能进行合作，这是跨界水资源、流域分布特征以及流域国家共同作用的结果。

（一）水资源稀缺

地球水总量大约14亿立方千米，淡水资源数量大约3500万立方千米，仅占总量的2.5%。而其中可供生态系统和人类利用的淡水量非常有限，大约20万立方千米，不到淡水总量的1%。[②]全球人均可利用淡水资源在持续减少，造成这一趋势的因素包括人口增加、城市化、

[①] Arun P. Elhance, *Hydropolitics in the Third World: Conflict and Cooperation in International River Basins*, Washington, D.C.: United States Institute of Peace Press, 1999, p. 3.

[②] United Nations Environment Programme (UNEP).

水污染、水资源的不合理使用和管理、低效的水供给和水分配体系、气候变化、生态环境问题等，加速了水稀缺的出现。水稀缺已经成为当前人类所面临的重要挑战之一。当前，全球有43个国家接近7亿人口生活在水稀缺地区。联合国对水稀缺的定义为，在现行制度安排下当所有使用者对水量或水质的影响达到了一定的程度，使得水不能满足所有领域的需求时，就出现了水稀缺。表现为数值的形式，就是当某地区年均水供给量低于1700立方米/人时，就出现了水压力（water stress）；当这一数字低于1000时，就出现了水稀缺（water scarcity）；当低于500时，就是绝对水稀缺。[1]

水稀缺是自然和人为共同作用的结果，可以分为资源性水稀缺和管理性水稀缺[2]。资源性水稀缺，是指流域内跨界水资源因为气候变化导致贫乏。世界上水资源稀缺程度最高的地区是中东和北非。管理水性水稀缺，是指流域内跨界水资源丰富但分配不均，而流域国家对水资源采取单边开发利用，没有在共同协调下对跨界水资源进行管理，从而造成水稀缺，这种情况下对权力较弱的国家影响较大。若强国水资源分配多，则冲突发生可能性较小；若强国水资源分配少，则冲突发生可能性较大。发展性稀缺是由于人口增长、城市化加快等导致可再生水资源数量缩减，以及不合理的使用水（水泄漏、水消耗和水污染）。比如，撒哈拉以南非洲，人均可再生水资源从1960年的16500立方米减少到2005年的5500立方米，主要是因为人口增长。[3] 亚太地区的马来西亚、印度尼西亚、巴布亚新几内亚等国家水量丰富，却面临着水质的威胁。生活污水严重影响了水质，城市地区每天有150—250百万

---

[1] UN, "International Decade for Action 'Water for life' 2005-2015", http://www.un.org/waterforlifedecade/scarcity.shtml.

[2] Biswas, A., "Water-managing a precious resource", *Pan IIT Technology Review Magazine*, 2006, 1(3).

[3] UN World Water Development Report, "Managing Water under uncertainty and risk", 2012, p. 178. http://www.unesco.org/new/fileadmin/MULTIMEDIA/HQ/SC/pdf/WWDR4%20Volume%201-Managing%20Water%20under%20Uncertainty%20and%20Risk.pdf.

立方米的未处理污水流入开放的水体或渗入地下。[1]管理性水稀缺往往比资源性水稀缺更常见,后果也更严重。

当水稀缺出现在国际河流时就更加复杂,可能引发纠纷和冲突。人口增长带来的压力增加了关于水供给的竞争,国际流域水资源的稀缺程度越高,流域国家间发生暴力冲突的可能性就越大。[2]由水稀缺导致的流域国家间水纠纷容易引发战争。[3]水稀缺会增加流域国家间纠纷或冲突的可能性,但水稀缺本身并不一定导致纠纷或冲突的出现。在水稀缺情况下,对水资源占有量的差异会拉大国家之间的经济和军事能力差距,并且产生跨国难民,从而增加国际冲突的可能性[4]。当某一国家认为自己将要为其他流域国家对共享水资源过度利用导致环境退化的后果付出代价时,国家之间倾向于发生冲突。水稀缺既可以引发流域国家间冲突,也可以成为流域国家间进行合作的原因。因为环境退化而产生的水稀缺促进流域国家采取联合行动以阻止环境的进一步恶化。[5]

(二)流域国家地缘位置

地缘位置在文献中经常提到,流域国家的地缘位置常常被用来解释冲突或合作。流域国家的地缘位置分为两种类型,一种是河流连续穿越不同国家形成上下游关系类型,一种是河流作为国界分割两个国

---

[1] UN World Water Development Report, "Managing Water under uncertainty and risk", 2012, p. 196. http://www.unesco.org/new/fileadmin/MULTIMEDIA/HQ/SC/pdf/WWDR4%20Volume%201-Managing%20Water%20under%20Uncertainty%20and%20Risk.pdf.

[2] Falkenmark Malin, "Fresh water as a factor in strategic policy and action", In Arthur H. Westing, ed., *Global Resources and International Conflict*, Oxford University Press, 1986, pp. 85-113; Naff, T., "Conflict and Water Use in the Middle East", In: Rogers, P. and Lydon, P., Eds., *Water in the Arab World: Perspectives and Prognoses*, Harvard University Press, Boston, 1994, p. 282.

[3] Cooley John, "The War over Water", *Foreign Policy*, 1984(54), pp. 3-26.

[4] Peter Gleick, "Water and conflict: fresh water resources and international security", *International Security*, 1993(1), p. 92.

[5] Joyce R. Starr, "Water Wars", *Foreign Policy*, 1991, (82), p. 10.

家形成边界关系类型。[1]

在穿越边界类型中,国际河流沿岸国家在地缘位置上表现为不对称关系。[2]上游国家在共享跨界水资源的使用上享有"优先"和"主动"的"地缘优势",甚至可以用"控制下游国家生命源泉"来形容这种优势。上游国家对其境内跨界共享水资源的使用数量、方式和结果,比如修建水库蓄水或水污染,直接影响下游国家。相对而言,下游国家在地缘位置上处于劣势,在共享水资源的使用上较为被动。下游国家依赖于上游国家提供的水文信息,尤其是当发生洪水灾害时的即时水文信息;下游国家还往往因为上游国家的单方面开发利用而蒙受损失,比如上游国家修建大坝对径流量的改变导致下游用水量减少。反过来,上游国家对下游国家也存在着一定的依赖,上游国家需要下游国家疏通河道保证流水通畅,如果下游国家在其境内修建大坝则可能引发上游国家境内发生洪灾或环境破坏[3]。比如,从1967年到1979年,位于下游的以色列和位于上游的约旦都没有重视对雅莫科河淤泥的疏通,以至于形成了一个大沙洲,阻挡了河水流入上游国约旦的取水渠。[4]然而,这种影响相对于上游国家行为产生的影响来说是有限的、差距悬殊的,毕竟如果上游国家遭受洪水的话,下游国家也难以幸免。简言之,上游国家对下游国家境内共享水资源产生的影响,尤其是伤害,是单向不可逆的。[5]除了在获取水资源方面占有优势之外,上游国家还

---

[1] LeMarquand, D. G., International Rivers, The Politics of Cooperation, Vancouver: University of British Columbia Westwater Research Centre, 1977, p. 8.

[2] Ariel Dinar, Shlomi Dinar, Stephen McCaffrey, Daene McKinney, *Bridges over Water: Understanding Transboundary Water Conflict, Negotiation and Cooperation*, Singapore: World Scientific Publishing Co. Pte. Ltd., 2007, p. 143.

[3] Ariel Dinar, Shlomi Dinar, Stephen McCaffrey, Daene McKinney, *Bridges over Water: Understanding Transboundary Water Conflict, Negotiation and Cooperation*, Singapore: World Scientific Publishing Co. Pte. Ltd., 2007, p. 143.

[4] Haddadin M., Diplomacy on the Jordan. Kluwer Academic Publishers, Boston, 2002. 转引自 Neda A. Zawahri, "International rivers and national security: The Euphrates, Ganges-Brahmaputra, Indus, Tigris, and Yarmouk Rivers", *Natural Resources Forum*, 2008, 32(4), p. 283.

[5] Ariel Dinar, Shlomi Dinar, Stephen McCaffrey, Daene McKinney, *Bridges over Water: Understanding Transboundary Water Conflict, Negotiation and Cooperation*, Singapore: World Scientific Publishing Co. Pte. Ltd., 2007, p. 143.

可以利用从跨界共享水资源获得的优势来谋取政治、经济等其他利益，这种"地缘优势"相当于是一种"权力优势"。在生成边界类型中，界河两侧沿岸国在地缘位置上是对称关系。[①] 在这种情况下，其中一个沿岸国使用国际河流共享水资源的行为对其本身和另一个沿岸国都会产生影响，引起的伤害亦然。简言之，界河两侧沿岸国对其境内共享水资源使用产生的影响是双向可逆的。

比较这两种类型，在后者中，界河沿岸国特殊的对称地缘位置减少了"报复"行为发生的概率，不但降低了冲突发生的频率，而且增加了合作的动力[②]；在前者中，跨国河流沿岸国之间合作的动力较低，尤其是当上游国家开发利用其境内部分共享水资源的行为使下游国家遭受损害时甚至容易引发冲突。

（三）流域国家间整体关系

流域国家间的整体关系状态影响流域国家涉水关系。流域国家间整体上属于合作关系，那么它们在涉水问题上则倾向于合作；如果流域国家间整体上处于不友好的状态，那么它们在涉水问题上则倾向于表现出不友好的态度。希罗米·迪纳尔认为流域国家间是否存在长期冲突这一点是影响涉水关系的重要因素。[③] 关于跨界水的纠纷可能使两个敌对国家的紧张关系变得恶化，反过来，两个敌对国家的紧张关系也可能使跨界水纠纷更加激化。比如，在中东地区，以色列与阿拉伯国家之间争夺约旦河跨界水资源，政治上的冲突成为阻碍双方解决跨界水资源问题的重要因素；在南亚地区，20 世纪 50 年代，因为对印度河共享水资源的分配存在纠纷，印度和巴基斯坦的关系进一步恶化。当流域国家间同时存在政治方面和跨界水资源方面的冲突时，如果不

[①] Ariel Dinar, Shlomi Dinar, Stephen McCaffrey, Daene McKinney, *Bridges over Water: Understanding Transboundary Water Conflict, Negotiation and Cooperation*, Singapore: World Scientific Publishing Co. Pte. Ltd., 2007, p. 143.

[②] LeMarquand, D. G., *International Rivers, The Politics of Cooperation*, Vancouver: University of British Columbia Westwater Research Centre, 1977, p. 9.

[③] Sclomi Dinar, "Water, Security, Conflict and Cooperation", *Sais Review*, 2002, 22(2), pp. 236-237.

先解决跨界水资源纠纷，那么试图解决政治纠纷的尝试注定是要失败的。①

（四）流域国家对跨界水资源的依赖度

跨界水资源的重要性体现在流域国家对其依赖程度。流域国家对共享水资源的依赖程度越大，则表明它对共享水资源的敏感性和脆弱性越大。这里的敏感性是指流域国家对于共享水资源发生的变化所做出的反应的程度快慢和付出代价的大小；脆弱性是指流域国家为了减少对共享水资源的依赖而做出改变所要付出的代价的大小。②水与经济、政治、环境、安全之间的相互依赖增加了流域国家对共享水资源的敏感性和脆弱性。③流域国家敏感性和脆弱性越大，它们在共享水资源方面的竞争越大，冲突就越容易发生。

跨界水资源对流域国家的重要性取决于多种因素，包括以下几个。（1）流域水资源稀缺程度。水稀缺普遍被认为是引发流域水冲突的重要因素。国际河流流域水资源越稀缺，流域国家对于共享水资源的争夺就会变得越激烈。比如，中亚地区水资源本身匮乏，受到气候变化的影响，这一地区的水资源稀缺性日益加大，由此也增加了流域国家对共享水资源的争夺。（2）流域国家水压力程度。流域国家对共享水资源的利用首先是为了满足国内的需求，如果国内的供水中来自共享水资源的比例越大，而本身国内又面临较大的水压力，那么对共享水资源的取水需求就会越大。比如，约旦河对于以色列和约旦来说都是唯一可利用河流，所以双方对约旦河水资源的激烈争夺由来已久。（3）国家境内部分流域面积占流域总面积的比例。流域国家的面积在整个共享水资源流域中所占的比例越大，受到共享水资源带来的影响就越大，包括水资源本身水量、水质的变化造成的影响和其他流域国家对

---

① Sclomi Dinar, "Water, Security, Conflict and Cooperation", *Sais Review*, 2002, 22(2), pp.237-238.

② 参考樊勇明《西方国际政治经济学》，上海人民出版社2006年版，第35页。

③ Arun P. Elhance, *Hydropolitics in the Third World: Conflict and Cooperation in International River Basins*, Washington, D.C.: United States Institute of Peace Press, 1999, p. 13.

共享水资源的人为行为所造成的跨界影响。比如，在黑龙江流域共有四个流域国家，其中蒙古国和朝鲜在整个流域中所占的面积比重非常小，只有 1.59% 和 0.01%，所以蒙古国和朝鲜对黑龙江流域水资源的依赖程度相对中国和俄罗斯来说就小很多。（4）流域人口密度。人口密度与经济社会发展水平相关，流域人口密度越大，流域整体社会经济发展水平越高，那么对水资源的需求自然越大。俄勒冈州立大学的流域风险强度等级（BAR）项目利用数据分析了人口密度与流域水冲突的关系，结果表明两者具有显著的相关性。[1] 也就是说，人口密度越大，流域水冲突发生的概率越大。

（五）流域国家相对权力

在肯定地理因素影响流域国家涉水关系的基础上，艾伦提出流域国家权力关系，尤其是相对军事和经济权力对流域国家的涉水关系起着重要的作用。[2] 对称权力关系倾向于促成合作和利益共享，非对称权力关系则倾向于引起冲突。惠廷顿等发现经济和政治力量均等的流域国家更容易达成合作协定。[3] 希拉·约夫等通过定量分析检验了相对权力与国际流域涉水事件的关系，结果发现人均 GDP 与涉水冲突明显相关，流域各国家的人均 GDP 差异越大，他们在涉水问题上越容易出现冲突。[4] 比如，塞内加尔河的三个流域国家经济水平相似，都面临着从农业经济向工业化经济发展的需求，所以相对容易达成共同开发流域

---

[1] Shira Yoffe, Aaron T. Wolf, Mark Giordano, "Conflict and cooperation over international freshwater resources: indicators of basins at risk", *Journal of the American Water Resources Association*, 2003, 39(5), p. 1117.

[2] Allan, A. J., *The Middle East Water Question: Hydropolitics and the Global Economy*, London and New York: I. B. Tauris Publishers, 2001.

[3] Song, J. D. Whittington, "Why have some countries on international rivers been successful at negotiating treaties? A global perspective", *Water Resources Research*, 2004(5), pp.154-157.

[4] Shira Yoffe, Aaron T. Wolf, Mark Giordano, "Conflict and cooperation over international freshwater resources: indicators of basins at risk", *Journal of the American Water Resources Association*, 2003,39(5), p. 1117. 该文作者指出，人均 GDP 对流域涉水事件的确有影响，但这个变量的解释力度有限。

共享水资源的合作。

在国际流域中,本身由于地理位置的差异,上下游国家在获取共享水资源上就存在优势和劣势之别。然而,流域国家之间还存在着权力强弱之别,反映在共享水资源上就是对其控制能力的大小之别。当霸权国位于跨界河流的下游时,在处于劣势的情况下可以利用自己的权力来获取更多的共享水资源;当霸权国位于跨界河流的上游时,在处于优势的情况下可以利用自己所控制的共享水资源来获取更多的权力。[1]

流域霸权国利用流域共享水资源而获得的支配性地位,被称为"水霸权"(Hydro-Hegemony)。[2] 这是霸权稳定论在国际流域水资源问题中的应用。按照"水霸权"的逻辑,流域霸权国拥有较大的权力,流域非霸权国通常会遵守霸权国制定的秩序,霸权国相对较强的权力有效地阻止了来自非霸权国对秩序潜在的反抗行为。[3] 换句话说,虽然流域国家对共享水资源有着不同的甚至冲突的利益诉求,利益的差异性导致流域国家间围绕共享水资源存在矛盾,但由于流域霸权国的存在,往往不一定发生水战争。流域国家间围绕共享水资源的关系状态取决于流域霸权国的意愿。流域霸权国可以选择"消极水霸权"的形式,也可以选择"积极水霸权"的形式。两者的区别在于流域霸权国扮演的角色。在"消极性水霸权"的形式下,流域霸权国处于支配地位,只对自己有利而强加于别人的行为结果导致流域霸权国与非霸权国之间的不平等越来越多。当流域非霸权国的"水权利"被霸权国拒绝时,或两者间的不平等积累到一定程度时,也许会发生冲突;在"积极性水霸权"的形式下,流域霸权国处于领导地位,所采取的引导性

---

[1] Warner J. Mind the GAP - Working with Buzan: the Illisu Dam as a security Issue. SOAS Water Issues Study Group, School of Oriental and African Studies/King's College – London, 2004.

[2] Jeroen Warner, The Politics of Diversion——Bridging Troubled Water in the Middle East, Master's Thesis Submitted to the Department of International Relations, University of Amsterdam, Amsterdam, Netherlands, 1992.

[3] Feitelson, E., "The ebb and flow of Arab-Israeli water conflicts: Are Past Confrontations Likely to Resurface?", *Water Policy*, 2000(2), p. 350.

而不是强制性的行为也许有利于所有流域国家。通过提供秩序和稳定等公共产品,流域霸权国引导流域国家之间进行共享水资源合作。所以,"积极性水霸权"是一种相对有远见的形式。[①]

以色列在约旦河流域中的地位就属于"水霸权"。约旦河流域位于中东地区,面积很小,仅1.83万平方千米。约旦河的源头由来自于黎巴嫩、叙利亚、以色列以及这三国边境的河流组成,这些河流汇合后成为上约旦河,向南流相继成为叙利亚和约旦的边界、约旦和以色列的边界,继续向南流入以色列境内的太巴列湖,再经过巴勒斯坦南岸地区后注入死海。约旦河流域国以色列、约旦、巴勒斯坦、黎巴嫩和叙利亚都缺乏水资源,而约旦河流域水资源是这些国家的重要供水来源,因而成为这些流域国家争夺的对象。以色列凭借着占有较大优势的经济和军事实力,利用战争或技术手段等获得了更多约旦河流域的土地和水资源。比如,1982年,以色列武装入侵黎巴嫩,借口是打击黎巴嫩境内巴勒斯坦武装组织,实则是为了夺取黎巴嫩境内水资源。

上述总结的五个国际流域国家间涉水关系的影响因素是文献中经常提到的,但这只是定性分析的结果。沃尔夫尝试用定量的方法对122个国际流域进行研究,验证影响流域合作抑或冲突程度的因素,结果表明:流域人均GDP、流域人口密度、流域国家整体关系、流域国家相对权力以及流域面积的确对流域的合作或冲突程度有着显著的影响。然而,在这项研究中,研究对象是国际流域整体而非国际流域中的不同国家。那么,这些因素是否也的确对国际流域中的不同国家间涉水合作或冲突产生影响呢?李志斐聚焦中国的实际现状,利用定量研究分析,验证出了明显影响中国跨国界河流问题的因素,包括国家关系、领土争议和治理模式。[②]

---

① 关于"消极性水霸权"和"积极性水霸权",参考 Mark Zeitoun, Jeroen Warner, "Hydro-hegemony—a framework for analysis of trans-boundary water conflicts", *Water Policy*, 2006(8), pp. 437-439.

② 李志斐:《中国跨国界河流问题影响因素分析》,《国际政治科学》2015年第2期,第66—92页。

四 流域国家达成涉水合作的动力

流域国家围绕共享水资源发生冲突的根源是国家对其境内共享水资源的主权。国家对其境内的水资源拥有绝对的主权，但是在共享流域中，这种绝对的主权受到限制。因为，如果是不公平和不合理的使用境内共享水资源，就会对其他流域国家造成跨界伤害。当过分强调主权，而不顾其他流域国家的利益时，就容易出现流域国家之间的围绕共享水资源的纠纷甚至是冲突；当流域国家都在自己的权利和利益方面进行让步和妥协，才能进行流域共享水资源合作。

国家往往会首先考虑到自身的利益，只有当合作的利益大于不合作的成本时，国家才会选择进行合作。近年来越来越受到关注的利益共享概念或许可以为解释流域国家围绕国际河流进行合作的动力提供一个分析框架。利益共享这一概念提出的目的是转变流域国家对共享水资源的观念，不再凸显水资源的主权性，而是用利益共享概念代替主权概念，强调通过跨界水资源获取共享利益。利益共享促使流域国家围绕共享国际河流进行合作，因为合作管理国际流域可以直接或间接地促进国家贸易、经济发展、食品安全、政治安全、贫困消除和地区一体化。[①]

围绕国际河流的非合作行为将导致流域国家间形成紧张关系，并且增加流域国家对跨界水资源的使用成本。相反，流域国家若围绕国际河流进行合作，则可以从中获取共享利益。萨多夫和格雷[②]给出了流域国家涉水合作利益的四种形式：（见表1-1）

[①] UN water. Transboundary Waters: Sharing Benefits, Sharing Responsibilities. Thematic Paper, 2008, p. 3.

[②] Sadoff, W. C., Grey, D., "Beyond the river: the benefits of cooperation on international rivers", *Water Policy*, 2002(4), pp. 393-400.

表 1–1　　　　　　　　国际河流合作的类型及其利益一览

类型	挑战	机遇
类型 1：对河流本身的利益增加	水质、水域恶化，湿地、生物多样性退化	改善水质、河水径流特征，增强土壤保持，保护生物多样性和整体可持续性
类型 2：从河流获取的利益增加	水需求增加，次优水资源管理和开发	改善水资源管理，涉及水力发电、农业生产、洪水干旱、航行、环境保护、水质等
类型 3：河流造成成本的降低	紧张的地区关系和政治经济影响	政策方向从争议/冲突转移到合作和开发；从食品（和能源）自给自足到食品（和能源）安全；降低争议/冲突威胁和军费开支
类型 4：超越河流的利益	区域分裂	区域基础设施、市场和贸易一体化

资料来源：Sadoff, W. C., Grey, D., "Beyond the river: the benefits of cooperation on international rivers", *Water Policy*, 2002(4), p. 393。

（1）对河流本身的利益增加。人口的增长和工业化的发展对河流造成环境危害，比如河水径流量减少、水质恶化、湿地退化和生物多样性破坏等。流域国家只有进行合作，才能改善国际河流的生态系统和维持其可持续发展。

（2）从河流获取的利益增加。在国际河流使用、开发和管理的过程中，存在着两对矛盾，即流域国家之间对国际河流共享水需求的矛盾、河流开发与生态环境保护的矛盾。随着水稀缺的日益增加，这两对矛盾也越来越明显。只有通过流域国家的合作，从系统的角度对共享国际河流进行优化管理和开发（包括水力发电、农业生产、洪涝干旱、航行、环境保护、改善水质、提高可利用水资源量等），才能合理和可持续地使用国际河流，从国际河流中获益。比如，流域国家合作降低洪水灾害造成的损失，开发河流的水电潜力。有些情况下，因为不同流域国家从合作获取的利益不均等，所以需要利益再分配或者给予赔偿。

（3）河流造成成本的降低。对国际河流的控制通常成为引发流域国家间紧张关系和纠纷的来源，而这种由河流而引发的紧张状态往往对流域国家间其他领域的关系和地区政治经济产生显著的影响。在紧张的地区关系下，国家往往采取自给自足的政策，而不会选择跨界贸易和一体化，从而导致人力和财力成本的增加。在极端情况下，由河流引发的紧张关系会引发流域国家外交政策的转变，即将重点从经济发展转移到涉水安全（包括增加军费开支），此时人力和财力成本会更高。如果流域国家放弃冲突或争议的政策，采取合作和开发的政策，围绕国际河流进行合作，将有助于改善和加强流域国家间关系，增加这些国家间更广泛范围内的合作。

（4）超越河流的利益。围绕国际河流管理和开发的合作对流域国家的政治进程和制度能力产生影响，有助于流域国家间采取更广阔范围内的集体行动，这就是超越了河流的跨界合作。超越河流的利益是消除区域分裂状态，实现区域基础设施、市场和贸易的一体化。超越河流的利益是在前述三种利益基础之上获得的。国际河流流域管理的改善提高河流系统的生产力，由此可能催生经济领域其他方面的合作机会；流域国家间紧张关系的消除能够促进非涉水领域合作的达成；流域国家之间的交流和贸易因此而可能增多。如此一来，流域国家间围绕国际河流的合作就创造出了超越河流的利益。

五 流域国家间达成合作的途径

只有了解如何实现国际河流水资源合作，才能真正有利于流域国家解决跨界水资源问题。流域国家围绕国际河流达成合作通常是一个复杂和长期的过程。要实现长期、可持续和可靠的跨界水合作需要许多条件，条件具备的多少也决定了合作程度的高低。联合国和学者们都给出了不同程度的合作形式，[①] 综合看来有以下几种。

---

① 关于合作的形式参考 Maria Manuela Farrajota, "International Cooperation on Water Resources", J. W. Dellapenna and J. Gupta, ed., *The Evolution of the Law and Politics of Water*, Springer Netherlands, 2009, pp. 337-352; UN *Human Development* Report, "Beyond scarcity: Power, poverty and the global water crisis", 2006, p. 224, http://hdr.undp.org/sites/default/files/reports/267/hdr06-complete.pdf; Transboundary Waters: Sharing Beneftits, Sharing Responsibilities, UN water Thematic Paper, 2008, pp. 5-10。

（一）协调——信息交换和影响评估

流域国家间进行合作的一般义务是交换数据和信息，这是实现更高级合作的前提，也几乎是所有合作协定都囊括的基本条款。流域国家间可以定期交换数据和信息，也可以建立联合数据库实现数据和信息的及时共享。交换的内容除了包括水文数据、水力发电、航行等的操作信息以外，还应包括紧急情况通知。紧急情况可能是自然灾害（比如洪水、干旱等）所致，也可能是人类行为（比如污染物泄漏等）所致，也可能是两者的结合（比如地震导致工厂污染物泄漏）。向其他流域国家通知紧急情况，目的是在事件发生之后各方迅速反应，尽最大可能减轻负面影响、降低损失。紧急情况通知需要包含详细、准确的事件信息，因此需要一系列的不同程序提供支持，包括监测、预测、预警、救援计划等。

一国有义务向其他流域国家通知本国在流域境内部分计划实施的可能产生跨界影响的项目。通知的内容应该包括项目影响评估和项目可能造成的对其他流域国家的影响。影响评估是计划实施项目国家应尽的义务。在当代，影响评估更注重环境方面。环境影响评估的目的是使流域国家在决策初期就将能够考虑到环境影响因素，也可以促进流域国家共同协商或沟通以解决未来可能出现的问题。

（二）协作——缔结涉水协定

在交换信息和影响评估之后，流域国家可能进行磋商，就未来可能发生的事情或出现的影响进行讨论，比如，流域国家就环境保护的办法进行磋商，或者就当前各方对共享水资源的使用所产生的潜在影响进行磋商。在此基础之上，流域国家之间进行协商，就共享水资源某个方面或多个方面致力于达成一致，并最终缔结协定。流域国家围绕国际河流缔结的协定为稳定和可靠的合作提供必要的法律框架。

涉水协定要解决的问题是，在保护流域其他国家的利益基础之上规范一个国家对国际河流的使用，规范流域国家利用、分配、保护和管理跨国河流水资源。涉水协定可以是解决流域存在的某些具体问题

（比如水污染、水力发电、水量分配等），也可以是涵盖整个流域的所有方面。协定的形式可以是双边的，也可以是多边的。实践证明，双边协定要比多边协定更容易缔结。在106个拥有水机制的流域中，2/3的流域涉及三个或三个以上的流域国家，然而在这106个流域中，多边涉水协定只有不到1/5的数量。[①] 沃尔夫对全球范围内的国际流域进行分析后发现，这些流域所涉及的145个水条约中，只有21个是多边条约，剩下的124个都是双边条约。[②] 也就是说，即使是在多国家的流域中，流域国家也通常采用双边协定进行国际流域管理。

涉水合作不仅是流域国家间合作的主要内容之一，也成为联合国等一些重要的国际性机构（包括国际法协会这个非政府组织）所关注的重点，致力于制定出一些广泛适用的涉水国际条约、公约或规则。经过200多年的发展历程，关于跨界水资源的国际法律文件逐渐丰富和完善。影响力较大的涉跨界水资源管理的国际性条约主要有4个。（1）1921年国际联盟制定的《国际性可航水道制度公约及规约》[③]，是对国际性可航水道的航行原则进行规范的国际公约，提出了航行自由及平等待遇原则。（2）1966年通过的《国际河流利用规则》[④]，国际水法发展过程中的里程碑式文件，由国际法协会编纂而成，明确了流域国家公平合理利用水资源、防止和减轻污染等原则。这一规则在2004年得到更新，即《关于水资源法的柏林规则》。（3）1992年欧洲经济委员会通过的区域性水条约《跨界水道和国际湖泊保护和利用公约》[⑤]。（4）1997年联合国大会通过的《国际水道非航行使用法公约》[⑥]，是基于《国际河流利用规则》发展而成的全球性水条约，同样是国际水法里程

[①] UN Human Development Report, "Beyond scarcity: Power, poverty and the global water crisis", Published for the United Nations Development Programme, 2006, p. 222, http://hdr.undp.org/sites/default/files/reports/267/hdr06-complete.pdf.

[②] Wolf, A. T., "Conflict and cooperation along international waterways", *Water Policy*, 1998(1), p.257.

[③] 也称《巴塞罗那公约》。

[④] 也称《赫尔辛基规则》。

[⑤] 也称《赫尔辛基公约》，适用范围是欧洲、美国和加拿大。

[⑥] 也称《国际水道公约》。

碑文件，是第一个专门规范跨国水资源非航行使用原则、方式和管理的公约，为流域国家间签订双边或多边涉水协定提供全面的和具有权威性的框架①。国际组织关于跨界水资源的决议包括1982年的《世界自然宪章》、1992年的《里约环境与发展宣言》和1968年的《地下水管理宪章》等。②

迄今为止，在全球范围内已经形成了305条关于国际河流水资源利用的条约或惯例，涉及200多条国际河流。③流域国家间达成的涉水条约或协定与国际性公约等共同构成了国际水法，为各国际河流流域的合理利用和开发提供指导性原则。

（三）联合行动——项目和机制

流域国家联合行动比某一国家单独行动要更有效率，且更能实现流域共同利益。联合项目可以是对流域生态环境进行保护，可以是修建水利设施对流域共享水资源进行使用以及防洪。然而，这些联合项目的准备和实施必须要有一个适当的机制框架。许多学者已经提出利用机制框架来解决国际流域问题。④

联合机制是流域国家围绕跨界水管理进行长期合作以及流域可持续发展的前提条件。有效的联合机制应该同时具备以下三种功能：

---

① 1997年联合国大会，中国是三个对《国际水道非航行使用法公约》投反对票的国家之一，其余两个是土耳其和布隆迪，还有27个国家弃权，赞成国有103个。截止到2002年8月，共有21个国家签署公约，因为未达到35个国家签署生效的标准，当时公约并没有生效。经过了国际社会17年的努力推动，越南于2014年5月19日成为第35个签署国，因而公约最终于2014年8月17日生效。

② 何艳梅：《跨国水资源保护的法律措施——兼及中国的实践》，《长江流域资源与环境》2009年第10期，第932页。

③ 冯彦、何大明、包浩生：《国际水法的发展对国际河流流域综合协调开发的影响》，《资源科学》2000年第1期，第82页。

④ Ingram, H., White, D. R. "International Boundary and Water Commission: An institutional mismatch for resolving transboundary water problems", *Natural Resources Journal*, 1993(33), pp. 153-175; Mumme, S., "Innovation and reform in transboundary resource management: A critical look at the International Boundary and Water Commission, United States and Mexico", *Natural Resources Journal*, 1993(33), pp. 93-120.

（1）协调和咨询功能，比如收集和交换水文资料、证实污染源和潜在危险、提供信息交换和磋商的平台、开展科学研究和技术交流；（2）政策制定和实施功能，根据流域协定制定联合计划、开发联合项目并开展实施，比如开发联合监测项目、建立预警程序、修建联合水利基础设施等；（3）争端解决功能，为流域国家间涉水争议或争端提供积极的解决办法。

水机制包括不同形式的流域组织，从而实现机制化合作。流域国家联合行为体的形成，比如联合管理委员会，是保证不同政府之间合作以及良好管理共享资源的基础。除了国家之外，还有许多行为体，比如地方利益相关者、非政府组织、研究机构、私人参与者和捐赠者，也都必须参与进来。[①]

流域水资源综合管理（IWRM）是当前国际河流流域水资源合作管理机制的发展趋势和重点研究对象。它是1992年在都柏林召开的"21世纪水与环境发展问题国际会议"上提出的一种旨在不损害生态系统可持续性和公平的前提下追求流域社会和经济福利最大化的水资源管理机制框架。流域水资源综合管理强调对流域水资源与土地资源、流域环境进行协调管理，同时综合考虑流域社会和经济因素，将诸多利益相关方关联起来，共同对整个流域的各个方面进行规划并承诺作出行动，从而实现流域的可持续性发展。

六 小结

总体来说，冲突与合作是国际河流流域国家间涉水关系研究的核心问题，跨界水资源是流域国家间逐渐增多的冲突或合作的对象。跨界水资源将具有不同政治、经济、社会、文化等特征的流域国家紧密联系起来，形成冲突与合作共存互动的共同体。学者运用经济学、统计学等不同方法构建流域国家间互动行为的分析框架，试图找出驱动

[①] Wolf, Aaron T., *Sharing Water, Sharing Benefits: Working towards Effective Transboundary Water Resources Management*, Oregon State University, 2010.

流域国家发生冲突或合作的因素，并最终寻得化冲突为合作的可行方案。黑龙江界河属于国际河流，因此已有的研究成果可以为黑龙江界河与中俄关系研究提供理论依据和基础。反过来，世界上的国际河流情况各异，当利用现有理论去研究不同国际流域国家间涉水问题时则会发现特殊之处，这正是本书的价值之一。

第 2 章

中俄界河及黑龙江流域概况

在全世界范围内，中国是拥有国际河流和湖泊数量最多的国家之一。跨界水资源的特性决定了在对国际河流进行研究的时候不能脱离流域[①]的视角。本书的研究对象虽是界河，但要在整个河流流域视角下进行，因此有必要弄清楚黑龙江整个流域的自然地理条件及中俄两国位于黑龙江流域内地区的社会经济状况。

一 中俄界河

中国的国际河流和湖泊主要分布在东北、西北和西南地区。中国主要的国际河流有 16 条，涉及周边多个邻国（见表 2-1）。整体来看，中国东北地区的国际河流与西北地区、西南地区的国际河流有着显著的区别：东北地区以国际界河居多，而西北、西南地区以跨境国际河流居多。在我国东北地区的界河中，中俄之间的界河地位显著，占据了我国东北部边界的大部分。

从 1991 年至 2004 年，中俄陆续签订了三个关于划分国界的协定，完全确定了两国长达 4300 多千米的边界线。在中俄边界线上，两国的界河和界湖占据了大约 80%。根据协定，中俄两国的水边界包括四条河流和一个湖泊，由西向东分别是黑龙江南源额尔古纳河、黑龙江干

[①] 根据《中国大百科全书·地理卷》中的概念解释，"所谓流域，是指由分水线所包围的河流集水区。河流集水区又分为地面集水区和地下集水区两类。平时我们习惯所称的流域，一般都是指地面集水区。"所以，一般所指的流域就是指河流水系流经的区域。

流上游和中游段、黑龙江支流乌苏里江、松阿察河及兴凯湖。其中，黑龙江干流上游和中游段是本书的研究对象，也是中俄界河的主要组成部分。额尔古纳河、乌苏里江、松阿察河和兴凯湖都属于黑龙江水系，下文不再一一详述，而是都放在黑龙江的支流部分概述。

表 2-1　　　　　　　　　中国主要国际河流一览

地区	河名	中国境内集水面积（万千米^2）	中国境内干流长（千米）	发源地	流域国家
西北地区	额尔齐斯－鄂毕河	292.9	4248	中国新疆	中国、哈萨克斯坦、俄罗斯、蒙古国
	伊犁河	15.12	1237	哈萨克斯坦	哈萨克斯坦、中国
	塔里木河	19.4	2046	吉尔吉斯斯坦	中国、吉尔吉斯斯坦、塔吉克斯坦
	咸海	123.1		中国/阿富汗	土库曼斯坦、乌兹别克斯坦、哈萨克斯坦、塔吉克斯坦、吉尔吉斯斯坦、阿富汗、中国、巴基斯坦
东北地区	黑龙江	184.3	3420	蒙古国	蒙古国、中国、俄罗斯
	鸭绿江	6.45	816	中国吉林	中国、朝鲜
	图门江	3.32	505.4	中国吉林	中国、朝鲜、俄罗斯
	绥芬河	1.73	443	中国吉林	中国、朝鲜
西南地区	伊洛瓦底江	43.1	2150	中国西藏	中国、缅甸
	怒江－萨尔温河	32.5	3200	中国西藏	中国、缅甸、泰国
	澜沧江－湄公河	81	4880	中国青海	中国、缅甸、老挝、泰国、柬埔寨、越南
	珠江	45.37	2214	中国云南	中国、越南
	雅鲁藏布江－布拉马普特拉河	93.8	2900	中国西藏	中国、不丹、印度、孟加拉国
	巴吉拉提河（恒河）	107.3	2700	中国西藏	中国、尼泊尔、印度、孟加拉国
	森格藏布河（印度河）	116.6	2880	中国西藏	中国、印度、巴基斯坦、阿富汗
	元江－红河	11.3	1280	中国云南	中国、越南、老挝

资料来源：何大明、冯彦著《国际河流跨境水资源合理利用与协调管理》，第10页。

（一）黑龙江

黑龙江是位于中国东北地区的国际河流，在此处中国与俄罗斯隔江相望。根据史书记载，黑龙江这个名称从明朝开始出现，之前被称作"欲水""黑水""望建河""宝健河""混同江"。黑龙江在满语中称"萨哈连乌拉"，意思是"黑色的水"；在蒙语中称"哈拉穆河"[①]；在俄罗斯被称为"阿穆尔河"（Амур），苏联百科全书中追溯到该名称来自鄂温克语，意为"大河"[②]。早年，由于河水中含有大量腐殖质，河水呈黑色，流动起来像一条奔腾的龙，因此被取名为黑龙江。[③]

黑龙江有南北两源，南源是额尔古纳河，发源于中国的大兴安岭，北源为石勒喀河，发源于蒙古国北部肯特山麓。额尔古纳河和石勒喀河在中国漠河县洛古河村汇合后始称黑龙江。江水先向东南方向流动，"沿途接纳左岸（俄罗斯）一侧的结雅河、布列亚河和右岸（中国）一侧的额木尔河、呼玛河；而后江水向南流动，接纳右岸（中国）一侧的松花江、乌苏里江；之后流入俄罗斯境内，在尼古拉耶夫斯克最终注入鄂霍次克海的鞑靼海峡。"[④] 通常情况下，黑龙江是指从额尔古纳河和石勒喀河交汇处到鄂霍次克海黑龙江河口交汇处之间的这段，长度2840千米。海拉尔河和额尔古纳河都属于黑龙江水系，[⑤]所以如果从源头算起，以海拉尔河为源头，黑龙江全长4370千米；以石勒喀河为源头，黑龙江全长4416千米。[⑥]

黑龙江通常被分为三段，从额尔古纳河和石勒喀河汇合处的洛古河村至结雅河口为上游段，长937千米；结雅河口至乌苏里江口为中

[①] 关于黑龙江名称的历史参见《中国河湖大典（黑龙江、辽河卷）》，中国水利水电出版社2014年版，第1页。《山海经》中称欲水、黑水；《旧唐书》和《新唐书》中称望建河、宝健河；辽宋元时名混同江。

[②] Diana Lary, ed. *The Chinese State at the Borders*, Vancouver: UBC Press, 2007, p.152.

[③] 《中国河湖大典（黑龙江、辽河卷）》，中国水利水电出版社2014年版，第1页。

[④] 何大明、汤奇成：《中国国际河流》，科学出版社2000年版，第52页。

[⑤] 在《中国河湖大典》中，将海拉尔河和额尔古纳河都算入黑龙江水系。

[⑥] 《黑龙江－阿穆尔河》，http://amuseum.cdstm.cn/AMuseum/shuiziyuan/water/02/w02_b03_05.html。

游段，长 950 千米；乌苏里江口至入海口为下游段，长 947 千米。上游段和中游段为中俄界河，长度为 1887 千米，下游段全部在俄罗斯境内。上游段河面狭窄，河床坡度大，河水湍急；中游段河面宽阔，河道坡度小。[①]

（二）黑龙江主要支流

汇入黑龙江的支流众多，有 200 多条。其在北侧的主要支流有俄罗斯境内的石勒喀河、结雅河和布列亚河。（1）石勒喀河是黑龙江的北源，是由鄂嫩河与音果达河交汇而成，位于俄罗斯境内的外贝加尔边疆区，总长 560 千米，[②] 流域面积 23.3 万平方千米[③]。石勒喀河的径流总量年内变化明显，平均为 506 立方米/秒，夏季洪水期可高达 9000 立方米/秒，而冬季或低至 1 立方米/秒。[④]（2）结雅河是黑龙江在俄罗斯境内的最大支流，发源于外兴安岭的南坡，从山地流出，穿过盆地后进入平原，在阿穆尔州布拉戈维申斯克附近处注入黑龙江，河长 1242 千米。结雅河水量相当丰富，大于黑龙江上游的来水量，多年平均流量为 1810 立方米/秒，春夏季洪水期甚至可达到 14200 立方米/秒。[⑤] 由于地形和季风的影响，结雅河流域经常出现大暴雨，每隔 2—3 年就出现一次较大的洪水。为此，俄罗斯在结雅河与黑龙江交汇处附近修建了结雅水电站以防洪，同时也促进农牧业发展。（3）布列亚河是黑龙江在俄罗斯境内的第二大支流，走势与结雅河基本平行，相距约 200 千米。布列亚河全长 613 千米，流域面积 6.97 万平方千米，河流年径流深 402

[①] 本段参考 Simonov, A. E., Dahmer, D. T., eds, *Amur - Heilong River Basin Reader*, Hong Kong: Power Digital Printing Co. Ltd., 2008, p.3.

[②] 赵锡山：《俄罗斯结雅水库布列亚水库对黑龙江干流洪水影响程度分析》，黑龙江大学硕士学位论文，2015 年，第 10 页。

[③] Говорушко С. М., Горбатенко Л. В. Трансграничное водопользование в бассейне р. Амур. Вестник ДВО РАН, 2013(2), С.75.

[④] Simonov A. E., Dahmer D. T., eds. Amur - Heilong River Basin Reader. Hong Kong: Power Digital Printing Co. Ltd., 2008, p.22.

[⑤] 参考曹文发《黑龙江左岸支流的规划及开发利用情况》，《东北水利水电》1986 年第 6 期，第 21 页；Simonov, A. E., Dahmer, D. T., eds. *Amur - Heilong River Basin Reader*, Hong Kong: Power Digital Printing Co. Ltd., 2008, p.22.

毫米，年径流量940立方千米。① 与结雅河一样，河水主要靠雨水补给，年径流量分配不均，不同的是，布列亚河比结雅河产水量丰富，但是上游水很大，下游水很小。② 由于夏季径流量极为丰富，造成黑龙江中游洪水频发。距河口174.2千米处建有布列亚水库。③

黑龙江南侧的主要支流有额尔古纳河、松花江和乌苏里江等。（1）额尔古纳河是黑龙江的南源，它是由从呼伦湖流出的扎兰鄂罗木河与从大兴安岭流出的海拉尔河交汇后形成的，也是中俄的界河。④ 额尔古纳河全长1620千米，其中中俄界河段为951千米，流域面积16.4万平方千米。⑤ 额尔古纳河冰冻期时间长，一般情况下水运通航期为5—6个月。⑥（2）松花江发源于大兴安岭伊勒呼里山中段南侧，流经蒙古自治区、黑龙江省、吉林省，于黑龙江省同江市注入黑龙江。松花江以嫩江为源头则全长2309千米，以第二松花江为源头则全长1897千米，年径流量接近820亿立方米。⑦（3）乌苏里江是位于黑龙江中下游右岸的一条支流，它发源于中国吉林的锡赫特山脉，由乌拉河与松阿察河汇合而成，向北流在俄罗斯哈巴罗夫斯克西南部汇入黑龙江。从松阿察河河口到乌苏里江的源头部分位于俄罗斯境内。从乌拉河的源

---

① 赵锡山：《俄罗斯结雅水库布列亚水库对黑龙江干流洪水影响程度分析》，黑龙江大学硕士学位论文，2015年，第14页。

② 曹文发：《黑龙江左岸支流的规划及开发利用情况》，《东北水利水电》1986年第6期，第23页。

③ 赵锡山：《俄罗斯结雅水库布列亚水库对黑龙江干流洪水影响程度分析》，黑龙江大学硕士学位论文，2015年，第16页。

④ Готванский, В.И., Бассейн Амура: осваивая – сохранить, Хабаровск: ООО «Архипелаго Файн Принт», 2007, С. 5.

⑤ Итигилова, М. Ц., Горлачева, Е.б., Афонин, А. В., и.т.д. Биологическое разнообразие - индикатор экологического состояния водных экосистем бассейна трансграничной реки Аргунь. Состояние и перспективы российско-китайского сотрудничества в области охраны окружающей среды и управления водными ресурсами. Материалы международной конференции, Москва, 27-28 сентября 2007 г., С.49.

⑥ 张莹：《额尔古纳河水运发展对策》，《中国水运月刊》2014年第8期，第65页。

⑦ 《中国河湖大典（黑龙江、辽河卷）》，中国水利水电出版社2014年版，第49页。

头算起,乌苏里江全长909千米,流域面积18.7万平方千米。从挠力河汇口以下的乌苏里江江内多岛屿和江心洲,岛屿成串分布,有数十个岛屿属于中国,包括珍宝岛等。[1]乌苏里江水面开阔,航运便利,船舶可上溯至兴凯湖,下行至黑龙江河道。从松阿察河口至乌苏里江口干流可通行100吨以上船舶,其中虎头山以下可通行千吨级江轮。[2]
(4)松阿察河从兴凯湖流出,在虎林市注入乌苏里江,长209千米。兴凯湖经松阿察河与乌苏里江相连,因而也属于黑龙江水系,湖面长度90千米。[3]兴凯湖北部属于中国,南部属于俄罗斯。

二 黑龙江流域的自然地理状况

按照国际流域的定义,黑龙江流域应当是黑龙江及其支流的地表水和地下水(包括封闭地下水)在分水线内所构成的集水区域。黑龙江流域面积184.3万平方千米,居世界第10位。[4]黑龙江流域涵盖4个国家:中国、俄罗斯、蒙古国和朝鲜。[5]中国境内部分占流域总面积48%,俄罗斯境内部分占50.4%,蒙古和朝鲜境内部分很小,分别占1.59%和0.01%。[6]

---

[1] 珍宝岛坐落在虎林市小木河林场和小木河渔点附近。珍宝岛是伸入乌苏里江的半岛,后经长期冲刷,形成今天的呈元宝形的江中小岛。1969年,中苏在珍宝岛发生流血冲突。参考《中国河湖大典(黑龙江、辽河卷)》,中国水利水电出版社,2014年版,第204页;《中国河湖大典(综合卷)》,中国水利水电出版社2014年版,第112页。

[2] 《中国河湖大典(综合卷)》,中国水利水电出版社2014年版,第112页。

[3] 《中国河湖大典(综合卷)》,中国水利水电出版社2014年版,第114页。

[4] 《黑龙江-阿穆尔河》,http://amuseum.cdstm.cn/AMuseum/shuiziyuan/water/02/w02_b03_05.html.

[5] 需要指出的是,黑龙江流域也包括朝鲜。原因是第二松花江的南源发源自长白山天池,因此长白山天池可以认为属于黑龙江流域,而长白山天池是中朝两国的界湖,因此黑龙江流域应包括朝鲜。不过,朝鲜在整个中俄界河流域中所占比例非常之小。参见戴长雷、李治军、林岚、彭程、谢永刚、曹伟征编《黑龙江(阿穆尔河)流域水势研究》,黑龙江教育出版社2014年版,第55页。

[6] 关于黑龙江流域各沿岸国境内部分的面积,中外数据并不一致,本书采用是中方的数据。根据曼滕奇(Мандыч, А. Ф.)、果特万斯基(Готванский, И. В.)等俄罗斯学者的数据,黑龙江流域俄罗斯境内部分面积占流域总面积的54.1%,中国境内部分面积占44.2%,蒙古国境内部分占1.7%。根据联合国环境规划署的数据,黑龙江流域总面积209.3万平方千米,中国境内面积88.9万平方千米(42.5%),俄罗斯境内面积100.8万平方千米(48.2%)。

黑龙江流域覆盖多种地形地貌，包括森林（如针叶林、落叶阔叶林）、草原、半干旱沙漠、山地等。流域降水由西向东和东南显著增加，最干旱的地区是后贝加尔的干草原区，多年平均年降水量为250—300毫米。黑龙江干流地区多年平均年降水量450—650毫米。降水季节差异较大，主要集中在6—9月，降水量占全年的70%，冬季降雪占全年降水的10%—20%。多年平均年径流深东高、西低，西部又北高南低，年径流深山区400—500毫米，三江平原、俄罗斯境内结雅——布列亚平原为低值区，仅50毫米左右。[1]

黑龙江流域位于寒温带和温带气候区，自西向东逐渐由半干旱、半湿润到湿润气候。年均气温从北部的-7℃到南部的6℃，气候年温差接近50℃。春季融雪补给河流，春汛水量占年水量的15%—20%。夏汛期雨水补给占年水量的65%—80%。黑龙江干流径流量年际变化大，丰水年与枯水年的比值为4∶1。流域降水具有明显区域差别，黑龙江源头最干旱地区降水只有200—295毫米/年，黑龙江上游地区降水为400—500毫米/年，中游地区降水为500—700毫米/年，下游降水更丰富。[2] 干流洪水具有峰高、量大和时间长的特点，一次洪水历时10天左右，最长达29天。[3]1872—1990年间，黑龙江发生大洪水的年份有1872年、1897年、1928年、1929年、1958年、1959年、1972年、1984年等。[4]

黑龙江流域富含多种自然资源，包括油气等燃料资源、水电资源、森林资源、渔业资源、有色金属等。但是，这些自然资源在黑龙江中俄两侧的分布并不均匀。比如，黑龙江流域中国境内部分的土地资源是俄罗斯境内部分的4倍，而俄罗斯境内部分的森林资源却是中国境

---

[1] 参考《中国河湖大典（黑龙江、辽河卷）》，中国水利水电出版社2014年版，第2页。

[2] 本段关于黑龙江流域气候、降水情况参考 Simonov, A. E., Dahmer, D. T., eds. *Amur - Heilong River Basin Reader*, Hong Kong: Power Digital Printing Co. Ltd., 2008, pp.11-14。

[3] 《中国河湖大典（综合卷）》，中国水利水电出版社2014年版，第111页。

[4] 《中国河湖大典（黑龙江、辽河卷）》，中国水利水电出版社2014年版，第3页。

内部分的 6 倍。[①]

三 黑龙江两侧的社会经济状况

按照前述流域的概念，黑龙江流域应该是黑龙江水系所流经的整个集水区域，那么我国境内部分基本属于东北地区，涉及东北三省和内蒙古自治区四个行政区[②]；而俄罗斯境内部分属于其远东地区，涉及远东地区南部的五个行政区。但本书的研究对象是黑龙江界河，因此具体到黑龙江界河的毗邻两侧，中国一侧涉及黑龙江省和吉林省，俄罗斯一侧涉及阿穆尔州、犹太自治州和哈巴罗夫斯克边疆区。

（一）黑龙江中国一侧的社会经济状况

中国一侧紧邻黑龙江界河的是东北地区，在流域范围内的部分包括黑龙江省的绝大部分和吉林省的一部分。

1. 黑龙江省

黑龙江省北部和东部与俄罗斯分别以黑龙江和乌苏里江为界，南部和西部分别与吉林省和内蒙古自治区接壤。黑龙江省约 94.5% 的地区位于黑龙江流域内。黑龙江干流沿江分布着黑龙江省的多个市县，包括漠河县、黑河市、同江市等。

黑龙江省面积 47.3 万平方千米。黑龙江省内地形多样，主要由山地、台地、平原和水面构成。黑龙江省内山地包括大兴安岭山地、小兴安岭山地、张广才岭、老爷岭、完达山脉。兴安山地与东部山地的山前为台地，面积约占全省总面积的 14%。平原面积约占全省总面积

[①] Peter, Y. B., Anatoly, V. M., "Amur region of Russia – natural resources, polulation and economy", In Shigeko Haruyama, Takayuki Shiraiwa, ed., *Environmental Change and the Social Response in the Amur River Basin*, Springer Japan, 2015, p.4.

[②] 关于黑龙江流域涉及的范围，戴长雷等人认为中国一侧包括东北三省和内蒙古自治区四个行政区，而俄罗斯学者西蒙诺夫等人认为中国一侧包括黑龙江省、吉林省和内蒙古自治区三个行政区。详见戴长雷、李治军、林岚、彭程、谢永刚、曹伟征编《黑龙江（阿穆尔河）流域水势研究》，黑龙江教育出版社 2014 年版；和 Simonov, A. E., Dahmer, D. T., eds. *Amur - Heilong River Basin Reader*, Hong Kong: Power Digital Printing Co. Ltd., 2008.

的28%，包括位于西部的松嫩平原和东北部的三江平原。土地面积中农用地面积最大，占全省土地面积的83.5%。[①]

黑龙江省人口密度为79.8人/平方千米，低于全国平均水平。该省存在人口大量流失和低生育率问题。1996年至2013年间，虽然黑龙江省人口保持小幅增长，但增幅却在下滑，下滑情况在2001年尤为明显。从2014年开始，该省人口持续负增长。截至2022年末，常住总人口为3099万人（见表2-2）。

表2-2　1996—2022年黑龙江省和吉林省GDP及其增长率统计

年份	黑龙江省 GDP（亿元）	GDP增长率（%）	人口（万人）	吉林省 GDP（亿元）	GDP增长率（%）	人口（万人）
1996	2370.5		3728	1346.79		2579.1
1997	2667.5	12.53	3751	1464.34	8.73	2600.1
1998	2774.4	4.01	3773	1577.05	7.7	2603.2
1999	2898	4.46	3792	1672.96	6.08	2616.1
2000	3151.4	8.74	3807	1951.51	16.65	2627.3
2001	3390.1	7.57	3811	2120.35	8.65	2637.1
2002	3637.2	7.29	3813	2348.54	10.76	2649.4
2003	4057.4	11.55	3815	2662.08	13.35	2658.6
2004	4750.6	17.08	3817	3122.01	17.28	2661.9
2005	5513.7	11.6	3820	3620.3	15.96	2669.4
2006	6216.8	12	3823	4275.12	18.09	2679.5
2007	7104	12.1	3824	5284.69	23.61	2696.1
2008	8314.37	11.8	3825	6426.1	21.6	2710.5
2009	8587	11.1	3826	7278.75	13.3	2719.5
2010	10368.6	12.6	3833	8667.58	19.1	2723.8
2011	12582	12.2	3834	10568.83	21.9	2726.5
2012	11939.24	10	3834	11939.24	13	2701.5
2013	14382.9	8	3835	13046.4	9.3	2678.5
2014	15039.4	5.6	3833	13803.14	5.8	2671.3
2015	15083.67	5.7	3812	14063.13	6.5	2662.1
2016	15386.09	6.1	3799	14886.23	6.9	2645.5

---

① 黑龙江地形地貌特征参考《龙江省情》，黑龙江省统计局网站，http://www.hlj.stats.gov.cn/ljsq/.

续表

年份	黑龙江省 GDP（亿元）	黑龙江省 GDP增长率（%）	黑龙江省 人口（万人）	吉林省 GDP（亿元）	吉林省 GDP增长率（%）	吉林省 人口（万人）
2017	16199.9	6.4	3789	15288.94	5.3	2615.8
2018	16361.62	4.7	3773	15074.62	4.5	2608.9
2019	13612.7	4.2	3751	11726.8	3.0	2601.7
2020	13633.4	0.9	3171	12256.0	2.3	2577.1
2021	14858.2	6.1	3125	13163.8	6.5	2559.6
2022	15901.0	2.7	3099	13070.2	-1.9	2347.96

注：黑龙江省2018年GDP总量修订数为12846.5亿元，吉林省2018年GDP总量修订数为11253.8亿元，2019年GDP总量的数据是以修订后的2018年GDP核算数据为基数进行核算的结果。

资料来源：中华人民共和国国家统计局网站；《黑龙江省和吉林省国民经济和社会发展统计公报》；黑龙江省统计局网站；吉林省统计局网站。

中华人民共和国成立以后，黑龙江省是全国重要的工业基地，能源、化工、钢铁、汽车等产业的发展为中国的工业化进程贡献了巨大的力量。改革开放以后，随着东部沿海地区的快速发展，黑龙江省所在的东北地区经济发展逐渐落后。2003年，我国提出振兴东北老工业基地战略，黑龙江省加大体制机制创新步伐、企业技术改进和基础设施改善等，经济和社会民生等都取得了成效，逐步缩小了与全国的差距。但随着长期积累的体制机制问题进一步显现，新旧动能转换的结构性矛盾突出，黑龙江省面临着持续的经济下行压力。2016年，中共中央、国务院发布了《关于全面振兴东北地区等老工业基地的若干意见》，目标是到2030年前后实现东北地区的全面振兴，使其成为全国重要的经济支撑带。

从1996年到2018年，黑龙江省GDP总值在不断增加，增长了约6倍；GDP增速出现波动，从2003年到2012年，GDP增速较快，增速保持在两位数以上，但从2013年起开始快速下滑。2019年，黑龙江省GDP总量为13612.7亿元，在大陆地区31省区市中排名第24位；GDP增长率为4.2%，是2000年以来最低，低于全国平均水平，在全国排名比较落后（见表2-2）。2022年，黑龙江省GDP总量增至15901.0亿元，三次产业增加值占 GDP 的比重分别是 22.7%、29.2% 和 48.1%。黑龙江是农业大省，粮食生产以水稻、小麦、玉米、大豆为主，粮食产量连续 8 年位列全国第一。黑龙江省工业以能源、原材料和重型装备生产制造为主，工业机器人、新材料等高技术制造业快速发展。2019 年，黑龙江省开始实施工业强省战略，发展汽车、钢铁、石墨、生物医药等优势产业，同时加快发展工业互联网，致力于提升制造业质量和构建多元发展的产业结构。近年来，黑龙江省依托原生态优势大力发展第三产业，持续发展旅游、物流、休闲、康养等产业，第三产业增加值占 GDP 比重不断提升，2013 年开始超过第二产业增加值占 GDP 的比重。[①]

2005 年以来，黑龙江省对外贸易有所发展，但对外开放程度和对外贸易水平仍较为落后。2005 年到 2015 年，黑龙江省对外货物贸易规模逐渐提高，年均增速在我国东北三省中排在第一位，但从 2015 年开始货物进出口总额出现下滑。与此同时，黑龙江省对外货物贸易中出口额与进口额的比发生了显著的变化，从 2011 年开始呈现贸易逆差的状态（见表 2-3）。2018 年，黑龙江省实现货物进出口总额 1749.5 亿元，占全国进出口总额比重为 0.57%，在大陆地区 31 个省份中排名第 21 位。2019 年，黑龙江省实现货物进出口总额 1865.9 亿元，虽然增幅高于全国平均水平 3.3 个百分点，但总额占全国进出口比重只有 0.59%，在全国整体对外贸易中地位比较靠后。

表 2-3　　　　2005—2018 年黑龙江省货物进出口额情况

年份	进出口 总值（亿美元）	进出口 同比增长率（%）	出口 总值（亿美元）	出口 同比增长率（%）	进口 总值（亿美元）	进口 同比增长率（%）
2005	95.7	40.9	60.7	64.9	35	12.6
2006	128.6	34.3	84.4	38.9	44.2	26.3
2007	173.0	34.5	122.6	45.4	50.4	13.8
2008	231.3	32.4	168.1	35.1	63.2	25.7
2009	162.3	-29.9	100.8	-40.0	61.5	-2.8

---

① 参考黑龙江省人民政府发布的《2019 年政府工作报告》和黑龙江省统计局发布的《2019 年全省宏观经济运行情况》。

续表

年份	进出口 总值（亿美元）	进出口 同比增长率（%）	出口 总值（亿美元）	出口 同比增长率（%）	进口 总值（亿美元）	进口 同比增长率（%）
2010	255.2	57.1	162.8	61.5	92.3	50.0
2011	385.2	50.9	176.7	8.5	208.5	125.7
2012	375.9	−1.8	144.4	−18.3	231.6	12.2
2013	388.8	3.4	162.3	12.4	226.5	−2.2
2014	389.0	0.1	173.4	6.8	215.7	−4.8
2015	210.1	−46.0	80.4	−53.6	129.8	−39.8
2016	165.4	−21.3	50.4	−37.2	115.0	−11.4
2017	189.5	14.5	52.1	4.4	137.4	18.9
2018	264.4	39.5	44.5	−14.6	219.9	60.0

资料来源：进出口总值、出口总值和进口总值数据来源于2006—2019年的《中国统计年鉴》；进出口同比增长率、出口同比增长率和进口同比增长率数据来源于2005—2018年的《黑龙江省国民经济和社会发展统计公报》，其中2015年和2018年的同比增长率数据由笔者计算所得。

随着对外贸易规模的扩大，黑龙江省对外贸易形式和结构朝着合理化的方向发展。对外贸易方式仍以一般贸易和边境小额贸易为主，但逐渐多元化和灵活化，加工贸易、对外承包工程出口货物以及其他贸易方式不断增多。[①]黑龙江省出口商品以机电产品、服装鞋类、家具、纺织品等为主，进口以原油、铁矿等资源性产品以及机电产品等为主。近年来，黑龙江省出口商品结构有所优化，高新技术产品大幅增长。

从国别来看，俄罗斯高居黑龙江省进出口贸易来往国家的榜首，对俄贸易额占黑龙江省对外贸易总额比重最大。黑龙江省共有国家一类口岸25个，其中15个是对俄边境口岸。近30年来，黑龙江省与俄罗斯贸易额以年均近30%的速度递增，形成了全方位、宽领域、多层次的对俄开放格局，对俄经贸合作水平不断提升。从商品输出到资本输出，由贸易合作上升为产业合作、打造跨境产业链等经贸合作模式

---

① 黑龙江省统计局编：《龙江六十年（1949—2009）》，中国统计出版社2009年版，第34页。

不断创新。①2018年黑龙江省对俄货物贸易总额达到1220.59亿元，占全省货物进出口总额的69.8%，占全国对俄进出口总额的近1/5。

2. 吉林省

吉林省的西部、北部和南部分别与内蒙古自治区、黑龙江省和辽宁省相接，东部与俄罗斯接壤，东南部与朝鲜隔江相望。

吉林省面积18.74万平方千米，人口密度比黑龙江省大，为144.3人/平方千米。从1996年到2015年，该省人口持续小幅增长，2016年人口数量开始出现负增长。截至2022年末，该省总人口数2347.96万人。（见表2-2）

吉林省经济在全国也相对落后。2003年振兴东北战略提出后，吉林省GDP增速出现了短暂的明显恢复，从2012年开始回落，降至2014年的5.8%。2015年和2016年，吉林省GDP增速有所回升，2017年又开始下降。2019年，吉林省GDP总量为11726.8亿元，在大陆地区31省区市中排名第26位；GDP增长率为3.0%，低于全国平均水平，在全国排名比较落后。2022年，吉林省GDP总量为13070.2亿元，经济增速为-1.9%，表现较差。

吉林省产业结构在过去的30多年中发生着明显的变化：吉林省第一产业比重大幅下降，但农业在吉林省的发展过程中仍然占据重要地位；第二产业发展较稳定，曾经是吉林省经济增长的主导拉动力量，但近年来发展速度逐渐减慢，在巩固汽车、石化等传统支柱产业的基础上发展医药、高技术制造业、装备制造等新兴产业；第三产业总体呈上升趋势，从2015年增加值开始超过第二产业，成为全省经济发展的主要拉动力量，批发和零售业、金融业增长较快。2019年，吉林省三次产业增加值分别为1287.32亿元、4134.82亿元和6304.68亿元，占全省GDP总量的比重分别为10.98%、35.26%和53.76%。

2005年以来，吉林省对外贸易总额波动较大，到2014年之前基本保持增长趋势，2015年开始负增长，2017年出现增长，2019年又现下

---

① 朱宇等编：《中国东北地区发展报告（2015）》，社会科学文献出版社2015年版，第182页。

滑。2018年，吉林省实现货物进出口总额1362.8亿元，占全国进出口总额比重为0.45%，在大陆地区31个省份中排名第23位。2019年，吉林省实现货物进出口总额1302.17亿元，比上年下降4.5%，总额占全国进出口比重仅为0.41%，在全国整体对外贸易中地位比较落后。虽然2005年以来吉林省对外贸易总额在一定程度上实现增加，但贸易逆差的状态却一直没有得到改变，甚至呈拉大趋势（见表2-4）。在吉林省对外贸易产品中，农作物、服装、交通运输设备、电气设备占比重较大。

表2-4　　　　　　　　2005—2018年吉林省货物进出口额情况

年份	进出口 总值（亿美元）	进出口 同比增长率（%）	出口 总值（亿美元）	出口 同比增长率（%）	进口 总值（亿美元）	进口 同比增长率（%）
2005	65.28	−3.9	24.67	43.9	40.61	−20
2006	79.14	21.2	29.97	21.5	49.17	21.1
2007	102.99	30.1	38.58	28.7	64.41	31
2008	133.41	29.5	47.72	23.7	85.69	33
2009	117.47	−11.9	31.32	−34.3	86.16	0.6
2010	168.46	43.5	44.76	43.2	123.7	43.5
2011	220.47	30.9	49.98	11.7	170.49	37.8
2012	245.72	11.4	59.83	19.7	185.89	8.9
2013	258.53	5.2	67.57	12.9	190.96	2.8
2014	263.78	2.1	57.78	−14.3	206	7.9
2015	189.38	−28.2	46.54	−19.5	142.84	−30.7
2016	184.42	−2.6	42.06	−9.6	142.37	−0.3
2017	185.30	0.48	44.28	5.3	141.02	−0.9
2018	206.7	11.5	49.42	11.6	157.28	11.5

资料来源：2005—2017年货物进出口总额、进口额和出口额的数据来自吉林省统计局公布的统计年鉴；2019年吉林省商务工作会议公布了分别以人民币和美元为单位的2018年吉林省货物进出口总额，笔者据此计算出当年的人民币与美元换算汇率，在此基础上根据吉林省2018年国民经济和社会发展统计公报的数据分别换算出以美元为单位的2018年吉林省货物进口额和出口额；同比增长率由笔者计算得出。

从国别来看，2018年数据显示，德国、日本、俄罗斯、美国、韩国是吉林省的主要货物贸易往来国家，美国是其最大出口国，德国是其最大进口国。吉林省与俄罗斯进出口贸易额在2009年、2013年和

2014年出现大幅下降，之后有所回升，2018年吉林省与俄罗斯进出口贸易总额为624288万元，占吉林省当年对外贸易总额的比重是4.6%。吉林省与俄罗斯的合作基础比较薄弱，但潜力巨大。[1]

（二）黑龙江俄罗斯一侧的社会经济状况

黑龙江俄罗斯一侧涉及三个行政区，分别是阿穆尔州、犹太自治州和哈巴罗夫斯克边疆区，都属于俄罗斯远东联邦区。黑龙江流域俄罗斯部分居住着全俄约3.9%的人口，[2]属于俄远东地区人口最密集地带，也是俄远东社会经济发展程度较高的地区。

1. 阿穆尔州

阿穆尔州位于俄罗斯的东南部，西部与外贝加尔边疆区相接，南部和西南部与中国隔江相望，东部与哈巴罗夫斯克边疆区和犹太自治州相邻，北部与萨哈共和国（雅库特）接壤。阿穆尔州面积36.19万平方千米，2021年人口密度约为2.2人/平方千米。阿穆尔州人口从20世纪90年代以来持续减少，截至2021年初人口总数为78.18万，比1998年减少了18.7%。（见表2-5）

表2-5　1998—2021年黑龙江俄罗斯一侧三个行政区地区生产总值及人口

年份	哈巴罗夫斯克边疆区 地区生产总值（百万卢布）	人口（万人）	阿穆尔州 地区生产总值（百万卢布）	人口（万人）	犹太自治州 地区生产总值（百万卢布）	人口（万人）
1998	29309.6	150.95	14436.1	96.20	1510.1	20.17
1999	40306.9	149.39	20676.3	94.95	3026.0	19.92
2000	64794.8	147.39	26315.2	93.56	3784.0	19.51
2001	79891.5	145.99	39052.8	92.31	4788.9	19.32
2002	101048.6	144.62	45717.5	90.28	6838.5	19.19
2003	116318.1	143.42	53199.9	90.10	8564.6	19.06

---

[1] 吉林省2018年对外贸易数据来源于吉林省统计局发布的《2019吉林统计年鉴》。

[2] Peter, Y. B., Anatoly, V. M., "Amur region of Russia – natural resources, polulation and economy", Shigeko Haruyama, Takayuki Shiraiwa, ed., *Environmental Change and the Social Response in the Amur River Basin*, Springer Japan, 2015, p.6.

续表

年份	哈巴罗夫斯克边疆区		阿穆尔州		犹太自治州	
	地区生产总值（百万卢布）	人口（万人）	地区生产总值（百万卢布）	人口（万人）	地区生产总值（百万卢布）	人口（万人）
2004	133330.5	141.62	64250.2	89.45	11230.9	18.84
2005	161194.4	139.68	76861.2	88.76	14204.2	18.58
2006	194259.6	137.63	95090.9	88.11	17976.8	18.17
2007	231293.2	135.99	111761.2	87.46	23726.1	17.94
2008	269178.6	135.49	131563.7	86.96	23977.0	17.87
2009	276895.4	135.11	151118.6	86.45	25320.0	17.81
2010	353590.3	134.92	178689.6	83.01	31555.9	17.75
2011	399594.2	134.29	225401.7	82.87	39467.0	17.63
2012	437994.3	134.25	229407.1	82.16	42743.6	17.44
2013	498067.2	134.21	210700.9	81.69	38428.7	17.27
2014	539338.4	133.99	232053.0	81.13	41948.1	17.04
2015	595792.3	133.83	277380.4	80.99	44554.8	16.84
2016	672660.4	133.45	297531.0	80.57	48563.2	16.61
2017	697951.0	133.33	299181.0	80.18	55268.0	16.42
2018	761589.2	132.83	334164.4	79.84	54577.8	16.20
2019	805215.6	132.15	395617.2	79.32	56847.6	15.99
2020	856904.8	131.56	449317.5	79.00	63177.1	15.83
2021	987186.5	130.11	530947.8	78.18	78701.6	15.65

注：表中人口数据为年初1月1日人口数量。

数据来源：俄罗斯联邦统计局网站，http://www.gks.ru/；哈巴罗夫斯克地区、马加丹州、犹太自治区和楚科奇自治区统计网站，http://habstat.gks.ru；俄罗斯联邦统计局阿穆尔州分局网站，https://amurstat.gks.ru/。

阿穆尔州自然资源丰富，以木材、矿产和水生资源为主。森林覆盖面积广，耕地面积大。阿穆尔州矿产资源包括金属矿产和非金属矿产，是远东地区有色金属及贵重金属的主要开采区之一，包括金、银、钛、钼、钨、铜、锡等。阿穆尔州交通以公路和铁路为主，州内有西伯利亚铁路大铁路和贝阿铁路两大干线。

阿穆尔州地区2021年的地区生产总值是5309.5亿卢布，在全俄87个地区的排名中处于中等偏下水平。阿穆尔州工业以能源工业、有色金属加工、食品加工和木材加工为主，集中在阿穆尔州南部和布拉戈维申斯克以北及沿铁路以东地区。①阿穆尔州土地肥沃，其农业在远东地区较为发达，是俄远东农业生产的主力军。种植农作物有小麦、燕麦、大豆、玉米、土豆等。

根据阿穆尔州统计部门的数据，2021年阿穆尔州货物进出口总额是11.59亿美元，其中出口额6.27亿美元，进口额5.32亿美元。由于地理位置的缘故，中国是阿穆尔州对外贸易的主要对象，2000年以来对华贸易额在阿穆尔州出口和进口总额中占比都保持在很高的比重，2019年之后有所下调（见表2-6）。2020年，阿穆尔州对华贸易额为5.50亿美元，占该州对外贸易总额的59.45%。阿穆尔州出口产品以矿产品、化工产品、食品和农业原料、机器设备和车辆、木材和纸浆制品为主。2000年以来，矿产在阿穆尔州出口产品中的比重不断攀升，从2000年的仅2%增加至2020年的约26%，其中2013年还达到过83.5%。阿穆尔州进口产品以机器设备和车辆、食品和农业原料、矿产品、化工产品等为主。其中，机器设备和车辆在进口产品中逐渐成为比例最大的，2020年，机器设备和车辆占阿穆尔州货物进口总额的41%。在阿穆尔州的对外服务贸易中，最主要的对象国也基本上是中国。2018年，在阿穆尔州出口服务中，中国占比89.5%；在阿穆尔州进口服务中，中国所占的比重大幅下滑，只有17.0%。②随着工业生产和固定投资的增长，阿穆尔州投资环境近年有所改善。根据评级机构公布的2019年俄罗斯地区投资吸引力排名结果，阿穆尔州在85个地区中排名第38位，较2018年下滑11位，属于具有中等投资吸引力的地区。③

---

① 胡仁霞：《中国东北与俄罗斯远东区域经济合作研究》，社会科学文献出版社2014年版，第35页；戴长雷、李治军、林岚、彭程、谢永刚、曹伟征编：《黑龙江（阿穆尔河）流域水势研究》，黑龙江教育出版社，2014年版，第41页；孙晓谦：《俄罗斯远东经济形势分析》，《西伯利亚研究》2011年第5期，第24页。

② 《阿穆尔州统计年鉴2019》，https://amurstat.gks.ru/infuslugi_katalog_publications。

③ 《俄罗斯评级机构》，Национальное Рейтинговое Агентство 公布的2019年俄罗斯地区投资吸引力评级报告，http://ra-national.ru。

表 2-6 2000—2020 年中国在俄罗斯阿穆尔州进出口贸易中的比重统计   单位：%

年份	出口	进口
2000	84.1	73.7
2005	86.0	75.5
2010	82.0	80.6
2011	89.4	73.1
2012	89.5	90.2
2013	90.9	82.2
2014	84.0	85.2
2015	93.5	91.6
2016	91.8	90.2
2017	88.9	86.6
2018	90.9	74.0
2019	61.9	77.6
2020	53.4	73.6

资料来源：《阿穆尔州统计年鉴2021》。

2. 犹太自治州

犹太自治州是俄罗斯的自治州，位于俄罗斯远东地区的南部，西部、南部和东部分别与阿穆尔州、中国和哈巴罗夫斯克边疆区相邻。犹太自治州面积3.63万平方千米，2021年人口密度4.3人/平方千米。犹太自治州人口从20世纪90年代以来持续减少，截至2021年初人口为15.65万，比1998年人口减少了22.4%。（见表2-5）

犹太自治州同样是自然资源丰富，尤其是木材、矿产和水生资源。犹太自治州森林面积为228.6万公顷，占全州土地面积的39%，除了木材资源外还有近300种植物资源。犹太自治州是远东地区的主要原料供应地之一，该区已探明矿产资源20多种，其中铁矿和铁锰矿储量大，是远东地区铁矿的主要开采区之一。[1] 犹太自治州交通运输相对便利，

---

[1] 胡仁霞：《中国东北与俄罗斯远东区域经济合作研究》，社会科学文献出版社2014年版，第35页；赵海燕：《俄罗斯联邦犹太自治州》，《西伯利亚研究》2003年第3期，第45—47页；杨新吉勒图、李长清、韩炜宏、杨艳丽著：《中俄蒙地区合作制度模式及战略研究》，经济科学出版社2012年版，第57页。

州内城市之间有公路、铁路相连，包括西伯利亚铁路，还有沿黑龙江的水陆路。

犹太自治州2021年的地区生产总值为787.02亿卢布，在全俄87个地区的排名中位列倒数（见表2-5）。犹太自治州农业相对发达，是远东地区的农业基地，是自治州的重要产业部分。农业以种植业为主，包括粮食、大豆种植和蔬菜栽培。工业以金属加工、建筑材料加工、机器制造、木材采伐与加工和轻工业为主。①

犹太自治州对外贸易额较小，2021年货物进出口总额是4.06亿美元，比2019年增加了近2倍，2018年是1.79亿美元。②在犹太自治州的对外贸易中，中国所占的比重却非常大，从2004年以来这一比重一直稳定在80%以上，2009年甚至达到97%。2018年，犹太自治州对华货物贸易总额为1.69亿美元，占犹太自治州对外贸易总额的94.4%。③犹太自治州出口以木材、有色金属为主，进口以机器设备、进口设备和交通工具为主。根据评级机构公布的2019年俄罗斯地区投资吸引力排名结果，犹太自治州在85个地区中排名倒数第11位。④

3. 哈巴罗夫斯克边疆区

哈巴罗夫斯克边疆区的西部紧邻犹太自治州和阿穆尔州，东部与鄂霍次克海相邻，东南部与我国黑龙江省隔江相望，整个边疆区面积78.76万平方千米，2021年人口密度约为1.7人/平方千米。哈巴罗夫斯克边疆区人口数量相对阿穆尔州和犹太自治州较多。从20世纪90年代以来，哈巴罗夫斯克边疆区人口基本呈下降趋势（见表2-5）。截至2021年初，哈巴罗夫斯克边疆区人口为130.11万，比1998年人口减少了约13.8%。

受自然地理位置的影响，哈巴罗夫斯克边疆区同阿穆尔州和犹太

---

① 胡仁霞：《中国东北与俄罗斯远东区域经济合作研究》，社会科学文献出版社2014年版，第35页；赵海燕：《俄罗斯联邦犹太自治州》，《西伯利亚研究》2003年第3期，第45—47页。
② 哈巴罗夫斯克地区、马加丹州、犹太自治区和楚科奇自治区统计网站，https://habstat.gks.ru。
③ 《阿穆尔州统计年鉴2019》，https://amurstat.gks.ru/infuslugi_katalog_publications。
④ 《俄罗斯评级机构》，Национальное Рейтинговое Агентство公布的2019年俄罗斯地区投资吸引力评级报告，http://ra-national.ru。

自治州一样都是自然资源丰富之地。森林总面积 5200 万公顷，占整个边疆区面积的 67%，木材储备量有 51 亿多立方米，在俄罗斯木材储量上排名第七。哈巴罗夫斯克边疆区因而有着俄远东地区最大的木材采伐与加工业。边疆区矿产资源包括煤、铜、锡、银、金等。哈巴罗夫斯克边疆区在远东交通运输系统中占据关键地位，航空、铁路、公路、水陆交通都比较便利，边疆区有 12 个机场和 5 个海港，西伯利亚大铁路和贝加尔 - 阿穆尔大铁路这两大远东铁路干线在边疆区交汇。①

哈巴罗夫斯克边疆区在俄罗斯远东属于经济发展相对好的地区。哈巴罗夫斯克边疆区 2021 年的地区生产总值是 9871.9 亿卢布，在全俄 87 个地区的排名中处于中等偏上水平。哈巴罗夫斯克边疆区最发达和人口最密集的地区是在西伯利亚大铁路附近区域，这里集中了该区 60% 以上的人口。②哈巴罗夫斯克边疆区在俄罗斯远东地区的经济体系中占主导地位，经济发展以交通通信、批发零售和加工业为主，在地区生产总值中，交通通信所占比重遥遥领先，接近 1/4。③

受不利的地理条件和复杂的气候条件影响，哈巴罗夫斯克边疆区农业相对较为落后。在边疆区农业中，62.4% 是种植业，37.6% 是畜牧业。种植的农作物包括谷物、豌豆、菜豆、土豆、蔬菜、瓜类等。④哈巴罗夫斯克边疆区是俄罗斯近黑龙江地区的主要渔业产业基地，包括捕鱼、鱼类养殖和渔业产品加工等，产品主要销往亚太国家。

2021 年，边疆区对外贸易总额为 36.49 亿美元，其中出口额为 25.39 亿美元，进口额为 11.10 亿美元，进出口总额较 2019 年增加了 31.9%。⑤边疆区出口产品以石油、木材及其制品、矿物燃料、金属、鱼类为主；进口商品以机械设备、机电设备、食品等为主。⑥哈巴罗夫

---

① 参考呼伦贝尔市商务局网站发布的《哈巴罗夫斯克边疆区推介》和哈巴罗夫斯克边疆区投资门户网站。
② Край от севера до юга. Российская газета - Спецвыпуск, 2008.10.24.
③ 俄罗斯联邦统计局网站，http://www.gks.ru/。
④ 参考呼伦贝尔市商务局网站发布的《哈巴罗夫斯克边疆区推介》。
⑤ 哈巴罗夫斯克地区、马加丹州、犹太自治区和楚科奇自治区统计网站，https://habstat.gks.ru。
⑥ Стратегия развития хабаровского края. C. 474. http://federalbook.ru/files/FS/Soderjanie/FS-23/X/Shport.pdf.

斯克地区经济发展部2019年的数据显示，边疆区出口货物中，木材及其制品占28.3%，鱼类和海产品占19.2%，燃料能源产品占16.6%，黑色金属占15.9%；边疆区进口货物中，机械产品占40.8%，矿物产品占34.7%；边疆区的前三大贸易国是中国（36%）、哈萨克斯坦（20%）和韩国（14%），主要出口国是中国（38%）、韩国（17%）、菲律宾（14%）和哈萨克斯坦（14%），主要进口国是哈萨克斯坦（32%）、中国（31%）和德国（10%）。[①] 中国是哈巴罗夫斯克边疆区主要贸易伙伴，在远东地区各州与中国的贸易额排名中，边疆区排名靠前。但从趋势来看，与中国的贸易往来在边疆区的整体对外贸易中地位有所下降。2018年，中国在哈巴罗夫斯克边疆区对外货物贸易中的比重为59.6%。[②] 中国从边疆区进口的产品以航空设备、燃料能源产品、木材及其制品、鱼类和海产品等。根据评级机构公布的2019年俄罗斯地区投资吸引力排名结果，哈巴罗夫斯克边疆区在85个地区中排名第24位，较2018年下滑13位，属于投资吸引力较大的地区。[③]

（三）黑龙江中俄两侧社会经济状况对比

黑龙江南侧中国部分涉及的两个省份的显著特点：都存在人口净流出和老龄化的现状；工业以传统重化工业为主，农业以传统农业为主，服务业快速发展；近年来经济增速下滑明显，尤其是2018年和2019年，经济增速都低于全国平均水平且排名靠后；基本形成铁路、公路、航空等组成的交通运输网络；口岸众多，对外贸易发展较快；进出口商品结构趋同，高新技术产品迅速发展；[④] 对外贸易对经济贡献

---

① 哈巴罗夫斯克地区经济发展部网站，http://minec.khabkrai.ru/。
② 《阿穆尔州统计年鉴2019》，https://amurstat.gks.ru/infuslugi_katalog_publications。
③ 俄罗斯评级机构 Национальное Рейтинговое Агентство 公布的2019年俄罗斯地区投资吸引力评级报告，http://ra-national.ru。
④ 参考杨新吉勒图、李长清、韩炜宏、杨艳丽著《中俄蒙地区合作制度模式及战略研究》，经济科学出版社2012年版，第55页；刘志高、张薇、刘卫东：《中国东北三省对外贸易空间格局研究》，《地理科学》2016年第9期，第1353—1356页；张立巍：《基于重化工业轻型化构建吉林省新型产业体系——兼论长吉图地区的产业布局》，《经济视角》2016年第3期，第42—43页。

率低但潜力大，需要发挥地缘优势和加大开放力度。

黑龙江北侧俄罗斯部分涉及的三个行政区的显著特点：所处的远东地区地广人稀，人口不断流失，从苏联解体到2014年间，远东流失人口达190万，远东人口在全俄总人口所占的比重不断降低，[①] 同时还存在人口老龄化严重的状况。在过去20年里，黑龙江俄罗斯一侧的三个行政区人口减少约40万人；自然资源丰富，尤其是森林、矿产和水资源；产业结构在远东地区属于相对均衡；农业比重最小且呈下降趋势；工业的资源依赖性明显，以矿产采掘与加工、木材采伐与加工为主，前者主要集中在阿穆尔州和哈巴罗夫斯克边疆区，后者主要集中在哈巴罗夫斯克边疆区；第三产业比重最大，尤其是交通运输和通讯业；哈巴罗夫斯克边疆区在远东地区属于经济发展相对较好的地区，阿穆尔州和犹太自治州地区生产总值相对较低，属于全国经济落后地区；系统的交通网络尚未形成，铁路、公路和水路基础设施落后，航空运输发展较慢；在对外贸易中，亚太国家所占比重很高，尤其是中国。出口产品以矿产、木材和化工产品等为主，进口以机器设备、交通运输工具、纺织品、食品等为主；哈巴罗夫斯克边疆区投资吸引力相对较大，阿穆尔州和犹太自治州的投资环境都相对不佳。

比较黑龙江两侧中国和俄罗斯部分，两者呈现出一些共同之处：（1）两者都是国内人口较为稀少的地区；（2）黑龙江界河俄罗斯一侧沿江地区是远东城市集中、人口密集的地带，中国一侧也形成了以各临江县城为重点的沿江带多口岸分布区；（3）都是国内经济发展较为落后的地区；（4）产业结构都需要转型升级，资源型和初级加工等传统工业仍占大头；（5）交通基础设施薄弱，仍待改善。

两者的不同之处是：（1）中国一侧人口密度比俄罗斯一侧人口密度大很多，劳动力资源相对更丰富；（2）中国一侧比俄罗斯一侧经济发展水平要高。中国一侧的黑龙江省和吉林省经济水平相差不大，但俄罗斯一侧的三个行政区经济水平差距较大，哈巴罗夫斯克边疆区相

---

① ［俄］Е. Л. 莫特里奇：《苏联解体后俄罗斯远东人口状况研究》，臧颖译，《黑河学院学报》2016年第1期，第10页。

对较好，犹太自治州最差；（3）中国一侧产业结构逐渐合理化，而俄罗斯一侧对重工业依赖程度更大；（4）俄罗斯一侧出口产品以原料及其制品为主，进口以机电产品、交通运输设备和轻工业制品为主，相反，中国一侧出口以机电产品、交通运输设备和轻工业制品为主，进口以原料和机电产品为主；（5）中国一侧农业基础比俄罗斯一侧要好，中国一侧是中国重要的粮食产地，农业生产经验丰富。俄罗斯一侧是远东地区的重要粮食产地，农业资源具有相对优势，但受气候和地形条件影响，再加上农业基础薄弱和劳动力短缺，导致农业发展并不理想。（见表2-7）

表2-7　　　　　　　　黑龙江中俄两侧社会经济状况对比[①]

	黑龙江左侧俄罗斯部分			黑龙江右侧中国部分	
	阿穆尔州	犹太自治州	哈巴罗夫斯克边疆区	黑龙江省	吉林省
面积（万千米²）	36.19	3.63	78.76	47.3	18.74
总面积（万千米²）	118.68			66.04	
人口密度（人/千米²）	2.2	4.5	1.7	79.8	144.3
平均人口密度（人/千米²）	2.8			112.1	
GDP（亿元）	296.8	55.0	700.5	16361.62	15074.62
GDP在全国排名	61/87	85/87	32/87	23/31	24/31
平均GDP（亿元）	350.8			15718.12	
人均GDP（元）	37174.3	33950.6	52736.6	43365.0	55749.3
平均人均GDP（元）	41287.2			49557.2	

---

① 为便于比较，表格中选用2018年的数据，并对俄罗斯三个行政区的GDP、平均GDP、人均GDP和平均人均GDP都按照2018年12月31日的汇率将单位从卢布换算成人民币元。

续表

	黑龙江左侧俄罗斯部分			黑龙江右侧中国部分	
	阿穆尔州	犹太自治州	哈巴罗夫斯克边疆区	黑龙江省	吉林省
产业结构	产业发展以重工业和农业为主，轻工业对地区经济发展贡献不大			产业发展以重化工业为主，农业以传统农业为主，服务业相对落后	
货物进出口贸易额（亿美元）	6.85	1.79	31.08	264.4	206.7
货物进出口贸易结构	出口：以矿产、木材和化工产品等为主			出口：以机电产品、服装鞋类、家具、纺织品、交通运输设备等为主	
	进口：以机器设备、交通运输工具、纺织品、食品等为主			进口：以原油、铁矿等资源性产品以及机电产品等为主	
货物进出口总额中所占的比重（%）	中国在全州进出口贸易额中占比			俄罗斯在全省进出口贸易额中占比	
	75.4	94.4	59.6	69.8	4.6

资料来源：中华人民共和国国家统计局网站；黑龙江省国民经济和社会发展统计公报；吉林省国民经济和社会发展统计公报；黑龙江省统计局网站；吉林省统计局网站；俄罗斯联邦国家统计局网站；哈巴罗夫斯克地区、马加丹州、犹太自治区和楚科奇自治区统计网站；俄罗斯联邦统计局阿穆尔州分局网站。

四 黑龙江流域水资源及用水状况

黑龙江流域本身水资源丰富，开发利用程度低。流域内中俄两国各自境内部分面积相当，但由于自然地理条件、社会和经济发展状况的不同，黑龙江两侧中国和俄罗斯流域部分在水资源占有量、用水需求和方式等方面存在差异。

（一）水资源状况

黑龙江流域降水丰富，淡水资源充足。因为黑龙江是南北两源汇合之后又沿途接纳两侧的支流而形成的，所以干流的水资源最丰富。流域水能蕴藏量约6000万千瓦，技术可开发的水能蕴藏量为4500万千瓦。① 其中，黑龙江中游水能资源蕴藏量最大，为 550 亿千瓦。② 由于自然地理条件不同，黑龙江中俄两侧的水量有着明显差异。

1. 黑龙江中国一侧水资源

黑龙江流域中国境内部分河流数量相对较少，尤其是黑龙江上游靠近南源额尔古纳河地区。因此，虽然黑龙江干流水量充沛，水能资源丰富，但黑龙江在我国境内的支流却因气候而出现水资源短缺加剧现象。比如，黑龙江在我国境内的最大支流松花江出现了连续 8 年的枯水期。③ 流域中国境内部分的年均径流量为 104 立方千米，仅是黑龙江年均径流量的 29%。④ 黑龙江省水资源总量 937.85 亿立方米，地表水资源量 807.89 亿立方米，地下水资源量 295.4 亿立方米，人均水资源量 2463.1 立方米，高于全国人均水资源量，低于世界人均水资源量，所以属于轻度缺水。相对于黑龙江省而言，吉林省缺水程度更高，吉林省人均水资源量 1112.2 立方米，不到全国人均水资源量的 56%，属于中度缺水。⑤

2. 黑龙江俄罗斯一侧水资源

由于地理条件的缘故，黑龙江流域俄罗斯一侧的水资源量要比中国一侧的丰富。俄罗斯拥有丰富的水文网，境内支流 60000 多条。⑥ 黑龙江年均径流量为 346 立方千米，其中俄罗斯境内部分的径流量就占了 71%，为 258 立方千米。⑦ 黑龙江流域南北两侧的水资源量对比，从

---

① В.И. Готванский .Бассейн Амура: осваивая – сохранить,Хабаровск: ООО «Архипелаго Файн Принт», 2007, С.12.

② 《中国河湖大典（黑龙江、辽河卷）》，中国水利水电出版社 2014 年版，第 2 页。

③ 张郁、邓伟、杨建锋：《东北地区的水资源问题、供需态势及对策研究》，《经济地理》2005 年第 4 期，第 565 页。

④ ABWMA. Amur Basin Water Management Authority. State Report on Amur Basin water resources, 2003; В.И. Готванский .Бассейн Амура: осваивая – сохранить,Хабаровск: ООО «Архипелаго Файн Принт», 2007, С.5.

⑤ 松辽水利委员会：《2014 年松辽流域水资源公报》，第 9、19 页，http://www.slwr.gov.cn/szy2011/201604/P020160407508209646837.pdf；国家统计局、环境保护部编：《中国环境统计年鉴 –2015》，中国统计出版社 2015 年版，第 15 页。

⑥ Voronov B. The Amur basin ecosystem: state and main possibilities of its stabilization. Ministry of Natural Resources of the Russian Federation, Moscow, 2007.

⑦ ABWMA. Amur Basin Water Management Authority. State Report on Amur Basin water resources, 2003; В.И. Готванский .Бассейн Амура: осваивая – сохранить,Хабаровск: ООО «Архипелаго Файн Принт», 2007, С.5.

汇入黑龙江的主要河流的径流量数据也可以看出。额尔古纳河汇入黑龙江水约 126 亿立方米，石勒喀河汇入黑龙江水约 149 亿立方米，结雅河汇入黑龙江水约 590 亿立方米，布列亚河汇入黑龙江水约 300 亿立方米，松花江汇入黑龙江水约 734.7 亿立方米，乌苏里江汇入黑龙江水约 536 亿立方米（见表 2-8）。俄罗斯一侧的阿穆尔州、犹太自治州和哈巴罗夫斯克边疆区属于全俄水资源丰富地区。水电储量占全俄水电储量的 84.6%，经济可开发水能资源为 8593 亿千瓦时/年[1]。阿穆尔州、犹太自治州和哈巴罗夫斯克边疆区属于水资源可利用量较高地区。[2]

表 2-8　　　　　　　汇入黑龙江的主要河流径流量情况

	汇入黑龙江的主要河流	年均径流量（亿立方米）
界河	额尔古纳河	126
	乌苏里江	536
中国境内	松花江	734.7
俄罗斯境内	石勒喀河	149
	布列亚河	300
	结雅河	590

资料来源：Simonov, A. E., Dahmer, D. T., eds. *Amur - Heilong River Basin Reader*, Hong Kong: Power Digital Printing Co. Ltd., 2008, pp.22-23.

（二）用水情况

中俄并未在黑龙江干流修建控制性水利设施，所以对黑龙江干流水资源的利用较少，两国主要使用黑龙江在各自境内支流的水资源。受社会经济和人口发展差异的影响，流域中俄两侧在用水量和用水结构方面表现出明显的区别。黑龙江中国一侧的用水量要大于俄罗斯一侧的用水量。黑龙江中国一侧以农业用水为主，而俄罗斯一侧以工业用水为主。中俄两侧用水对黑龙江水量和水质都有一定影响。

---

[1] 李蓉：《俄罗斯水资源的保护、开发利用及其立法探微》，《黑龙江社会科学》2007 年第 4 期，第 39 页。

[2] OECD. *Economic Instruments for Water Resources Management in The Russian Federation*, 2013, p.13.

1. 黑龙江中国一侧用水情况

从用水结构来看，黑龙江中国一侧用水以农业为主。2017年，黑龙江省用水总量353.05亿立方米，其中87.3%的水用于农田灌溉；吉林省用水总量126.65亿立方米，其中农业用水占70.9%（见表2-9）。[①] 对于黑龙江水资源的使用情况，主要见于松辽水利委员会发布的年度《松辽流域水资源公报》。根据2010—2017年的公报数据，黑龙江干流水资源总量基本保持在200亿立方米左右，其中2013年水资源总量比较大，为415.18亿立方米；黑龙江干流总用水量整体呈下降趋势，2017年总用水量是22.95亿立方米；黑龙江干流用水量占其水资源总量的比例在减少，2017年这一比例为10.65%，水资源开发利用率不高。[②]（见表2-10）俄方学者的研究认为，中国从黑龙江流域取水的量较大，2013年的数据是679亿立方千米，其中工业用水11.1%，商业-公用事业用水6.0%，农业用水80.0%，生态用水2.8%。[③]

表2-9　　　　黑龙江省和吉林省用水结构情况[④]　　　　单位：亿立方米

	黑龙江省	吉林省
总用水量	364.13	132.98
农业用水量	306.18	82.38
工业用水量	28.96	26.8
居民用水量	13.46	9.92

资料来源：《2017年松辽流域水资源公报》。

[①] 松辽水利委员会：《2017年松辽流域水资源公报》，第6页，http://www.slwr.gov.cn/szy2011/201902/P020190215323300565607.pdf。

[②] 松辽水利委员会：2010—2017年《松辽流域水资源公报》。根据国际公认的，一条河流的合理开发标准是水资源利用率不超过40%，黑龙江干流水资源利用率低，相比而言乌苏里江水资源利用率过高。

[③] М.В. Болгов, д.т.н., А. П. Демин, д.г.н., К.Ю. Шаталова. Российско-Китайское сотрудничество в области использования и охраны трансграничных водных объектов: опыт и проблемы. Использование и охрана природных ресурсов в России, 2016(2), С.92.

[④] 2014年的数据。

表 2-10　　　　　　　　黑龙江干流水资源总量和使用量

年份	黑龙江干流水资源总量（亿立方米）	黑龙江干流总用水量（亿立方米）
2010	204.28	26.49
2011	185.19	29.97
2012	197.45	28.18
2013	415.18	28.63
2014	180.53	21.57
2015	238.47	26.51
2016	216.28	22.75
2017	215.43	22.95

资料来源：2010—2017年《松辽流域水资源公报》。

2. 黑龙江俄罗斯一侧用水

从俄罗斯的研究数据来看，黑龙江流域俄罗斯一侧的取水（直接消耗）量不到水资源总量的1%。即使是在冬季，月均径流量处于最低值，取水量只有黑龙江流域水资源总量的2.3%。[1] 以2007年数据为例，黑龙江流域俄罗斯一侧淡水总取水量为4.9亿立方米，阿穆尔州为1.05亿立方米，犹太自治州为0.22亿立方米，哈巴罗夫斯克边疆区为3.63亿立方米。[2] 俄罗斯专家研究显示，从1985年开始，俄罗斯一侧用水量开始下降。2005—2013年，俄罗斯一侧用水量稳定在年均1.3—1.5立方千米。根据近年来的数据，俄罗斯一侧用水结构中，生产用水、家庭用水和农业用水的比重分别保持在53%—55%、27%—30%和15%—18%。[3] 俄罗斯一侧用水主要在生产方面，包括加工工业和能源部门，其次是家庭用水，农业灌溉用水较少。以2014年数据为例，

---

[1] Vladimir P. Karakin, "Transboundary water resources management on the Amur River: competition and cooperation". Environmental Risks to Sino-Russian Transboundary Cooperation: from Brown Plans to a Green Strategy, 2011, p.89.

[2] Vladimir P. Karakin, "Transboundary water resources management on the Amur River: competition and cooperation". Environmental Risks to Sino-Russian Transboundary Cooperation: from Brown Plans to a Green Strategy, 2011, p.89.

[3] L.V. Gorbatenko. Water use in the transboundary basin of the Amur River. Georgraphy and Natural Resources, 2016(2), p.117.

俄罗斯从流域取水总量为7.9亿立方米，产业用水占61.8%，住房和公共事业用水占30.3%，农业用水占3.7%。[1]以哈巴罗夫斯克边疆区为例，2018年边疆区淡水用水总量为3.89亿立方米，其中生产用水占72.9%，农业用水仅12万立方米，不到用水总量的0.01%。[2]

虽然中俄对黑龙江界河水量使用并不多，然而水质问题已经出现。多年来，黑龙江两侧地区经济活动不断增加，制造的跨界污染物增多，从而导致黑龙江下游的水质出现恶化。俄罗斯学者认为，造成这一现象的原因是中国东北地区人为行为压力的增加，尤其是耕种。部分被排放的沉积物经松花江流入黑龙江，根据不同的统计，松花江占整个黑龙江污染的60%—90%。[3]中国松花江地区的水质和工业活动被俄方作为指责中国的理由。

上述关于污染物排放的数据是俄方学者在研究中所述，可靠与否有待考证。对于黑龙江界河水质问题的出现，俄罗斯的用水行为也起到了一定的作用。黑龙江俄罗斯一侧，每年排入的废水大约10亿立方米，其中超过4亿是被污染的（处理不充分），[4]其中大量的污染来自分散的来源。[5]事实上，总体来看，黑龙江干流绝大部分水质较好，均达到Ⅱ—Ⅲ类，只是在个别干流城市江段或流经城市的支流江段等处水质恶化。[6]

---

[1] Н.Г. Рыбальского, и А. Д. Думнова. Водные ресурсы и водное хозяйство России в 2014 году (Статистический сборник) / Под ред. – М.: НИА-Природа, 2015, C.283.

[2] 哈巴罗夫斯克地区、马加丹州、犹太自治区和楚科奇自治区统计网站，https://habstat.gks.ru。

[3] Simonov, E., Dahmer, T., *Amur-Heilong River Basin Reader*. Ecosystems Ltd., Hong Kong, 2008.

[4] Воронов, Б.А., Махинов, А.Н. Современное состояние водных ресурсов Дальнего Востока и их антропогенное преобразование. Мат. Всерос. науч. конф. «100-летие Камчатской экспедиции Рус. геогр. общ-ва 1908-1910 гг.» Петропавловск-Камчатский: ИВиС ДВО РАН , 2009, C.41.

[5] Vladimir P. Karakin, "Transboundary water resources management on the Amur River: competition and cooperation". Environmental Risks to Sino-Russian Transboundary Cooperation: from Brown Plans to a Green Strategy, 2011, p.90.

[6] 田鹏、田坤、李靖、张广军：《黑龙江流域生态功能区划研究》，《西北林学院学报》2007年第2期，第190页。

(三) 水资源开发利用

黑龙江干流目前还不存在任何水利设施。由于黑龙江是界河,中俄两国对黑龙江干流中各自境内部分共享水资源的使用无疑会明显影响到对方,也更容易引起纠纷或争议。所以中国和俄罗斯分别对各自境内的黑龙江支流进行开发利用,实施水利水电工程,调节河道径流。一方面为了防洪,另一方面为了应对季节性缺水。2014年,黑龙江流域运行的水电站大约有100个,其中包括20个大型水坝。[1]

1. 黑龙江中国一侧水资源开发利用

黑龙江流域中国境内部分建有100多个水电站,容量为4400兆瓦,年发电量85亿千瓦时。[2]其中超过30个水电站的装机容量为10—400兆瓦,50—70个装机容量低于10兆瓦。中国境内的水电站多数是复合用途的水利枢纽,包括发电、防治洪水、供水、渔业、保护生态环境等。此外,还有约13000个水库和池塘,蓄水35立方千米,其中部分装置有小水电站。[3]

黑龙江流域中国一侧正在运行的重要水利枢纽包括第二松花江上的丰满水库、白山水库、红石水库,牡丹江上的镜泊湖水库,嫩江上的尼尔基水库,松花江上的大顶子山水库[4]。正在建设中的水电站包括

---

[1] WWF России, En+Group. Комплексная Эколого-экономическая Оценка Развития Гидроэнергетики Бассейна Реки Амур, 2015, C.33. https://www.google.com.tw/url?sa=t&rct=j&q=&esrc=s&source=web&cd=1&cad=rja&uact=8&ved=0ahUKEwjttqWhczSAhVBE5QKHSp1AiwQFggaMAA&url=https%3a%2f%2fwwf%2eru%2fdata%2famur%2fseo_amur%2epdf&usg=AFQjCNEVNwKits1wtAMCzHxBzdm7wVF7uQ. 大型水坝(大坝)是指坝高大于15米,或坝高5—15米但库容大于300万立方米的水坝。

[2] WWF России, En+Group. Комплексная Эколого-экономическая Оценка Развития Гидроэнергетики Бассейна Реки Амур, 2015, C.33. https://www.google.com.tw/url?sa=t&rct=j&q=&esrc=s&source=web&cd=1&cad=rja&uact=8&ved=0ahUKEwjttqWhczSAhVBE5QKHSp1AiwQFggaMAA&url=https%3a%2f%2fwwf%2eru%2fdata%2famur%2fseo_amur%2epdf&usg=AFQjCNEVNwKits1wtAMCzHxBzdm7wVF7uQ.

[3] Vladimir P. Karakin, "Transboundary water resources management on the Amur River: competition and cooperation". Environmental Risks to Sino-Russian Transboundary Cooperation: from Brown Plans to a Green Strategy, 2011, p.98.

[4] 宋恩来:《东北大中型水电站水量利用及发电量分析》,《东北电力技术》2005年第7期,第7页。

位于依兰县的长江屯水电站等。我国在黑龙江干流区支流上修建的三座水库，分别是位于黑河市的卧牛河水库、宋集屯水库和逊克县的库尔滨水库（见表2-11）。①

2. 黑龙江俄罗斯一侧水资源开发利用

界河流域俄罗斯境内正在运行的水电站只有布列亚河上的布列亚水电站和结雅河上的结雅水电站。这两个水电站装机功率3340兆瓦，水库库容880亿立方米，年发电量120亿千瓦时。这两个水电站都很大，水库面积共有3160平方千米，约占整个黑龙江中游生态区水面的45%，约是黑龙江流域中国一侧17个大型水库总面积的一半。②完全改变了黑龙江左岸主要支流的水情③。黑龙江流域俄罗斯境内部分还有约300个水库，最大容量是0.1亿立方米，这些水库的目的主要是供水、灌溉和养鱼。④

正在建设中的水电站包括布列亚河上的下布列亚水电站和结雅河的结雅水电站。被列入当前开发计划中的水电站包括尼曼河上的下尼曼水电站、谢列姆贾河河上的卢西诺夫水电站、石勒喀河上的石勒喀（后贝加尔）水电站、吉柳依河上的吉柳依水电站等。

---

① 戴长雷、李治军、林岚、彭程、谢永刚、曹伟征编：《黑龙江（阿穆尔河）流域水势研究》，黑龙江教育出版社2014年版，第120页。

② WWF России, En+Group. Комплексная Эколого-экономическая Оценка Развития Гидроэнергетики Бассейна Реки Амур, 2015,С.39. https://www.google.com.tw/url?sa=t&rct=j&q=&esrc=s&source=web&cd=1&cad=rja&uact=8&ved=0ahUKEwjttqWhczSAhVBE5QKHSp1AiwQFggaMAA&url=https%3a%2f%2fwwf%2eru%2fdata%2famur%2fseo_amur%2epdf&usg=AFQjCNEVNwKits1wtAMCzHxBzdm7wVF7uQ.

③ WWF России, En+Group. Комплексная Эколого-экономическая Оценка Развития Гидроэнергетики Бассейна Реки Амур, 2015,С.33. https://www.google.com.tw/url?sa=t&rct=j&q=&esrc=s&source=web&cd=1&cad=rja&uact=8&ved=0ahUKEwjttqWhczSAhVBE5QKHSp1AiwQFggaMAA&url=https%3a%2f%2fwwf%2eru%2fdata%2famur%2fseo_amur%2epdf&usg=AFQjCNEVNwKits1wtAMCzHxBzdm7wVF7uQ.

④ WWF России, En+Group. Комплексная Эколого-экономическая Оценка Развития Гидроэнергетики Бассейна Реки Амур, 2015,С.33. https://www.google.com.tw/url?sa=t&rct=j&q=&esrc=s&source=web&cd=1&cad=rja&uact=8&ved=0ahUKEwjttqWhczSAhVBE5QKHSp1AiwQFggaMAA&url=https%3a%2f%2fwwf%2eru%2fdata%2famur%2fseo_amur%2epdf&usg=AFQjCNEVNwKits1wtAMCzHxBzdm7wVF7uQ.

第 2 章
中俄界河及黑龙江流域概况

表 2-11　黑龙江流域大中型水电站情况一览

国家	区域	名称	河道	功能	建成时间	坝高（米）	发电量（百万千瓦时）	水域面积（平方千米）	储水总量（立方千米）	可调水量（立方千米）	集水面积（平方千米）
俄罗斯	阿穆尔州	布列亚	布列亚河	发电、供水、娱乐、通航	2003	124	7100	750	20.9	10.7	64922
		结雅	结雅河	发电、防洪、通航	1975	99	4910	2419	68.4	32.1	82517
中国	吉林	白山	第二松花江	发电、防洪、灌溉	1986	150	2440	280	6.58	4.96	18799
	内蒙古自治区	文得根	牟尔河	发电、防洪、灌溉	2008	30	153	25	1.65	0.83	15191
	黑龙江省	大顶子山	松花江	发电、供水、娱乐、蓄水	2008	10	332	384	1	0.5	436675
	吉林省	小山	松江河	发电、防洪	2004	70	390	3	0.39	0.2	900
	黑龙江省	西沟	公别拉河	发电	—	20	96	16	0.15	0.07	1611
		莲花	牡丹江	发电	1998	72	800	122	4.18	2.09	29683
	内蒙古自治区	尼尔基	嫩河	发电、供水、防洪、灌溉、蓄水	2006	41	630	399	8.22	5.86	66216
	吉林省	四湖沟	二道江	发电	1992	15	747	2	0.5	0.75	2971
		丰满	第二松花江	发电、供水、防洪娱乐、灌溉	1937	91	2030	280	10.8	5.35	42977
		红石	第二松花江	发电	1990	46	440	8	0.15	—	20243
	黑龙江省	镜泊湖	牡丹江	发电	1941	20	30	24	0.3	0.15	2320
	内蒙古自治区	察尔森	洮儿河	发电、防洪	1996	20	313	136	1	0.5	12040
	黑龙江省	山口	讷谟尔河	发电、供水、防洪、灌溉	1956	20	27	61	1.3	0.65	7663
	吉林省	哈达山	第二松花江	发电、供水、防洪、灌溉	2012	16	42	80	1	0.5	3751

资料来源：WWF Россия, En+Group. Комплексная Эколого-экономическая Оценка Развития Гидроэнергетики Бассейна Реки Амур, 2015, С.33.

虽然黑龙江流域中国一侧的水利水电设施在数量上多于俄罗斯一侧，但是在对洪水的调控能力、发电能力和对阿穆尔河流域生态系统影响方面，俄罗斯境内的结雅水电站和布列亚水电站跟中国境内的全部水利水电设施相当，俄罗斯一侧对水资源的利用率远远高于中国一侧。俄罗斯一侧仅一个结雅水电站的储水量（68立方千米）就超过了中国一侧的所有水库的容量总和。[①] 俄罗斯一侧的结雅和布列亚两个水电站的发电量之和超过了中国一侧的所有大中型水电站发电量总和。黑龙江我国一侧支流上所建设的水库库容约200亿立方米，发电量不足50亿千瓦时，水资源利用率很低。与之相对，俄罗斯一侧的结雅和布列亚水库库容高达880亿立方米，是中国的3倍多，年发电量120亿千瓦时，水资源利用率接近50%。[②]（见表2-10）

五 小结

黑龙江江宽水深，航运便利，流域渔业、林业、矿业等自然资源丰富，为中俄两侧毗邻地区发展提供良好的条件。黑龙江流域中俄两侧在社会和经济方面既有相同之处，又有区别差异。两侧地区存在一定的经贸互补性，是中俄两国经贸合作的重镇之地，但在各自国内均属于经济发展落后地区；中国一侧较俄罗斯一侧存在优势，劳动力资源较丰富，经济社会发展程度较高。在水资源领域，相比之下俄罗斯一侧更占优势。目前，中俄两国对黑龙江水资源的开发利用主要是在各自境内的黑龙江支流上，而黑龙江干流开发利用程度低，尚无大型控制性水利设施，开发潜力较大。黑龙江流域中国和俄罗斯两侧的用水需求存在差异，中国一侧属于水资源缺乏地区，用水需求相对较大；俄罗斯一侧属于水资源充沛地区，用水需求相对较小。

---

① Vladimir P. Karakin, "Transboundary water resources management on the Amur River: competition and cooperation". Environmental Risks to Sino-Russian Transboundary Cooperation: from Brown Plans to a Green Strategy, 2011, p.98.

② 肖迪芳、戴长雷：《肖迪芳寒水研究暨黑龙江寒水探索》，哈尔滨地图出版社2015年版，第220页。

随着黑龙江两侧社会经济的发展，两地人口增长和人类活动增加对流域生态环境造成了一定的破坏，草原和土地荒漠化、水污染、生物多样性降低等现象逐渐增多。具体到水资源领域，虽然黑龙江界河水量充足，但黑龙江部分河段水质已出现恶化。换句话说，黑龙江界河水质污染和用水需求增加可能成为引发中俄两国间出现涉水竞争甚至纠纷的潜在威胁，但同时水资源短缺以及流域生态环境的破坏也为两国进行涉水合作提供了必要性。

第 3 章
中俄围绕黑龙江的冲突与界河因素的出现

前面关于黑龙江及其流域状况的概述，为后文的分析讨论提供了现实资料依据。今天中俄在黑龙江流域和平共处的局面得来不易，是多年历史变迁过程中两国不断交涉的结果。黑龙江的地缘价值使得它在中俄关系中扮演着重要的角色，历史赋予了黑龙江在中俄关系中的特殊意义。黑龙江并非一开始就是中俄的界河，它伴随着中俄两国边界的形成而由中国的内河变成了两国的界河，逐步成为两国力量对比的前哨阵地，也曾成为两国的冲突边境。

一 黑龙江从内河到界河的历史变迁

界河黑龙江伴随着中俄东段边界的形成而产生。关于中俄东段边界的历史变迁，学界普遍以有关中俄边界的条约为划分依据。笔者亦采纳这种划分方法，将黑龙江成为界河的历史变迁过程分为以下三个阶段。

（一）《尼布楚条约》——中俄边界从无到有

1. 背景

15 世纪末 16 世纪初，最初只占有地处东北罗斯的莫斯科河中游一小片土地的莫斯科公国形成了统一的俄国，疆域的东边只到北乌拉尔山的支脉，[①] 与当时已经在中国管辖之下的黑龙江、乌苏里江流域之间

[①] 中国社会科学院近代史研究所编著：《沙俄侵华史》（第一卷），人民出版社 1978 年版，第 71—74 页。

隔着大片的土地。所以，中俄之间原本不存在接壤的边界。

  沙俄从 15 世纪末期开始扩张，领土扩张的方向选为东方，越过乌拉尔山脉向西伯利亚和中亚扩张，继续东至太平洋。[①] 在征服了西伯利亚汗国之后，沙俄又从雅库茨克、叶尼塞斯克出发，继而入侵在清政府统治下的贝加尔地区和黑龙江流域。1636 年以前，黑龙江流域长时间处于中国的控制之下，沙俄对此了解并不具体，但黑龙江资源丰富的传闻促使沙俄军队决心侵入黑龙江一带。1643 年，瓦西里·波雅尔科夫奉命带领军役人员等前往精奇里江和黑龙江一带，"寻找新的未纳税的人和银、铜、铅矿以及粮食"，并"在那里建立城堡"[②]。1649 年 3 月，俄国商人哈巴罗夫自请前往黑龙江为沙皇占领新土地。哈巴罗夫率队入侵黑龙江，沿黑龙江从上游一直到下游，沿途烧杀掳掠。与此同时，沙俄命帕什科夫率哥萨克从石勒喀河进入黑龙江，建立城寨。在清军和当地各族民众的奋力反抗之下，1660 年，沙俄在黑龙江的侵略势力一度基本肃清。然而，沙俄侵略者气焰仍然嚣张，哥萨克继续流窜在黑龙江一带，四处绑架勒索中国居民。[③]

  沙俄入侵我黑龙江流域之时，清政府正忙于平定"三藩之乱"，实现全国统一，直到 1681 年清政府才集中力量对付沙俄侵略者。1683 年，清政府专门设立了镇守黑龙江等处地方的将领职位，积极准备出兵驱逐沙俄入侵者。清政府作出的和平解决冲突的努力失败之后，下令进取雅克萨城。经过两次战事[④]，在雅克萨俄军被围困处境艰难的情况下，

[①] 刘家磊著：《东北地区东段中俄边界沿革及其界牌研究》，黑龙江教育出版社 2014 年版，第 3 页。
[②] 郝建恒、徐昌翰、侯育成：《历史文献补编——十七世纪中俄关系文件选译》，陈本栽译，商务印书馆 1989 年版，第 7 页。
[③] 参考吕一燃编《中国近代边界史》（上卷），四川人民出版社 2007 年版，第 87—102 页。
[④] 清军第一次进取雅克萨城时取得了胜利，放走了投降的托尔布津等人，清军也由雅克萨转移到黑龙江城和吉林等地。然而，在得知清军离开之后，托尔布津等人返回雅克萨，建城、屯粮、屯弹药等。因此才有了清军第二次征讨雅克萨。

沙俄回应了康熙皇帝的要求。两国政府决定停战，并且共同议定边界。①

2.《尼布楚条约》的签订

1689年8月22日，索额图等率领的清朝使团和戈洛文率领的俄国使团在尼布楚附近开始进行谈判。沙俄企图侵占黑龙江以北中国领土的野心在尼布楚谈判时表露无遗。谈判前沙俄政府秘令使团"应力争以黑龙江为界"，若不成则"以牛满河或精奇里江为界"，如若再不成，则争取"以雅克萨为界"，至少俄国人能"在黑龙江、牛满河和精奇里江渔猎"，否则就"缔结临时停战协定"以备战。② 谈判前康熙皇帝对清朝使团的指令是"以尼布潮为界，彼使者若恳求尼布潮，可即以额尔古纳为界"。③

尼布楚谈判会议中，俄方提出的分界线是黑龙江从源头到出海口，这一企图侵占中国黑龙江以北大片领土的无理要求被中方坚决拒绝。为使谈判不破裂，中方作出巨大让步，远远超出康熙皇帝以尼布楚为界的指示，最终坚持住不以雅克萨为界的原则，将格尔必齐河和额尔古纳河作为边界。④ 俄方鉴于中国不再作出任何让步，也不得不调整要求。经过几番商讨，双方最终于1689年9月7日正式订立了划分两国边界的条约，即《尼布楚条约》。

3.《尼布楚条约》对中俄边界的影响

《尼布楚条约》划定的中俄边界是从额尔古纳河开始，沿着格尔

---

① 参考王希隆《中俄关系史略（一九一七年前）》，甘肃文化出版社1995年版，第41—46页。

② 中国社会科学院近代史研究所编著：《沙俄侵华史》（第一卷），人民出版社1978年版，第171页；《十七世纪俄中关系》第2卷，苏联科学院远东研究所等编、黑龙江大学俄语系翻译组等译，商务印书馆1975年版，第254—255页。

③ 参考王希隆《中俄关系史略（一九一七年前）》，甘肃文化出版社1995年版，第48—49页。起初，康熙皇帝对清朝使团的指令是"尼布潮、雅克萨、黑龙江上下，及通此江之一河一溪，皆我所属之地，不可少弃之于鄂罗斯"。但受北部边疆动乱不安的影响，康熙皇帝对原指令进行了修改。

④ 参考吕一燃编《中国近代边界史》（上卷），四川人民出版社2007年版，第102—109页。

必齐河、外兴安岭，直到出海口。①《尼布楚条约》是中俄之间签订的关于边界的最早的条约，也是中俄之间签订的最早的条约。在此之前，中俄之间是没有边界之说的，因此《尼布楚条约》实际上使中俄边界经历了从无到有的变迁。条约是中国抵抗沙俄侵略的结果，中国通过抗击和条约保住了部分被侵占的领土。条约对中俄两国东段边界进行了明确的划分，相当于在法律上确定了黑龙江流域属于中国。《尼布楚条约》只是从大致上勾勒出了中俄两国东部边界的走向，但并未对河中的洲渚加以划分，而且还遗留了乌第河流域地区的一段待议边界未划定。

《尼布楚条约》的平等性质基本上得到了学界的公认。《沙俄侵华史》中认为"条约是经过平等谈判的结果、中国政府作了让步的结果"②；王绳祖主编的《国际关系史》中写道《尼布楚条约》"历来被公认为中俄两国之间的一项平等条约"③；吕一燃编的《中国近代边界史》（上卷）提到中俄双方"在平等谈判基础上签订避免战争、确定两国边界线的《尼布楚条约》"④。部分俄学者也这么认为，比如雅科夫列娃在《1689年第一个俄中条约》中认为《尼布楚条约》"是按照平等原则签订的"，"没有损害俄罗斯的主权"⑤；苏联外交部长葛罗米柯主编的《外交辞典》中

---

① 《尼布楚条约》对中俄东段边界的划定具体为："以流入黑龙江之绰尔纳河，即鞑靼语所称乌伦穆河附近之格尔必齐河为两国之界。格尔必齐河发源处为石大兴安岭，此岭直达于海，亦为两国之界：凡岭南一带土地及流入黑龙江大小诸川，应归中国管辖；其岭北一带土地及川流，应归俄国管辖。唯界于兴安岭与乌第河之间诸川流及土地应如何分划，今尚未决，此事须待两国使臣各归本国，详细查明之后，或遣专使，或用文牍，始能定之。又流入黑龙江之额尔古纳河亦为两国之界：河以南诸地尽属中国；河以北诸地尽属俄国。凡在额尔古纳河南岸之墨里勒克河口诸房舍，应尽迁移于北岸。"详见王铁崖编《中外旧约章汇编（第一册）》，三联书店1982年版，第1—2页。

② 中国社会科学院近代史研究所编著：《沙俄侵华史（第一卷）》，人民出版社，1978年版，第199页。

③ 王绳祖主编：《国际关系史》第1卷，世界知识出版社1995年版，第365页。

④ 吕一燃编：《中国近代边界史》（上卷），四川人民出版社2007年版，第112页。

⑤ ［苏］雅科夫列娃著：《1689年第一个俄中条约》，贝璋衡译，商务印书馆1973年版，第211页。

写道"尼布楚谈判是正式的平等的谈判"①。

《尼布楚条约》规定侵入中国黑龙江地区的沙俄军队撤回本国，明确了中俄两国边界，旨在换来边境安定。根据《尼布楚条约》，黑龙江仍然属于中国。换句话说，该条约在一定时期内阻止了沙俄对黑龙江地区的进一步扩张。然而，后来的历史证明划分边界的《尼布楚条约》并未遏制沙俄侵占黑龙江、侵占中国领土的野心。

（二）《瑷珲条约》——黑龙江成为中俄边界

1. 背景

通过《尼布楚条约》，沙俄获得了原属于中国的大片领土，具体是外兴安岭以北和格尔必齐河、额尔古纳河以东。然而，沙俄并不满足于此。随着经济和贸易的发展，沙俄越来越看重黑龙江的通航价值，于是开始策划夺取黑龙江以及出海口。沙皇彼得一世在同军事委员会主席缅希科夫谈话时就曾指出："俄国必须占有涅瓦河、顿河和阿穆尔河的河口"。②《尼布楚条约》换来的清政府与沙俄之间的边疆相对和平逐渐被打破。

1757年，俄国外事委员会决定"获得在阿穆尔河上的航行权"，"为兼并阿穆尔准备条件"。自此，沙皇一方面派使团向清政府提出"在阿穆尔河自由航行"的要求；另一方面多次派出考察队深入黑龙江搜集情报，为夺取黑龙江航道做准备。③

19世纪中期的中国面临着内忧外患。当时的中国国内政治腐败、经济落后、民不聊生、阶级矛盾尖锐，各族人民的反抗斗争此起彼伏，特别是1851年爆发了影响力最大的太平天国运动，动摇了清政府的统

---

① 葛罗米柯主编：《外交辞典》第2卷，莫斯科出版社，1961年俄文版，第403—404页。转引自宿丰林《俄罗斯学者关于中俄东段边界形成史研究概述（上）》，《西伯利亚研究》2005年第4期，第57页。

② ［苏］卡巴诺夫著《黑龙江问题》，姜延祚译，黑龙江人民出版社1983年版，第30页。

③ 吕一燃编：《中国近代边界史》（上卷），四川人民出版社2007年版，第126—129页。

治。① 与此同时，1840 年和 1856 年爆发了两次由西方列强发动的侵略中国的鸦片战争，中国逐渐沦为列强争夺的牺牲品。俄国认为此时远东地区的形势利己，于是决定趁此时机侵占黑龙江。

1849 年 7 月，俄国海军军官涅维尔斯科伊率考察队非法进入黑龙江口。②1854 年 5 月 26 日，穆拉维约夫率领俄军出发开始大规模入侵黑龙江。俄军以抄近道为借口乘船取道黑龙江，分批次不断把军队、弹药、粮食、移民运到黑龙江下游河口。俄军在黑龙江下游和中游沿岸建立了多个军事据点和移民点。③至 1857 年末，俄国共"移民" 6000 余人到黑龙江左岸、精奇里江一带，建立了哥萨克村屯。④ 据此，黑龙江左岸已经被沙俄非法实际占领，这为其之后提出外交要求打下了"基础"。沙皇意图通过外交谈判来吞占黑龙江左岸和滨海地区，⑤借交涉勘界立牌之机提出将黑龙江以北划给俄国的要求，这一无理要求起初遭到了清政府的拒绝。然而，此时的清政府正面临着被英法侵略军逼签条约的困境，处于弱势状态，沙俄便趁此机会加紧向黑龙江地区移民和增兵，决心用大炮迫使清政府接受沙俄提出的领土要求。

2.《瑷珲条约》的签订

1858 年 5 月 23 日，黑龙江将军奕山与穆拉维约夫分别带领中俄代表在瑷珲进行谈判以解决边界问题。穆拉维约夫在谈判一开始就提出了无理的领土要求，即"沿阿穆尔河和乌苏里河划定两国边界"，还歪曲《尼布楚条约》，称"兴安岭以东至海的整个地区应属于俄国，而整

---

① 刘家磊：《东北地区东段中俄边界沿革及其界牌研究》，黑龙江教育出版社 2014 年版，第 11 页。
② 黑龙江省社会科学院历史研究所编：《黑龙江近代历史大事记（1840—1949）》，黑龙江人民出版社 1987 年版，第 5 页。
③ 参考刘家磊《东北地区东段中俄边界沿革及其界牌研究》，黑龙江教育出版社 2014 年版，第 19 页。
④ 黑龙江省社会科学院历史研究所编：《黑龙江近代历史大事记（1840—1949）》，黑龙江人民出版社 1987 年版，第 13 页。
⑤ 《穆拉维约夫—阿穆尔斯基伯爵》第 1 卷，中译本，第 500 页。转引自吕一燃编《中国近代边界史》（上卷），四川人民出版社 2007 年版，第 146 页。

个乌苏里江流域和松花江江口，都包括在这个地区之内"。①俄方拟定了一份条约草案，意图推翻《尼布楚条约》，重新划定中俄边界，"以阿穆尔河为界，阿穆尔河左岸至河口属俄国，右岸至乌苏里江属中国，其次以乌苏里江至其发源地，再从发源地至朝鲜半岛为界"②，欲进一步将侵占土地南扩。中方必然不同意这一对边界的改动要求。因为谈判没有取得俄方想要的进展，所以穆拉维约夫决定用武力胁迫，制造枪炮声和火光以示挑衅。③在谈判期间，奕山只带了少量的卫队，而此时边防兵力也是弱之又弱，瑷珲城内只有少量驻军。④面对沙俄强大的军事力量，代表中方谈判的奕山被迫接受了。

谈判持续了几天时间，5月27日，奕山就派爱绅泰去与穆拉维约夫就俄方拟定的草案进行最后的协商。双方对草案进行了修改之后，达成一致。5月28日，在条约未送至北京批准的情况下，奕山被逼立刻在条约上签字，由此产生了《瑷珲条约》。

3.《瑷珲条约》对中俄边界的影响

《瑷珲条约》是对《尼布楚条约》的破坏，严重侵害中国的领土主权。《瑷珲条约》对中俄边界进行了大调整。根据这一条约，中俄东部的边界在原来的基础上整个南移，即从额尔古纳河开始，不再北上，而是直接沿黑龙江一直到出海口。⑤除此之外，《瑷珲条约》还为沙俄

---

① [俄]根·伊·涅维尔斯科伊著：《俄国海军军官在俄国远东的功勋（1849—1855年）》，郝建恒、高文风译，商务印书馆1978年版，第351、422—423页。
② 参考佟冬主编《沙俄与东北》，吉林文史出版社1985年版，第128页。
③ 故宫博物院明清档案部编：《清代中俄关系档案史料选编》第三编中册，中华书局1979年版，第506页。
④ 韩来兴：《〈瑷珲条约〉的签订和奕山的历史责任》，《黑河学刊》1988年第2期，第71页。
⑤ 《瑷珲条约》对边界的划定具体是："黑龙江、松花江左岸，由额尔古纳河至松花江海口，作为俄罗斯国所属之地；右岸顺江流至乌苏里江，作为大清国所属之地；由乌苏里河往彼至海所有之地，此地如同连接两国交界明定之间地方，作为中俄两国共管之地。黑龙江、松花江、乌苏里河，此后只准中国、俄国行船，各别外国船只不准由此江河行走。黑龙江左岸，由精奇里河以南至豁尔莫勒津屯，原住之满洲人等，照旧准其各在所住屯中永远居住，仍着满洲国大臣官员管理，俄罗斯人等和好，不得侵犯。"详见王铁崖编《中外旧约章汇编》（第一册），三联书店1982年版，第85—86页。

进一步吞并中国领土埋下伏笔，因为在该条约里划定了一片两国共管地，即乌苏里江以东地区。

沙俄以先违法实际占领再逼签条约的方式，掠夺了黑龙江左岸原属于中国的大片土地。条约的签订也是在武力胁迫下完成的，而且未得到清政府的批准。由此得知，《瑷珲条约》是不具备法律效力的，是违反国际法的，更是不平等的。除了侵害中国领土主权之外，《瑷珲条约》中关于航行和贸易的规定，为沙俄进一步侵入中国内地进行经济掠夺提供了"便利"。

从谈判开始到条约的签订，前后不过数日。在这短短几天的时间之内，中国的大片领土通过不平等条约被沙俄割占。究其原因，奕山的胆小懦弱固然要负无法推卸的责任，但更重要的原因在于清政府实力的衰落以及与西方列强之间的实力对比差距变大。17世纪，面对沙俄的入侵，清政府和民众合力反抗，多次击败入侵者。虽然最终清政府因为让步失去了部分领土，但《尼布楚条约》大体上是在中俄双方平等谈判的基础上签订的。《尼布楚条约》的确在一定时期内阻止了沙俄公然入侵中国的行为。随着大清帝国实力日趋衰落，并在西方列强的压迫下逐渐沦为半殖民地半封建社会，清政府在黑龙江的边防力量也大幅衰弱。沙俄侵占领土，逼签不平等条约是清政府实力衰微的最终表现。

通过《瑷珲条约》，俄国获得了"从沙皇阿列克塞·米哈伊洛维奇至尼古拉，一直都企图占有"、"过去极想弄到手"的"鞑靼海峡和贝加尔湖之间最富庶的地域"。[①]沙俄夺取了黑龙江下游的出海口，获得了通往太平洋的重要航道。

（三）《北京条约》——中国失去黑龙江下游

1. 背景

在《瑷珲条约》签订之后，俄国趁英法联军入侵中国之机，以提供调停为诱饵，逼迫清政府承认俄国侵占的土地。1858年6月13日，

---

① 《马克思恩格斯全集》第12卷，人民出版社1962年版，第625—626页。

双方签订了严重损害清政府利益的《天津条约》，其中关于边界的规定是："俄罗斯与中国将从前未经定明边界，由两国派出信任大员秉公查勘，务将边界清理补入此项和约之内。"[1] 这里所说的"未经定明边界"即《瑷珲条约》中所谓的由乌苏里江至海之间的双方共管土地。《天津条约》为俄国进一步侵占乌苏里江以东中国领土提供了勘界的借口。

有了《瑷珲条约》的"鼓励"，穆拉维约夫打算故技重施，仍然使用先实际占领后逼签条约的办法来实现对乌苏里江以东地区中国领土的占领。随后，沙俄继续利用武装移民、建立军事据点、非法测绘等手段达到实际占领的目的，并擅自修改了中国城市的名字，如将黑龙江与乌苏里江汇合处的伯力改名为哈巴罗夫卡，海参崴被其用俄语命名为符拉迪沃斯托克。除此之外，沙俄还以《瑷珲条约》为"依据"欲对"乌苏里江至海之间的两国共管之地"进行勘界。[2]

2.《北京条约》的签订

沙俄利用同清政府互换《天津条约》之机，于1859年5月4日向清政府提出了《补续和约》，意在向清政府提出割占中国东部和西部大片领土的要求。[3] 该条约中关于中俄边界的内容是，双方在东段应以乌苏里江为界。蛮横霸道的沙俄对侵占乌苏里江以东的中国领土态度嚣张，放言"不论中国愿意与否，仍然自己定界立碑"[4]。对于沙俄提出的贪得无厌的要求，负责与沙俄谈判的肃顺和瑞常坚决拒绝，态度强硬，据理驳斥。软硬兼施都无果的情况下，沙俄使臣伊格纳切夫气急败坏，计划通过与英法勾结来达到目的。

沙俄怂恿英法加快侵略中国的同时，也派兵参战加入英法行列。在沙俄的协助下，英法联军已经攻到了北京。在这种极度危急的处境下，沙俄以调停为借口而趁机获利的伎俩再次奏效。清政府也不得不

---

[1] 王铁崖编：《中外旧约章汇编》（第一册），三联书店1982年版，第88页。
[2] 参考吕一燃编《中国近代边界史》（上卷），四川人民出版社2007年版，第156—158页。
[3] 吕一燃编：《中国近代边界史》（上卷），四川人民出版社2007年版，第158页。
[4] 贾祯等编：《筹办夷务始末（咸丰朝）》，第39卷，第33—34页。转引自佟冬主编《沙俄与东北》，吉林文史出版社1985年版，第207页。

同意沙俄提出的调停前提条件，即中俄边界以乌苏里江为界。在沙俄的"调停"①下，清政府与英、法两国分别签约，丧权辱国的《北京条约》就此诞生。1860年11月14日，清政府也被迫与沙俄签订了中俄《北京条约》（也称中俄《续增条约》）。

3.《北京条约》对中俄边界的影响

《北京条约》对中俄东段边界的影响颇深，至此现代中俄东段边界的大致走向基本形成，同时也留下了领土纠纷的隐患。具体包括以下四点。

首先，中俄《北京条约》是不平等条约，其同样是对《尼布楚条约》的违背。沙俄在逐步对乌苏里江以东中国领土进行实际占领的基础上，利用中国遭受侵略的时机，勾结英、法，通过威逼和利诱的手段，逼迫中国签订割地条约。

其次，中俄《北京条约》确认了《瑷珲条约》的法律效力。由前述所知，奕山虽被迫在《瑷珲条约》上签字，但《瑷珲条约》由于未得到清政府的批准并不具有法律效力。但是，随着中俄双方之间缔结《北京条约》，意味着清政府承认《瑷珲条约》中沙俄对黑龙江左岸六十万平方千米中国领土的占领。

再次，中俄《北京条约》对《瑷珲条约》划定的中俄东段边界又一次进行了变动。《瑷珲条约》中将乌苏里江至海之间的土地作为中俄共管区域。中俄《北京条约》则将这一中俄共管区域变成了沙俄独占地区，将这四十多万平方千米的中国领土彻底划归沙俄。条约将黑龙江的下游部分划归俄国，乌苏里江、松阿察河及兴凯湖也从中国的内

---

① 这里的"调停"并非真的调停，而是沙俄政府为了达到自己的目的而抛出的"诱饵"。当清政府答应了俄国提出的调停前提之后，便表示对调解清政府与英、法之事无能为力。参考吕一燃编《中国近代边界史》（上卷），四川人民出版社2007年版，第166页。

河、内湖变成了两国界河、界湖。①至此，沙俄如愿以偿实现了其在《瑷珲条约》谈判一开始便提出的无理领土要求，即将黑龙江和乌苏里江作为中国与沙俄的边界。然而，中俄《北京条约》没有对界河中洲渚的归属权进行规定，这为沙俄之后利用条约漏洞侵占界河中洲渚埋下了伏笔。

最后，中俄《北京条约》确定了在边界竖立界碑的原则，②"由两国派出信任大员，秉公查勘"，遵照条约将"所指各交界，作记绘图，各书写俄罗斯字二分，或满字或汉字二分，共四分"。③《北京条约》之所以有查勘和设立界碑的规定，很大程度上是因为沙俄的狡诈让中国人不敢轻易相信，因此，当沙俄要求奕䜣在俄方绘制的分界地图上画押时，奕䜣便提出"此事不能凭尔国之图为据，既系两国分界之事，应于明春恭候大皇帝所派大员，携带地图，互相履勘明白，亦可为永远遵守之据"。④界碑是国家分界线的标志之一，查勘则是为了明确具体的边界，避免今后出现围绕边界划定的纠纷。然而，对于扩张成性、恃强凌弱、狡猾奸诈的国家来说，边界查勘仍然可以成为非法侵略的手段，界碑的竖立也阻挡不了强行侵占的野心。事实证明，沙俄利用东段边界查勘错立或漏立界牌，之后又利用河道的改变，屡次占领夹心滩，同时潜移界牌⑤，不仅进一步侵占了中国的领土，也为两国制造了多年的边界遗留问题，比如黑瞎子岛的归属权。

---

① 《北京条约》对中俄东段边界具体的规定是："此后两国东界，定为由什勒喀、额尔古纳两河会处，即顺黑龙江下流至该江、乌苏里河会处，其北边地属俄罗斯国，其南边地至乌苏里河口所有地方属中国。自乌苏里江口而南，上至兴凯湖，两国以乌苏里及松阿察二河作为交界。其二河东之地，属俄罗斯国，二河西属中国。自松阿察河之源，两国交界逾兴凯湖直至白棱河，自白棱河口顺山岭至瑚布图河口，再由瑚布图河口顺珲春河及海中间之岭至图门江口，其东皆属俄罗斯国，其西皆属中国。两国交界与图门江之会处及该江口相距不过二十里。"详见《中俄边界条约集》，商务印书馆1973年版，第27—28页。

② 刘家磊：《东北地区东段中俄边界沿革及其界牌研究》，黑龙江教育出版社2014年版，第2页。

③ 《中俄边界条约集》，商务印书馆1973年版，第27—28页。

④ 吕一燃编：《中国近代边界史》（上卷），四川人民出版社2007年版，第167页。

⑤ 刘家磊：《东北地区东段中俄边界沿革及其界牌研究》，黑龙江教育出版社2014年版，第193页。

黑龙江流域自古以来就是中国的领土，早在俄国成为国家之前，黑龙江流域就在中国的管辖之下。俄国从15世纪末开始扩张，清政府统治下的中国成为俄国东扩的受害者之一，而夺取黑龙江则是俄国入侵中国的重要目标之一。在1689—1861年间，中俄边界在《尼布楚条约》、《瑷珲条约》和中俄《北京条约》进行的三次变动后基本得到确定，黑龙江的上游和中游部分从中国的内河演变成了中俄两国的边界。

二 黑龙江界河地区冲突不断

将黑龙江以北、乌苏里江以东原属于中国的大片领土划给沙俄的条约虽然签订了，但并未阻止沙俄侵略中国的野心。自19世纪70年代起，沙俄在中俄边界黑龙江地区不断挑衅，蚕食中国领土，迫害当地华民。典型的例子包括：俄国（苏联）争夺我国黑瞎子岛的归属权、攫取我国松黑航权以及制造江东六十四屯惨案。

（一）侵占中国的黑瞎子岛

1. 黑瞎子岛自古属于中国

黑瞎子岛是位于黑龙江和乌苏里江汇合处的三角洲，也称抚远三角洲。事实上，在黑龙江和乌苏里江汇合处共有三个岛，分别是银龙岛、黑瞎子岛和明月岛，而通常情况下中国将这三个岛统称为黑瞎子岛。[①]8世纪时，唐朝政府就在勃利（即今哈巴罗夫斯克）设置勃利州和黑水州都督府，管辖包括黑瞎子岛在内的黑龙江下游一带；辽朝时，黑瞎子岛归五国部节度使管辖；金朝时，黑瞎子岛属胡里改路；元朝时属东征元帅府；明朝时属奴尔干都司；到了清代，清政府在该岛上设置噶珊（即清政府在黑龙江下游和乌苏里江流域一带的基层行政单位），所以黑瞎子岛自古以来就是中国的领土。[②]

从中俄签订条约来看，《尼布楚条约》规定中俄边界为额尔古纳河、

---

① 沈影：《黑瞎子岛：中俄边界争端的历史句号》，《俄罗斯中亚东欧研究》2009年第1期，第81页。
② 吕一燃编：《中国近代边界史》（上卷），四川人民出版社2007年版，第214页。

格尔必齐河和外兴安岭山脉至海,黑龙江是中国的内河,黑瞎子岛位于黑龙江中,所以黑瞎子岛固然属于中国;即便按照《瑷珲条约》、中俄《北京条约》的划分,黑瞎子岛仍是中国不可分割的一部分,因为黑瞎子岛位于黑龙江和乌苏里江的主航道中心线中国一侧。

2. 俄单方面篡改边界线

根据中俄《北京条约》,双方需要对东段边界进行会勘并设立界牌。为此,1861年,中俄着手勘分东段边界。当年中俄双方就完成并互相交换了《勘分东界约记》《东界交界道路记文》和分界地图,作为中俄《北京条约》的附件。问题恰恰出现在这里。

首先,分界地图上黑瞎子岛处的边界线与中俄《北京条约》约文不符。按照惯例,中俄双方理应共同对条约进行解读、勘定边界和绘制分界图。然而,此次勘界所绘制分界图是俄国单方面完成的,俄方在分界图上将中俄国界线划在了黑瞎子岛西南侧、河面较窄的抚远水道上,即将黑瞎子岛划归了俄方。[①] 但按照国际法准则,黑瞎子岛位于两江主航道中心线靠近中国的一侧,所以应属于中国。苏联时期,中苏进行边界谈判时,苏联就以此绘图为依据,企图在边界谈判中霸占黑瞎子岛的所属权。

其次,根据《东界交界道路记文》记载,立于黑瞎子岛附近的界牌被俄国潜移。根据《东界交界道路记文》,中俄从乌苏里江口至图门江口设立八座界牌,其中在乌苏里河口西应设立"耶"字界牌。"耶"字界牌具体位置是在乌苏里江口西黑瞎子岛东北端莫勒密附近的高阜上。据此,黑瞎子岛理应属于中国。然而,到了1886年换用石牌的时候,却发现"耶"字界牌已由原来的位置被俄国擅自潜移至通江子东口迤上五里左右的乌苏镇[②],以此企图侵占黑瞎子岛。发现"耶"字界牌被移后,自应双方会同勘定,以清界址,然而这一问题却被随后爆发的辛

[①] 张学昆编著:《中俄关系的演变与发展》,上海交通大学出版社2013年版,第230页。

[②] 刘家磊:《东北地区东段中俄边界沿革及其界牌研究》,黑龙江教育出版社2014年版,第202页。

亥革命、十月革命所耽搁，拖久未决。①

3. 俄（苏）越过边界线蚕食黑瞎子岛

除了试图篡改边界线之外，沙俄还直接跨过中俄边界，蚕食黑瞎子岛的中国领土。俄国阿穆尔船业公司原在伯力（哈巴罗夫斯克）附近乌苏里江东岸的别立坑窑设有船坞，停泊该公司的船只。19世纪末，该船坞日益变浅难以停泊船只，俄国竟罔顾中国主权，在该船坞对岸中国黑瞎子岛江沿建设船坞。20世纪初，俄国税吏竟直接越江欺压岛上的中国农民。1911年6月，发生了俄国海关不允许运载中国货物的船只经过乌苏里江口的事件。中方提出照会，而俄方竟然宣称中国内河通江子是中俄界河，而通江子以北黑瞎子岛以东的乌苏里江、黑瞎子岛以北的黑龙江都是俄国的内河。其肆意曲解中俄《北京条约》和《中俄勘分东界约记》的目的就是侵占中国黑瞎子岛。正逢此时，中国爆发了辛亥革命，清政府被推翻了。紧接着，俄国爆发了十月革命。所以，关于黑瞎子岛的交涉被迫打断。②

十月革命后，新生苏维埃政权对华示好，寻求与北京政府建立外交关系。1919年7月25日，苏联政府发表《苏俄第一次对华宣言》，承诺废除沙俄政府时期与中国签订的不平等条约，放弃沙俄政府多年来从中国攫取的利益等。按照《苏俄第一次对华宣言》的要求，中国停止了对旧俄使领的外交待遇，1920年9月27日，苏俄政府发表了《苏俄第二次对华宣言》。这次的宣言事实上是将第一次宣言的内容进一步实质化，也进行了一些修改。《第二次对华宣言》提到"以前俄国历届政府同中国订立的一切条约全部无效，放弃以前夺取中国的一切领土和中国境内的一切俄国租界，并将沙皇政府和俄国资产阶级从中国夺得的一切，都无偿地永久归还中国"。值得注意的是，这里所指的条约同《苏俄第一次对华宣言》中提到的条约一样，都不包括19世纪90

---

① 刘家磊：《东北地区东段中俄边界沿革及其界牌研究》，黑龙江教育出版社2014年版，第205页。

② 参考吕一燃编《中国近代边界史》（上卷），四川人民出版社2007年版，第214页。

年代以前沙俄与中国签订的涉及边界划定的不平等条约。① 所以，此时苏俄政府与中国开展外交，并没有直接处理两国的边界问题。

苏维埃共和国联盟1922年宣布成立后，于1924年5月31日与中国签订了《中苏解决悬案大纲协定》，提出要依据前述两次对华宣言，废除中国与沙俄政府签订的旧约并且重立新约，重新划定两国疆界，未划定前暂时维持现状。然而，随着中国内战爆发，国内局势陷入混乱，《中苏解决悬案大纲协定》未能得到落实。

（二）攫取中国松黑航权

1. 俄方曲解条约

松花江是黑龙江右岸的支流。即便根据《尼布楚条约》和《瑷珲条约》中的条款，松花江也是属于中国的内河。然而，《瑷珲条约》中关于松花江的条款存在文本上的错误，这成为了沙俄曲解条款并入侵我国内河松花江的借口。《瑷珲条约》对边界的划定条款中有这样一句话："黑龙江、松花江、乌苏里河，此后只准中国、俄国行船，各别外国船只不准由此江河行走。"② 首先，此条款中的"松花江"与我们现在所说的"松花江"含义不同。现在我们所说的"松花江"是指松花江上游至松花江口一段，是中国的内河，然而按签订《瑷珲条约》时中国的旧说法，松花江是主流而黑龙江是支流，所以将松花江和黑龙江会流处至入海口一段称作松花江，也就是说《瑷珲条约》中的"松花江"是指黑龙江中下游。其实，当时不少俄国人也把黑河口以下这段黑龙江叫作松花江。因此，中方认为《瑷珲条约》并没有赋予俄国船只进入松花江与黑龙江汇合前那部分河段（也就是现在的松花江）的权利。其次，对于"黑龙江"的名称，中文和俄文有所区别。《瑷珲条约》俄文文本中提到"阿穆尔河、松花江、乌苏里江……"，问题就出现了。俄文用"阿穆尔河"表示黑龙江，但事实上俄方所指的"阿穆尔河"是指其全段，

---

① 薛衔天：《民国时期中苏关系》（上），中共党史出版社2009年版，第49页。

② 王铁崖编：《中外旧约章汇编》（第一册），三联书店1982年版，第85—86页；步平等编：《东北国际约章汇释（1689—1919）》，黑龙江人民出版社1987年版，第56页。

本身就包含了《瑷珲条约》中用"松花江"所指的黑龙江下游，所以在俄文文本中，不应该再出现"松花江"字眼。这就给了俄方可乘之机，后来俄方便曲解此处的"松花江"之意，认为条款中的"松花江"是指黑龙江、松花江汇合前即今松花江的中、上游。[①]

2. 俄非法侵入松花江

《瑷珲条约》签订后，黑龙江成为中俄界河，但这未能阻拦沙俄的侵略野心。松花江两岸腹地自然资源丰富，可以为沙俄继续向东扩张提供粮食等物资，获取松花江航权是"一个无比重要和对整个阿穆尔州和乌苏里边区具有巨大经济意义的问题"[②]。所以《瑷珲条约》签订后不久，沙俄就开始想尽办法入侵松花江。从1858年7月穆拉维约夫带领官军率船闯入松花江开始，沙俄不断派遣船队非法侵入这一地区。据统计，从1858年到1870年间，沙俄非法驶入松花江达10次。[③]沙俄侵入松花江地区，沿途勘察地形，非法绘制地图，强行贸易，滋扰生事，遭到当地官民的阻挠和反抗。

19世纪80年代，中国新疆地区发生动乱，沙俄趁机出兵占领了伊犁地区。清政府派钦差大臣崇厚出使俄国，就伊犁问题进行谈判。在未经清政府同意的情况下，崇厚与俄国签订了《里瓦几亚条约》（即《交收伊犁条约》）。本来这是双方关于解决伊犁地区问题而签订的条约，然而其中却涉及到了松花江。这份条约不仅将伊犁周边的大片领土割让给俄国，还把松花江的航权让给了俄国，"俄国人得在松花江行船至伯都讷，并可沿途从事贸易"[④]。虽然，在清政府的争取之下，《交收伊犁条约》中关于俄国获得松花江航权的条款被取消，但这无不证明了俄国觊觎中国内河松花江航权之心。

---

① 关于对条款中"松花江"的曲解部分，参考佟冬主编《沙俄与东北》，吉林文史出版社1985年版，第176—178页。
② 《我们在太平洋的任务》，第30—33页，转引自佟冬主编《沙俄与东北》，吉林文史出版社1985年版，第175页。
③ 佟冬主编：《沙俄与东北》，吉林文史出版社1985年版，第182页。
④ 中国社会科学院近代史研究所编著：《沙俄侵华史》（第三卷），人民出版社1981年版，第258页。

3. 俄借中东路攫取松黑航权

沙俄不仅利用条约直接侵占中国领土，还通过修建中东铁路侵犯中国的主权。1895 年 11 月 27 日，在财政大臣维特提出横贯满洲铁路计划之后，沙俄开始着手在中国东北修建过境铁路。沙俄此番计划的目的有两个。（1）为了加速扩张，沙俄修建西伯利亚铁路，计划经过外贝加尔湖地区，沿黑龙江北岸到达伯力，再沿乌苏里江向南，最终到达海参崴。铁路于 1894 年修到接近黑龙江沿岸的地方，若继续在俄境内修建，工程难度大且成本高，因此沙俄就打算直接在中国东北继续修建铁路，从而缩短原计划的路程。（2）随着西伯利亚铁路的不断修建，给远东地区带来了大量的移民。为了保证铁路修建工程所需的粮食补给，以及之后铁路运营所需的自然资源，俄国打起了掠夺中国东北地区资源的算盘。①

在提出修建过境铁路计划之后，沙俄便着手做准备，进入中国东北地区非法勘测。1895 年，乌苏里铁路技师奇莫诺夫建议对松花江水运航路进行调查，欲开辟松花江水运航路使其成为西伯利亚铁路的补给线。根据此建议，俄国政府委派商人奇霍切夫和奇莫诺夫使船进入松花江，沿途贸易并进行水文调查。调查结果显示，松花江沿岸贸易可以保证获得纯利百分之十五以上，吃水四尺的汽船，在松花江能溯航两千多千米。根据此次调查，俄国政府就决定要获得松花江航行权，使松花江水运成为今日筑路的粮食供给线，将来铁路运输的补给线。②

俄国以帮助抵御日本侵害为借口，说服了清政府，1896 年 6 月 3 日，双方签订了《御敌互相援助条约》（即《中俄密约》），由此俄国借机获得了在中国境内修筑铁路的权利，也打通了通向中国东北丰富自然资源的道路。据此条约，同年 9 月，中俄签订了《合办东省铁路公司合同章程》，标志着中东铁路开始动工。③ 该合同共十二项条款，其

---

① 杨闯、高飞、冯玉军著：《百年中俄关系》，世界知识出版社 2006 年版，第 5 页。

② 参见薛虹《沙俄攫取松花江航行权的经过》，《社会科学战线》1979 年第 4 期。

③ "中东铁路"是中国民国后的叫法，之前称作"东清铁路"，是一条"丁"字形铁路，西起满洲里，与俄罗斯后贝加尔铁路相接，东至绥芬河，与南乌苏里铁路相接，支线北起哈尔滨向南至旅顺。

中第四项规定:"中国政府谕令各该管地方官,凡该公司建造铁路需用料件、雇觅工人及水陆转运之舟、车、夫、马并需用粮草等事,皆须尽力相助,各按市价,由该公司自行筹款给发。其转运各事,仍应随时由中国政府设法,使其便捷。"① 修建铁路为俄国船只进入松花江提供了"合理依据",根据《合办东省铁路公司合同章程》,建造铁路的船只于铁路修建期间允许在松花江上航行,但并不代表俄国拥有松花江的航行权。然而,沙俄却趁机在松花江肆意开辟航路,攫取松花江航权。俄国政府扶持的官商轮船霸占了整个松花江航运,这些轮船公司非法开辟松花江航线,利用松花江经营客货运输,掠夺松花江两岸的自然资源,甚至在1902年中东铁路及其支线全部建成通车后这种情况还存在。

4. 双方交涉松黑航权

1904—1905年,日俄战争持续,沙俄国内局势动荡加剧。在此背景之下,中国东北的民族航运应运逐步兴起,松黑两江游船局、吉林官轮局、龙江官轮公司等航运公司纷纷建立,试图打破沙俄对松花江航权的垄断。然而,我国的轮船在黑龙江、松花江航行时多次遭到沙俄的阻拦。为了维护东北民族航运业的发展,挽回松花江的航权,中国政府开始同苏俄交涉,谋求收复松黑航权。1918年,黑龙江省长鲍贵卿派黑河道尹张寿增与俄阿穆尔地方官员就黑龙江航行进行交涉。经过交涉,双方制定了《黑龙江临时行船办法》,规定了五条行船办法:"一、华轮往来黑龙江悬挂华旗;二、松轮由华官给予执照为凭,俄官军队不得有商船查验等事;三、俄国税关及船政局均不得查验华船;四、华轮停泊俄岸装卸等事当受俄岸章程办理;五、哈阿毗连,最有关系。如有华人代替俄旧党顶名以原在哈埠之俄船冒挂华旗进阿穆尔江口者,应由道尹担保,如有此等之事,该口定行扣留。"②

---

① 王铁崖编:《中外旧约章汇编》(第一册),三联书店1957年第673页;步平等编:《东北国际约章汇释(1689—1919年)》,黑龙江人民出版社1987年版,第136页。

② 张伯英总纂:《黑龙江志稿(交涉志三·航权)》,黑龙江人民出版社1992年版,第1680页。

然而，此时俄国新旧政权正在交替当中，在黑龙江地区的俄方势力变动，所以《黑龙江临时行船办法》并没有得到俄方的严格执行，多次出现华船在黑龙江被俄方扣留、拦截甚至枪击的事件。当时东北民族航运业的代表——戊通航业公司深受其害。1919年3月，俄远东全权副代表伊瓦诺夫立诺夫将戊通公司所购未提的船舶，以及停泊在伯力及各沿江俄岸的船只全部扣留；[①]1919年10月，戊通公司轮船在伯力附近遭到俄匪枪击；1920年5月，戊通公司轮船"上海号"由哈尔滨向黑河航行，被远东共和国军舰强行阻拦，并被迫验船。[②]鉴于此，中国政府加紧与远东共和国地方当局就黑龙江航权问题进行交涉。经过多次协商，双方于1922年5月27日签订了《中俄黑龙江航行地方临时协议草案》，内容包括收捐与开支规则、航路维修与整顿办法。《中俄黑龙江航行地方临时协议草案》暂时缓解了矛盾，但并未使中国收回松黑航权，俄国对松黑航权仍不肯轻易放手，中国船只还是无法在黑龙江上正常航行。

1923年，远东共和国加入了苏俄，奉系集团在东北实行"联省自治"，所以关于松黑航权问题的交涉开始由奉系集团与苏联进行。几经周折，双方于1923年10月28日签订了《中俄黑龙江航行地方临时协议》。该协议是之前《中俄黑龙江航行地方临时协议草案》的续签，没有实质性改进，将中国政府最关心的黑龙江行船问题作为附则，留作以后协商处理。1924年9月20日，奉系集团与苏俄签订《奉俄协定》，其中关于松黑航权的条款是"缔约双方同意，将双方无论何种船只在两国边境江湖及他种流域上以国界为限之航行问题，按照平等互相及彼此尊重主权之原则解决。所有该问题之细目应在双方组织之委员会自签订本协定日起，于两个月内规定完竣。因中国方面对于黑龙江下游通海处之客、货有甚大利益之关系，苏联方面对于松花江至哈尔滨之客、货亦有甚大利益之关系，故双方同意在委员会中按照平等互相

---

① 滕仁：《1920—1928年奉苏关系问题研究》，中国社会科学院博士后研究工作报告，2016年3月，第79—80页。
② 张馨原：《中俄(苏)松黑航权问题研究》，黑龙江大学硕士学位论文，2013年，第55页。

之原则讨论保障此种利益之问题。"① 关于航权的问题，规定应在六个月内解决完毕，但遭到俄方拖延。后因为中东路事件的发生，松黑航权未能得到解决。

5. 中东路战争

1896年9月，中东铁路开始动工。沙俄凭借中东铁路几乎完全掌控了中国东北地区。1904年爆发日俄战争，中东铁路成为沙俄与日本争夺势力范围的工具。日俄战争结束后，俄国将中东铁路的南支线（即南满铁路）转让给日本，因此中东铁路变成了俄国和日本共同操控。1924年，虽然在《中俄协定》和《奉俄协定》中明确规定，中东铁路由中苏合办，然而事实上由苏联独揽权利。1929年，主政的张学良采取武力的方式收回中东路的主权，先派兵搜查苏联驻哈尔滨总领馆、逮捕苏联驻哈尔滨领事等人，后将中东路苏方职员遣送回国。同年7月17日，苏联宣布与中国断交。接着，7月20日，中苏在黑龙江同江河面上发生了边境冲突。之后，冲突升级，10月12日两国在黑龙江边界爆发了中东路战争。苏军击溃了中国松花江舰队后，登上黑龙江右岸，进攻同江、富锦。苏军在满洲里和绥芬河也同时发起进攻。战争持续了40多天，东北军有生力量被完全歼灭，中苏双方于12月3日签订《双城子草约》停战协定。中东路的主权并没有像张学良预料的那样被收回，反而命运更加曲折。12月22日，双方又签订了《伯力会议议定书》，中东路的权益重新回到了苏联的手中，又在不久之后的1933年被苏联非法让给了日本。

（三）违约迫害江东六十四屯华民

1. 江东六十四屯是抵御俄国入侵的重地

江东六十四屯，位于黑龙江中游左岸，"北起今瑷珲县黑河镇东北的精奇里江口，南至孙吴县霍尔莫勒津屯对岸处"，② 大概在现今黑龙

---

① 《奉俄协定全文》，《东方杂志》，1924年第24期，第110—113页。转引自张馨原《中俄（苏）松黑航权问题研究》，黑龙江大学硕士学位论文，2013年，第67页。
② 佟冬主编：《沙俄与东北》，吉林文史出版社1985年版，第163页。

江省黑河市对岸区域。这里资源丰富，人口稠密，历来居住着中国人，包括满族人、达斡尔族人和汉族人。到1881年，此处居住着14000个中国臣民。[①]江东六十四屯资源丰富，且地理位置十分重要，所以是沙俄觊觎之地。穆拉维约夫多次表露出对江东六十四屯的侵占野心，叫嚣要派兵此地，将该地居民驱逐到南岸。[②]江东六十四屯也因此成为抗击沙俄入侵的最前沿。

2. 条约对江东六十四屯华民的规定

在瑷珲谈判中，沙俄欲占领江东六十四屯，并且驱逐居住在那里的中国人。但为了尽快使清政府同意《瑷珲条约》，沙俄在这一问题上假意表示让步。于是，《瑷珲条约》中规定，"黑龙江左岸，由精奇里河以南至豁尔莫勒津屯，原住之满洲人等，照旧准其各在所住屯中永远居住，仍著满洲国大臣官员管理，俄罗斯人等和好，不得侵犯。"[③]根据条约，居住在黑龙江左岸的中国居民拥有永远居住权，中国政府对该地拥有永远管辖权，俄国不准侵犯。《北京条约》亦有类似的规定，条约中所规定的边界经过的地方"乃空旷之地。遇有中国人住之处及中国人所占渔猎之地，俄国均不得占，仍准中国人照常渔猎"[④]。这一条约虽然取消了中国政府对黑龙江左岸华民居住地的管辖权，但仍然肯定了江东六十四屯华民的永久居住权。

3. 江东六十四屯华民遭受迫害

就在《瑷珲条约》签订后不久，沙俄便公然违背条约内容。1859年冬，穆拉维约夫率领哥萨克兵悍然闯入江东六十四屯，威逼当地居民臣服沙皇。同时，沙俄大量移民到江东六十四屯附近居住，企图挤走当地的中国居民，从而占领该地。俄民日渐增多，"他们常到屯子附

---

① 薛衔天：《有关江东六十四屯的记述（摘译）》，《黑河学刊》1990年第4期，第82页。
② 佟冬主编：《沙俄与东北》，吉林文史出版社1985年版，第164页。
③ 王铁崖编：《中外旧约章汇编》（第一册），三联书店1982年版，第85—86页。
④ 《中俄边界条约集》，商务印书馆1973年版，第27—28页。

近捣乱，开生荒地，扩大地盘"①。为此，清政府与俄交涉，分别于1880年、1883年和1887年三次对江东六十四屯进行勘界，犁沟为界，试图阻止沙俄的蚕食。然而事实证明，沙俄无视界线，仍然侵入屯中迫害华民。1890年，沙俄制造"苏忠阿垦地事件"，强迫江东六十四屯住户苏忠阿向俄国缴纳垦地租税，试图以此种方式逐渐将此地的耕地变为俄国所有。②到1891年，江东六十四屯北部靠近精奇里河的地方都被俄国人占去，南部靠近霍尔莫勒津屯的地方也成为中国人与俄国人杂居的地带。③在清政府的交涉下，沙俄的这一阴谋未能得逞。但沙俄绝没有放弃夺取江东六十四屯之心，仍然不断派遣俄官侵入这一地区，烧杀抢夺，滥杀无辜。据当时居住在江东六十四屯的人回忆，"俄国人经常过路歇脚，有一回俄国人住在我们家的前院，吃饱了喝足了，到晚上把我大伯父、伯母、七叔、八叔、大哥等五六口人都杀了，从此以后不敢在那住，就搬走了"④。

1899年，中国国内义和团运动从山东发展至东北地区。沙俄以镇压义和团为借口派军越过黑龙江，大举入侵东北。瑷珲是俄军入侵东北的一个关键点，江东六十四屯和海兰泡与瑷珲仅一江之隔，因而占领这两个地方就成为了攻占瑷珲之战的一部分。⑤1900年7月，沙俄开始对居住在黑龙江左岸的华民进行屠杀。首先，沙俄把目标定在海兰泡，后穆拉维约夫改称其为布拉戈维申斯克，现位于黑河市对岸。7月17日至21日，沙俄军警分四次将关押的数千名居住在海兰泡的华民驱赶至黑龙江岸，并且使用残暴手段将他们逼进黑龙江中。在此期间，沙俄派了一支军队越过精奇里河，占领江东六十四屯，到达此地后也进行了同样的屠杀。在海兰泡和江东六十四屯惨遭俄军杀害和溺江而

---

① 黑龙江江东六十四屯问题调查组：《沙俄霸占江东六十四屯的前前后后——七十三位老人访问记》，《学习与探索》1979年第1期，第70页。
② 佟冬主编：《沙俄与东北》，吉林文史出版社1985年版，第170—172页。
③ 杨闯、高飞、冯玉军著：《百年中俄关系》，世界知识出版社2006年版，第12页。
④ 黑龙江江东六十四屯问题调查组：《沙俄霸占江东六十四屯的前前后后——七十三位老人访问记》，《学习与探索》1979年第1期，第71页。
⑤ 薛衔天：《江东六十四屯惨案研究》，《近代史研究》1981年第1期，第250页。

亡的人数有近1万人。①8月12日，阿穆尔军区司令格里布斯基悍然宣布："前满洲外结雅地区（即江东六十四屯）已归我国当局管辖；凡离开我方河岸的中国居民，不准重返外结雅地区，他们的土地将交给我国殖民者，供其专用"②。俄军不仅占领了黑龙江左岸清政府的管辖之地，还越过黑龙江入侵了中国东北地区。此后，由于受到各方压力和清朝政府的斗争，俄军退回黑龙江以北。然而，中国政府就江东六十四屯问题多次与俄国以及苏联政府交涉，均无果。

三　小结

黑龙江起初是中国的内河，从1643年开始，沙俄在不断侵略、争议和逼签条约之下，侵占了黑龙江以北大片中国领土，中俄东段边界逐渐形成。《尼布楚条约》（1689）、《瑷珲条约》（1858）、中俄《北京条约》（1860），基本划分和奠定了中俄界河——黑龙江和乌苏里江的基础。黑龙江被划定为界河后，本应该成为中俄之间的安全隔离屏障，然而事与愿违，界河并不太平。19世纪50年代以来，俄国以各种方式在黑龙江区域蚕食中国边界领土权益，发生了血腥的事件，比如海兰泡事件、中东路事件等。总之，这一时期，黑龙江由内河变为界河，开始以界河的身份成为中俄关系的重要因素，在中俄关系中充当了纠纷和冲突的载体，是中俄关系的被动受力面。

---

① 薛衔天：《海兰泡惨案死难人数究竟有多少？》，《历史研究》1980年第1期，第176页。
② 《阿穆尔报》1900年8月17日，转引自《沙俄与东北》，第401页。此处关于海兰泡和江东六十四屯惨案料也是参考《沙俄与东北》第401页，《百年中俄关系》第12—14页。

第 4 章

中俄围绕黑龙江的合作与界河因素的变化

中华人民共和国的成立具有重大意义,是中国对外关系的分水岭。第 3 章的论述表明,黑龙江成为冲突之边这一结果,既是俄国(苏联)扩张的体现,更是中国与俄国(苏联)力量对比处于劣势的反映。中华人民共和国成立后,中苏关系开启了与以前大不相同的新阶段。

一 中俄围绕界河黑龙江的合作历程

中苏围绕黑龙江跨界水资源的合作大致经历了四个阶段,依次为合作开启、合作受挫、合作稳定和合作深化。[1]

(一)合作开启(20 世纪 50 年代)

中华人民共和国成立之初,中苏暂时搁置边界问题,围绕黑龙江界河开始合作,这得益于当时两国建立同盟关系的大环境。然而,中华人民共和国成立之初,中苏之间确实存在着现实矛盾和担忧,关键矛盾之一就是边界划定问题,这为之后两国在边界地区发生的冲突埋下了伏笔。

---

[1] 谢尔盖·维诺格多夫和帕特里夏·伍特斯将中俄围绕黑龙江的涉水合作大致分为三个阶段,其中第三个阶段包括从 20 世纪 80 年代至今。但笔者认为 21 世纪以来中俄围绕黑龙江的合作较 21 世纪以前有着飞速的进展,因此本书将 21 世纪后单独作为一个阶段,将合作历程分为四个阶段。谢尔盖·维诺格多夫和帕特里夏·伍特斯的论述参考 Sergei Vinogradov, Patricia Wouters, *Sino-Russian Transboundary Waters: A Legal Perspective on Cooperation*, Sweden: Institute for Security and Development Policy, 2013.

1. 建立同盟关系

1949 年在中俄（苏）关系史的发展中有着重要的意义。中华人民共和国在成立后首要考虑的就是重新审查旧政府所签订的外交条约，重建外交关系。苏联是第一个与中华人民共和国建立外交关系的国家，而且早在中华人民共和国成立之前中国共产党就确立了"一边倒"向苏联的基本方针和政策[①]。实现全面发展中苏关系是中华人民共和国的重要外交内容，而这样的关系是应该建立在平等、互利和相互尊重领土主权的基础之上。因此，带着这样的目的，中华人民共和国成立之后，毛泽东等人就赴苏会见斯大林，希望废除 1945 年苏联与国民政府签订的《中苏友好同盟条约》并订立新约。尽管会谈并不那么顺利，但双方最后还是于 1950 年 2 月 14 日缔结了新约，即双边关系史上的里程碑文件——《中苏友好同盟互助条约》。新条约表明中苏结成军事互助同盟，两国在平等、互利、互相尊重国家主权与领土完整及不干涉对方内政的原则上发展和巩固经济与文化关系。同时，双方还签订了《中苏关于中国长春铁路、旅顺口及大连的协定》和《关于苏联贷款给中华人民共和国的协定》两项协定，内容包括苏联向中国移交长春铁路的一切权利及所属全部财产，以及苏军撤离旅顺口海军基地、苏联向中国提供低息贷款等。可以说，新条约和两个协定的达成对中华人民共和国来说是收获较大的，新条约得到了周恩来的充分肯定。

2. 围绕黑龙江开展合作

中苏之间建立的同盟关系为两国围绕黑龙江的合作提供了良好的政治环境。合作首先体现在航行和水电开发领域。1950 年 12 月 29 日，中苏在哈尔滨签订《关于黑龙江、乌苏里江、额尔古纳河、松阿察河及兴凯湖之国境河流航行及建设协定》，并成立中苏国境河流航行联合委员会，负责研究界河的航标设置、航道疏浚、航运基础设施和船舶

[①] 1949 年 6 月 30 日，毛泽东在《论人民民主专政》中指出："欲达到胜利和巩固胜利，必须一边倒"，而且"真正的友谊的援助"只能向"以苏联为首的反帝国主义战线"一方去找。参考毛泽东《论人民民主专政》，《毛泽东选集》第四卷，人民出版社 1991 年版，第 1472—1475 页。

航行安全等问题,每年由两国轮流举办一次例会。① 黑龙江是两国的边界,在黑龙江发生的任何越界或可能改变主航道的行为,比如航标的变动、航道的测量、疏浚挖泥等,都牵涉到领土主权。所以,黑龙江的航道和航务管理成为中苏优先进行合作的领域。根据协定,中苏双方制定了中苏国境河流航行规则,"双方船舶得在黑龙江、乌苏里江、额尔古纳河及松阿察河之国境河流的主要航线上无障碍的通航,不受划定的国境线之限制","江岸设置之航行浮标及江岸航标,应由双方自行负责管理、保养、检查并供给其开销费用"。② 黑龙江的上游和中游部分(恩和哈达-伯力)是边界,下游完全在苏联境内。值得一提的是,该规则不仅适用于中苏边界河流,还适用于我国部分内河。1951年制定的《中苏国境河流航行规则》后于1987年得到修订,1988年4月1日开始生效实施。根据协定,双方政府于当年10月份分别派出三名委员组成中苏国境河流航行联合委员会,负责研究界河的航标设置和航道建设等问题,从而保护船舶航行权益和航行安全。1957年12月21日,签订了《中华人民共和国政府和苏维埃社会主义共和国联盟政府关于国境及其相通河流和湖泊的商船通航协定》。协定给予中苏双方商船在国境及其相通河流和湖泊通航的便利条件,其中包括黑龙江(包括苏维埃社会主义共和国联盟境内黑龙江下游至出海口)、松花江、乌苏里江、额尔古纳河、喀喇额尔齐斯河、伊犁河、松阿察河及兴凯湖。1951年和1957年的协定在中俄之间建立起了关于黑龙江界河航行的管理体制。

1956年,中苏在黑龙江界河水资源合作方面迈出了重要一步。为了促进经济发展,中国政府加强科学事业建设,组织国内科学家在苏联专家的帮助下制定了12年的科学技术发展的远景规划。其中,黑龙江被选定为远景规划的考察区域之一。在这一背景下,苏联专家提出与中方共同组成综合考察队,对黑龙江流域的自然条件、运输状况和国民经济状况进行调查研究。双方政府于1956年8月签订了《关于中

---

① 《界江航务》,http://www.hljhw.gov.cn/news/list.asp?tid=16&id=56。
② 中华人民共和国外交部条约法律司编:《中华人民共和国边界事务条约集》(中俄卷上),世界知识出版社2005年版,第9—10页。

苏共同进行调查黑龙江流域自然资源和生产力发展远景的科学研究工作及编制额尔古纳河和黑龙江上游综合利用规划的勘测设计工作的协定》，成立了中苏研究黑龙江流域生产力问题联合学术委员会。根据协定，考察队的任务是调查黑龙江流域的地质构造、植被、气候、水文和矿产等内容从而研究该地区的经济发展潜力，为制定利用和开发规划提供参考意见。[①]

除此之外，在中苏进行黑龙江流域联合考察和研究的过程中，双方对该流域的水文信息进行互相交流，这对抵御该流域尤其是干流部分洪水灾害起着重要的作用。

3. 边界问题暂时被搁置

在中华人民共和国成立之初，中国共产党对于与苏联之间存在的边界分歧保持着慎重的态度，选择了暂时搁置。原因包括两方面：一方面，中共中央提出的解决中国与周边国家边界问题的方针指出，暂时维持边界现状，同时积极做好解决边界问题的准备；[②]另一方面，为了巩固政权、实现国际地位的提升，中国需要尽快与苏联缔结同盟关系。然而，在边界问题上，中苏之间的确存在着不容忽视而且需要妥善处理的边界问题，[③]因为此时中苏东段边界是不确定的，边界是旧条约划定的，同时还存在争议地区。

黑龙江从中国内河演变成中俄（苏）界河。在中俄（苏）关系史中，《尼布楚条约》、《瑷珲条约》和中俄《北京条约》相继签订之后，黑龙江基本上就是以两国边界的地位存在着，这就赋予了黑龙江界河的身份。同时也意味着，中国与俄罗斯（苏联）围绕黑龙江的互动关系与领土问题无法分割。领土争议几乎贯穿整个中俄（苏）关系史，反映在两国东段边境就是围绕黑龙江出现的冲突与纠纷。无论是沙俄还是苏维埃政府，都在中国边境不断制造事端、侵占中国领土。对于从中

---

① 张久辰：《20世纪五六十年代中苏双方对黑龙江流域的合作考察》，《当代中国史研究》2006年第5期，第3—4页。

② 沈志华、李丹慧：《战后中苏关系若干问题研究 来自中俄双方的档案文献》，人民出版社2006年版，第344页。

③ 从1964年中苏开启边界谈判后苏联的立场可以看出，苏联并不承认与中国存在边界争议地区。

国手中夺取的领土和权益,十月革命后的苏维埃政府曾发表两次宣言承诺予以"归还"①,但因为种种原因并没有兑现。苏联政府甚至利用国共之间的对峙,对国共两党采取双重政策,一方面同情共产党,另一方面又帮助国民党以获得在东部边境地区的利益,比如继续兑现《中苏友好同盟条约》中苏联在中国东北地区的特权。

事实上,在中华人民共和国成立前夕,苏联政府仍然试图在黑龙江界河地区获得更多权益。1948年2月,苏联还提出由苏方负责在黑龙江等沿两国边界的航道修建灯塔,且所有权属于苏联。5月14日,苏方又提出由苏政府派飞机和轮船沿黑龙江和松花江巡查航线以保证航行安全。②苏联政府对黑龙江及东北地区的觊觎不免让中国政府担忧。更重要的是,这一时期中苏边界是不确定的。③对于新成立的中国政府而言,国家主权和领土完整的重要性不言而喻,自然希望对本国领土的主权得到认可、与邻国之间的边界应该予以确认。中华人民共和国成立之初,中苏两国的东段边界情况复杂,同时存在着三条边界线:(1)条约边界线。1860年以前的条约所划定的边界线,这些条约中有平等的,也有不平等的。(2)实际控制边界线。沙俄以条约形式占去了黑龙江流域我国大片领土之后,仍然在边境地区不断蚕食。(3)苏联绘制的地图上所标的边界线。比如,在苏联绘制的地图上,将两国在黑龙江和乌苏里江中的边界线——主航道中心线几乎画到中国一侧江岸,原本属于中国的江中岛屿被划归为苏方。④

---

① 这里的"归还"其实是部分归还,因为这两次宣言要废除的条约并不包括1860年之前签订的条约。

② 沈志华:《苏联专家在中国(1948—1960)》,新华出版社2009年版,第45页。

③ 事实上,中华人民共和国成立之初,与周边国家之间的边界几乎都是不确定的,边界要么是不平等条约规定的,要么是多年形成的传统习惯线,也或者是实际控制线。参考关培凤、胡德坤《新中国边界政策的形成与发展》,《当代中国史研究》2010年第3期,第121页。

④ 李丹慧:《同志加兄弟:1950年代中苏边界关系——对中苏边界问题的历史考察(之一)》,《国际冷战史研究》2004年第00期,第73—74页。关于实际控制线,中方的实际控制线基本都恪守条约线,有些地区越过了苏方绘制的地图线。

（二）合作受挫（20 世纪 60 年代至 70 年代）

20 世纪 60 年代，中苏两党在意识形态上发生了严重的分歧，并扩大到两国之间的关系方面，中苏关系开始恶化。两国关系的变化影响着双方围绕黑龙江界河的互动。60—70 年代，中苏在黑龙江水电开发和水文信息交换领域的合作被中止，边界谈判开启但过程波折。

1. 界河摩擦增多

从 1960 年开始，中苏同盟关系逐渐破裂，两国关系恶化。明显的信号之一就是，1960 年 7 月 16 日，苏联突然照会我国政府，决定撤走全部在华苏联专家，撕毁协定和合同。50 年代暂时搁置的边界问题被放大。中苏同盟关系营造出一种和谐的氛围，边界问题被暂时搁置，但并不代表中苏两国边境就相安无事。事实上，两国边界地区只是相对平静，而并不是绝对的安宁。这段时期，中苏边界摩擦不断。整个 50 年代，在中苏边界发生了 242 起冲突事件。[①] 比如，抗日战争结束后直到 20 世纪中期，黑龙江和乌苏里江主航道中心线中国一侧的江中岛屿持续由苏联边防军守卫，中国边民按照旧例前往这些岛屿捕鱼打柴便遭到苏联边防军的阻挠，甚至扣押送回。[②] 不止东段边界出现纠纷，两国西北段边界也不安宁。但这些摩擦并没有影响中苏围绕黑龙江进行合作。然而，从 60 年代开始，伴随着中苏关系的恶化，两国的边界摩擦不断升级，包括两国的东段界河地区和西段陆地地区，同时双方都致力于增强边界安全。从 1960 年到 1964 年 10 月，冲突日趋频繁，共发生了 2072 起，[③] 其中由苏方挑起的事件达 1674 起[④]。

2. 水电开发合作被迫中止

对黑龙江流域的联合考察从 1956 年开始，经过四年的调查研究，联合考察队取得了丰硕的成果，编写了约 100 万字的报告，制订了许多发展计划。其中一项规划方案是在黑龙江上游和中游修建梯级水利

[①] 刘志青：《恩怨历尽后的反思》，黄河出版社 1998 年版，第 451 页。
[②] 李丹慧：《同志加兄弟：1950 年代中苏边界关系——对中苏边界问题的历史考察（之一）》，《国际冷战史研究》2004 年第 1 期，第 80 页。
[③] 刘志青：《恩怨历尽后的反思》，黄河出版社 1998 年版，第 451 页。
[④] 沈志华编：《中苏关系史纲》，新华出版社 2007 年版，第 356 页。

工程，用以发电和防洪，①总容量超过250立方千米，面积6000平方千米。②此外，还设想开辟一条从黑龙江到日本海的航道，并修建一个水电站。③然而，在中俄关系恶化的背景下，双方于1956年开始的对黑龙江流域的联合考察被迫中止了，在未完成最终总结报告的情况下被迫结束了。与此同时，水文信息交换也被迫停止，对这一时期两国在黑龙江地区的防洪工作造成了很大的负面影响。

3. 边界谈判开启

边界争议问题不得不被摆上桌面，1964年2月，中苏开始就边界问题进行第一次谈判。双方在边界问题上有着严重的分歧。中方认为：必须肯定清政府与沙俄政府签订的边界条约是不平等的，但中方并不要求收回沙俄通过这些不平等条约侵占的中国领土，而是要以这些条约为基础与苏方解决边界问题；而苏方认为：这些条约是平等的，中苏边界根本不存在争议，中国此举是在向苏联提出领土要求。具体到黑龙江地区，苏联坚持认为对黑龙江和乌苏里江主航道中心线中国一侧的黑瞎子岛和珍宝岛拥有主权。④60年代之后中苏两党关系的恶化又为边界谈判蒙上了阴影，意识形态的分歧转化成国家利益的斗争，反映到边界就是摩擦不断升级。在这样的背景下，第一次边界谈判从2月持续到8月，双方共举行了8次全体会议，10余次团长会议，30多次顾问专家会议，⑤实际上，在这次边界谈判中，双方在东段边界线的绝大部分走向上达成了一致，同意以黑龙江、乌苏里江为界的地段，以两江主航道中心线为界，主航道中心线中国一侧的400多个争议岛屿和

---

① 计划在黑龙江上游修建Амазарский、Джалиндинский、Кузнецовский、Сухотинский和Благовещенский水电工程，用以发电和防洪；中游修建Хинганский水电站，用以发电。参见于Environmental Risks to Sino-Russian Transboundary Cooperation: from brown plans to a green strategy. WWF's Trade and Investment Programme Report, 2011, p.96.

② Gotvansky, V., "Preliminary study of the plans of dam building on Amur River", *Science and Nature in RFE*, 2005(1), 2005.

③ Sergei Vinogradov, Patricia Wouters. Sino-Russian Transboundary Waters: A Legal Perspective on Cooperation. Stockholm Paper. December 2013, pp.14-18.

④ 此段参考黄定天《中俄关系通史》，黑龙江人民出版社2007年版，第160页。

⑤ 转引自沈志华编《中苏关系史纲》，新华出版社2007年版，第357页。

约 600 平方千米争议水面划归中方，包括珍宝岛等岛屿，但黑瞎子岛的归属问题先搁置。①遗憾的是，第一次边界谈判最终以破裂告终。之后，苏联加紧在中苏边界地区增加军事力量。两国边界冲突也增多了，从 1964 年 10 月到 1969 年 3 月，发生中苏边界冲突事件多达 4189 起。②从 1967 年开始，苏军在黑龙江界河地区不断挑衅。1967 年和 1969 年，苏军多次强行干涉中方人员登吴八老岛生产和正常巡逻，殴打甚至火力射击中方人员，造成伤亡。③1969 年，为逐步在中苏边界前推实际控制线，苏军边防军多次派遣汽艇和飞机进入同江县八岔岛中方地区挑衅，枪击前去制止的当地民兵，强行登岛抢夺物资，武力胁迫中国边民退出此岛。④1970 年 9 月 8 日，中方两艘巡逻军艇沿黑龙江中游主航道下航，遇到苏方舰艇上航，中方 1 艘军艇被苏舰撞沉，艇上边防战士全部牺牲。⑤冲突事态最严重的是 1969 年发生的珍宝岛武装冲突事件。从 1968 年冬江面封冻后，苏军就屡次登上珍宝岛与中国边防军发生冲突，但仅限于棍棒殴斗。1969 年 3 月，苏军三次出动侵入珍宝岛，中国边防军予以坚决还击。⑥

珍宝岛冲突发生时中苏关系实际上是处于非常严重的对立和对抗状态，甚至引发了苏联对中国实施核打击的念头⑦。但两国领导人一方面把对方视为主要安全威胁，另一方面又希望局势能有所控制，避免珍宝岛的流血冲突扩大为全面战争，最终都采取了克制的态度。为此，根据两国总理 1969 年 9 月在北京首都国际机场会晤时达成的谅解精神，1969 年 10 月 20 日，双方重启边界问题谈判。这次谈判一谈就是十年，

---

① 转引自沈志华编《中苏关系史纲》，新华出版社 2007 年版，第 361 页。
② 刘志青：《恩怨历尽后的反思》，黄河出版社 1998 年版，第 452 页。
③ 黑龙江省地方志编纂委员会编：《黑龙江省志军事卷第六十六卷》，黑龙江人民出版社 1994 年版，第 179 页。吴八老岛位于黑龙江主航道中心线中方一侧，归中国漠河县管辖。
④ 黑龙江省地方志编纂委员会编：《黑龙江省志军事卷第六十六卷》，黑龙江人民出版社 1994 年版，第 180 页。
⑤ 黑龙江省地方志编纂委员会编：《黑龙江省志军事卷第六十六卷》，黑龙江人民出版社 1994 年版，第 180 页。
⑥ 刘志青：《恩怨历尽后的反思》，黄河出版社 1998 年版，第 456 页。
⑦ 张学昆：《中俄关系的演变与发展》，上海交通大学出版社 2013 年版，第 150 页。

直到1978年6月才告一段落。谈判没有能够解决任何一段边界问题，但双方在谈判中形成了一种谈判机制。在第二轮谈判中，中方仍然坚持认为沙俄政府与清政府签订的边界条约的不平等性质应当得到承认，还是愿意在这些条约基础之上确定边界走向。除此之外，中方认为双方军队应该从争议地区撤出，首先就维持边界现状的临时措施达成协议，然后再转入边界走向的谈判。苏方则改变了9月份两国总理会晤时的态度，拒绝讨论维持边界现状的临时措施协议和双方武装力量撤出争议地区的协定，而是直接谈判边界走向，并且仍然不承认两国边界存在争议地区。在双方依然分歧严重的情况下，在第二轮谈判中边界问题没有取得任何进展。[①]

值得一提的是，在中苏关系恶化的这段时期内，两国于1951年成立的中苏国境河流航行联合委员会仍然在持续运作。甚至是珍宝岛事件发生的1969年，中苏国境河流航行联合委员会仍然召开了第15次会议。中苏航联委召开的会议不仅是双方互相打探对方在边界河流地区动态的渠道，也维护着双方围绕界河进行合作的平台。

（三）合作稳定（20世纪80年代至21世纪初）

随着国际形势的演变，70年代末期，苏联的外交处境越来越孤立，中国也适时调整工作重点到经济建设上，中苏两国意识到对抗和紧张状态都不符合各自的国家利益，都有恢复双边正常关系的要求。20世纪80年代开始，中苏关系缓和，逐步实现关系正常化。双方不仅在航行和边界谈判领域继续开展合作，而且在水电开发和水情交换领域恢复了合作，还在渔业和环境保护领域开启了新合作。虽然经历了苏联解体的剧变，两国之间围绕黑龙江界河的合作却几乎未受影响，处于相对稳定状态。

1. 水电开发

随着中苏关系开始缓和，两国围绕界河水资源开发和利用的研究合作得以恢复。中苏于1986年10月23日签订了《中苏关于组建

[①] 参考张学昆编《中俄关系的演变与发展》，上海交通大学出版社2013年版，第226页。

中苏指导编制额尔古纳河和黑龙江界河段水资源综合利用规划委员会的协定》，双方在"平等互利、互不干涉内政和相互尊重主权"的基础上，开展规划"合理利用额尔古纳河和黑龙江界河段的水资源（发电、防洪、航运、用水等），以及保护上述河流水资源不受污染，以满足两国居民和国民经济发展的需要"。① 进行联合规划的目的仍然是研究两国界河在水电、防洪、渔业和供水领域的开发潜能。规划项目由中国松辽委员会和苏联水资源署水利工程研究院牵头。1986年至1999年，中俄（苏）双方开展了相关规划。经过联合考察和讨论之后，双方各自提出了黑龙江干流水电站建设方案。中俄的规划中有5座水电站的地址是相同的，分别是漠河/阿玛扎尔（Амазарский）、连崟/贾林德（Джалиндинский）、欧浦/托尔巴金（Толбазинский）、呼玛/库兹涅佐夫（Кузнецовский）和太平沟/兴安岭（Хинганский）；俄方反对中方规划中的黑河水电站，而俄方的规划中有诺沃沃斯克列先诺夫（Нововоскресеновский）水电站（见表4-1）。其中，漠河/阿玛扎尔（Амазарский）、连崟/贾林德（Джалиндинский）和太平沟/兴安岭（Хинганский）被选为第一阶段修建的大坝。② 黑龙江上游三个水电站和额尔古纳河三个水电站被推荐为第二阶段进行修建的考虑对象。③ 然而，由于双方在坝高、坝址、水库容量和规模、环境问题等方面未能达成一致，所以上述规划并没有全部得到通过，因此也没有得到实施，被搁置了。

---

① 中华人民共和国外交部条约法律司编：《中华人民共和国边界事务条约集》（中俄卷上），世界知识出版社2005年版，第86—90页。

② 参考 Eugene Simonov, Hydropower and water resource management in the Amur River basin, p.3；贾德香、白建华、梁芙翠：《中俄界河水电项目合作开发前景分析》，《能源技术经济》2010年第2期，第6页。此次规划中不仅包含黑龙江干流梯级水电站，还包括额尔古纳河梯级水电站，分别是和额尔古纳河上的室韦、腰板河、奇乾上坝三个坝段组成的梯级方案。

③ WWF России, En+Group. Комплексная Эколого-экономическая Оценка Развития Гидроэнергетики Бассейна Реки Амур, 2015,С.36. https://www.google.com.tw/url?sa=t&rct=j&q=&esrc=s&source=web&cd=1&cad=rja&uact=8&ved=0ahUKEwjtttqWhczSAhVBE5QKHSp1AiwQFggaMAA&url=https%3a%2f%2fwwf%2eru%2fdata%2famur%2fseo_amur%2epdf&usg=AFQjCNEVNwKits1wtAMCzHxBzdm7wVF7uQ.

表 4-1　　　　　　　　黑龙江干流梯级大坝规划一览

序号	大坝或水电站	功能	水库容量 千立方米	发电容量 兆瓦	年发电量 (10^6 千瓦时)
1	漠河/阿玛扎尔 （Амазарский）	发电	中方：31.2 俄方：23.55	中方：2000 俄方：1500	中方：5800 俄方：4900
2	连崟/贾林德 （Джалиндинский）	发电	中方：5.7 俄方：7.86	中方：1000 俄方：600	中方：3100 俄方：3000
3	欧浦/托尔巴金 （Толбазинский）	发电	中方：29.2 俄方：4.97	中方：1600 俄方：600	中方：5100 俄方：2450
4	呼玛/库兹涅佐夫 （Кузнецовский）	发电、引水	中方：0.33 俄方：3.58	中方：300 俄方：500	中方：1000 俄方：2200
5	中方：黑河	发电、灌溉、引水	14.5	1400	4100
	俄方：诺沃沃斯克列先诺夫 （Нововоскресеновский）	发电	0.35	200	950
6	太平沟/兴安岭 （Хинганский）	发电、供水、防洪、灌溉	中方：0.5 俄方：0	中方：1800 俄方：1200	中方：7100 俄方：5800

资料来源：Simonov, E., Dahmer, T., *Amur-Heilong River basin reader*, Hong Kong: Ecosystems Ltd., 2008, p.195.

2. 边界划定

在中苏关系改善的推动下，1987年2月第三轮边界谈判开启。这次边界谈判注定要比前两次顺利，因为在此之前，苏共领导人戈尔巴乔夫就表示两国可以按照主航道原则划界。也就是说，这次边界谈判是在苏联改变了立场、承认两国存在边界争议地区的基础上进行的。这一点是中方一直坚持的边界谈判原则，所以苏方立场的这一转变为这次谈判奠定了良好的基础。同时，中苏在各领域合作的恢复也为边界谈判提供了良好的氛围。1991年5月，两国签订了《中苏国界东段协定》，这是双方多年艰辛谈判的阶段性成果。该协定确定了中苏东段边界的绝大部分的走向，并规定"通航河流沿主航道中心线行，非通航河流沿河流中心线或主流中心线行"。[①] 这一协定是在搁置了黑瞎子岛和阿巴该图洲渚的归属权的基础上达成的。

---

① 中华人民共和国外交部条约法律司编：《中华人民共和国边界事务条约集》（中俄卷上），世界知识出版社2005年版，第129页。

紧接着，1991年12月，苏联解体。虽然与中国签订《中苏国界东段协定》的主体苏联不存在了，但这并没有影响到中国与苏联继承者俄罗斯联邦围绕边界继续进行合作。1992年2月，俄罗斯议会和中国人大都批准了《中俄东段边界协定》。1999年12月，中俄两国政府签署了《关于对界河中个别岛屿及其附近水域进行共同经济利用的协定》，首次明确了界河上2444座岛屿和浅滩的归属[1]，其中不包括《中苏国界东段协定》遗留未定的黑瞎子岛和阿巴该图洲渚的归属权。

2004年10月14日，两国签订了《中俄国界东段补充协定》，划定了阿巴该图洲渚和黑瞎子岛的归属权，即大致"平分"给中俄两国。至此，历经300多年的边界问题得到彻底解决，这一互谅互让的双赢办法[2]为中俄两国围绕黑龙江界河已经开展的多领域合作继续稳步前行奠定了必要的基础。

3. 渔业

1988年10月4日，中苏签订了《中苏渔业合作协定》。根据协定，为了"保护、合理利用和管理太平洋北部和界河、界湖生物资源"，双方在"渔业经济技术和科学技术方面进行合作"，[3]包括界河、界湖渔业资源的捕捞、增殖、保护和水产品加工与贸易等。协定明确双方"根据国际法和各国内法在其捕鱼管辖海域内拥有对海洋生物资源进行调查、研究、保护和管理的主权权利"，在"水产养殖""修船及造船""渔具和渔法"及"海产品的加工技术"等方面进行合作。中苏双方成立了渔业合作混合委员会，实施两国签订的渔业合作协定，每年召开一次会议。苏联解体之后，中苏双方在渔业方面的合作得到延续。中苏渔业混合委员会更名为中俄渔业混合委员会，仍然负责两国渔业合作协定的实施。1994年，两国签订《中俄关于黑龙江、乌苏里江边境水域合作开展渔业资源保护、调整和增殖的议定书》和附件《黑龙江、

---

[1] 张宗海：《中俄边界沿革史研究》，《中国边疆史地研究》2001年第4期，第27页。
[2] 姜长斌：《中俄国界东段的演变》，中央文献出版社2007年版，第353页。
[3] 中华人民共和国外交部条约法律司编：《中华人民共和国边界事务条约集》（中俄卷上），世界知识出版社2005年版，第96—100页。

乌苏里江边境水域渔业资源保护、调整和增殖的规定》，规定中列举了在黑龙江、乌苏里江边境水域进行保护的25种鱼类（鳇鱼、鲟鱼、哲罗鱼、鲢鱼、鳙鱼等）、2种水生动物（中华绒螯蟹、螯虾）和3种水生植物（睡莲、菱角等）；明确了主要水生动、植物可采捕的最低标准（比如鳇鱼200cm、鲟鱼100cm），捕捞长度测定办法（比如中华绒螯蟹以蟹壳最大直径部分计算5cm），并且设定了适用于全鱼类的禁渔期（6月11日—7月15日和10月1日—10月20日）和常年禁渔区。[①]

4. 航行

中俄继承了苏联时期的两国国境河流航行规则并对其进行修订，双方从1993年实施新的《中俄国境河流航行规则》。现在中俄使用的版本是2009年通过，2011年4月1日实施的《中俄过境河流航行规则》（以下简称《界规2009》）。《界规2009》对1993年《中俄国境河流航行规则》进行修订，是适应两国发展变化的结果。《界规2009》新增加了关于气垫船航行和船舶拖带排筏的安全管理规定，填补了安全管理方面的空白；补充了高速船管理、避碰规则、水上人命救助等内容，与国际现行航行公约接轨；提出了船舶通过跨河建筑物的最低标准要求，适应界河河流开发利用活动增多的趋势。[②]《界规2009》是目前有效规范中俄界河涉航事务的唯一航行规则。

中苏时期，黑龙江界河航运合作以航道便利和边贸运输为主要目标。但是，因为这一时期，中苏关系经历了蜜月—破裂—缓和的波动，再加上两国国内经济的影响，黑龙江航运一度低迷。苏联解体后，中俄在已经形成的航运合作基础上，致力于开辟出海水运通道。1992年，中俄签订《关于黑龙江和松花江利用中俄船舶组织外贸运输的协议》，为了保证双方在黑龙江和松花江的外贸货物运输，中俄彼此为对方开

[①] 《中俄关于黑龙江、乌苏里江边境水域合作开展渔业资源保护、调整和增殖的议定书》和附件《黑龙江、乌苏里江边境水域渔业资源保护、调整和增殖的规定》的文本内容参考《黑龙江水产》1994年第3期，第1—3页。

[②] 何铁华：《新修订的〈中俄国境河流航行规则〉特点分析》，《中国海事》2010年第3期，第24—25页。

放一些境内港口。[1] 由此，该协议结束了我国黑龙江船舶多年不能出江入海的历史。由此一来我国东北地区的货物可通过船只经黑龙江下游出口，增加了一条水运通道。为了进一步完善和规范中国船只经黑龙江下游出海事项，之后中俄双方于1994年签订了《中俄关于船只从乌苏里江（乌苏里河）经哈巴罗夫斯克城下至黑龙江（阿穆尔河）往返航行的议定书》，确认"各类船只、包括军用船只，均可从乌苏里江（乌苏里河）经哈巴罗夫斯克城下至黑龙江（阿穆尔河）无障碍地往返航行"[2]。1998年，两国又签订了《中俄关于中国船舶经黑龙江俄罗斯河段从事中国沿海港口和内河港口之间货物运输的议定书》。

1993年，中俄制定《中俄国境河流航标管理规则》，明确界河航道中心线两侧航标的设置问题，一改以往江中岛屿航标均由俄方管设的局面，而是由双方分别对主航道中心线各自一侧的航标进行设置和管理。

5. 环境保护

1994年，中俄签署《中俄环境保护合作协定》，正式开启了双边环保合作进程。对于边界水质的保护在同年签署的《中俄关于中俄国界管理制度的协定》中也有所规定，"双方应采取措施保持边界水清洁，防止人为污染"[3]。同年，中俄还签订了《中俄关于在黑龙江界河和乌苏里江水生资源保护、利用和再生产领域的合作协定》。从1997年开始，环保合作的议题相继纳入中俄两国高层会晤机制中，《中俄联合声明》《中俄睦邻友好合作条约》及《中俄总理定期会晤联合公报》中都将环保合作作为重要内容。[4]

---

[1] 中华人民共和国外交部条约法律司编：《中华人民共和国边界事务条约集》（中俄卷上），世界知识出版社2005年版，第155页。根据协议，中方为俄方船舶开放中国黑河、奇克、同江、富锦、佳木斯、哈尔滨港口；俄方为中方船舶开放俄国布拉戈维申斯克、波亚尔科沃、下列宁斯阔耶、哈巴罗夫斯克、共青城、马戈港口。

[2] 中华人民共和国外交部条约法律司编：《中华人民共和国边界事务条约集》（中俄卷上），世界知识出版社2005年版，第302页。

[3] 中华人民共和国外交部条约法律司编：《中华人民共和国边界事务条约集》（中俄卷上），世界知识出版社2005年版，第217页。

[4] 《周生贤出席中俄总理定期会晤委员会环保合作分委会第一次会议提出建立中俄环保合作长效机制开展环保分委会工作三建议》，《中国环境报》，http://www.gdep.gov.cn/news/hbxw/201010/t20101008_110780.html。

6. 防洪

黑龙江流域洪水频发，历史上曾出现过多次较大和特大洪水，对沿岸中俄两侧均造成严重损失。受两国关系恶化的影响，中苏之间的水文信息交换在60年代被迫停止，对于这一时期两国在黑龙江地区的防洪工作造成了很大的负面影响。80年代中期，黑龙江苏联一侧和中国一侧都发生了严重的洪涝灾害，双方都有意向恢复水文数据交换。1986年3月，中苏签订了《关于互换黑龙江流域水文情报和预报的备忘录》，开始了水文情报合作，互相交换在黑龙江设立的14个水文测量站的水位信息、降雨量等。[①]1990年，俄罗斯远东水文气象局和黑龙江省的专家召开会议，共同讨论了水文预报。

（四）合作深化（2005年至今）

2005年以来，中俄围绕黑龙江界河的合作呈现出明显的现象，跨界水污染治理和环境保护合作获得了快速实质性地提升，成为中俄涉水互动的重中之重。松花江水污染事件在一定程度上起到了推动作用，值得深入分析。下面将以2005年的松花江水污染事件为例分析中俄围绕黑龙江水污染治理和环境保护合作的进展。

2005年11月13日，中石油吉林石化分公司双苯厂硝基苯精馏塔发生爆炸，约100吨苯类有毒化学物质流入松花江，造成重大水污染事件。污染物随江水流入黑龙江，进入俄罗斯境内。松花江和黑龙江为沿岸地区提供重要的工、农业和生活用水，水污染的发生使沿岸数百万居民的生产生活受到严重影响。这次事件造成60人受伤、8人死亡，哈尔滨市为此停水4天，直接经济损失约7000万元。[②]黑龙江下游的俄罗斯哈巴罗夫斯克边疆区70%的生活用水和饮用水来自黑龙江，因受水污染的

---

① WWF России, En+Group. Комплексная Эколого-экономическая Оценка Развития Гидроэнергетики Бассейна Реки Амур, 2015,C.28. https://www.google.com.tw/url?sa=t&rct=j&q=&esrc=s&source=web&cd=1&cad=rja&uact=8&ved=0ahUKEwjtttqWhczSAhVBE5QKHSp1AiwQFggaMAA&url=https%3a%2f%2fwwwf%2eru%2fdata%2famur%2fseo_amur%2epdf&usg=AFQjCNEVNwKits1wtAMCzHxBzdm7wVF7uQ.

② 参考《国务院对吉化爆炸事故及松花江水污染事件作处理》，中央政府门户网站，http://www.gov.cn/jrzg/2006-11/24/content_452610.htm。

影响，哈巴罗夫斯克边疆区政府一度宣布进入紧急状态。[①]

1. 中方的迅速反应和处理

（1）及时与俄方沟通

松花江水污染事件发生后，中国方面迅速反应。11月22日，在污染带进入俄罗斯境内之前便通知了俄罗斯政府关于松花江发生污染事故的消息。中国政府本着负责任的态度主动积极同俄罗斯有关部门进行会谈，随时将最新的情况通报给俄方，以便对方采取有效的应对措施。同时，中国政府表示会尽全力将污染物对黑龙江造成的危害降到最低。[②] 远东地区水文气象和环境局局长加夫里洛夫说："两国在处理松花江水污染方面做到了及时沟通信息。中方提供的有关污染带推进情况的详实信息，对俄有关城市有效应对污染带发挥了关键作用。"[③] 除此之外，中方还及时向国际社会，比如联合国环境规划署等国际组织，通报污染事件的最新进展。

（2）政府高层重视

11月26日，外交部长李肇星约见俄罗斯驻华大使拉佐夫，表示了对此次突发事件的高度关切，并向俄方通报了事件造成的松花江水质污染的相关情况和中国政府采取的措施。12月4日，国务院总理温家宝致信俄罗斯总理弗拉德科夫，表达了中国政府负责任的态度，强调愿意与俄罗斯加强合作以消除事件造成的负面影响。

（3）紧急技术处理

松花江水污染事件发生后，为了快速有效减轻的负面影响，加速污染物稀释，降低污染物浓度，中国采取了加大上游水库下泄流量的措施，具体涉及的是第二松花江的丰满水库和嫩江尼尔基水库。这样处理的结果是，12月22日，松花江污染带前锋抵达哈巴罗夫斯克市，哈巴罗夫斯克附近水域硝基苯浓度未超过可允许标准的12%，城市自

---

① 蔺雪春：《东北亚区域环境合作机制亟待加强》，《社会观察》2007年第1期，第41页。

② В российских городах, расположенных в пойме Амура, введут чрезвычайное положение. Известия. 24 ноября 2005.

③ 《为除松花江污染共同努力 俄官员高度评价俄中合作》，《人民日报》2005年12月26日第3版。

来水水质符合规定的卫生标准,也就是说松花江污染未对哈巴罗夫斯克居民生活造成影响。① 污染事故发生之后,黑龙江的水质恢复的相当迅速。② 中方在事故发生后紧急技术处理的效果得到了俄方的肯定。③

(4)对俄罗斯援助赔偿

事件发生之后,中国政府即刻筹备援助俄罗斯的人力和物资。12月2日,一批中国专家和援助物资抵达俄罗斯哈巴罗夫斯克市。中国专家安装调试援助的6台液体色谱仪,并对俄方相关技术人士进行培训,用以帮助哈巴罗夫斯克市快速有效获得水样检测结果。之后,中国又多次向俄罗斯运送了活性炭等援助物资。俄罗斯哈巴罗夫斯克边疆区政府副主席波切列温表示,中国的援助对俄罗斯有效应对松花江污染发挥了重要作用。④

2. 突发事件暴露出的问题

(1)界河黑龙江水污染问题由来已久

事实上,在黑龙江流域早就存在着水污染现象。根据俄罗斯专家多年的监测数据,从1996年起,黑龙江界河污染情况就开始严重。⑤ 黑龙江干流绝大部分水质较好,但是在个别干流城市江段或流经城市的支流江段等处水质恶化。⑥ 我国一侧污染较为严重的就是松花江

---

① 《松花江污染未对哈巴罗夫斯克居民生活造成影响》,人民网,http:/env.people.com.cn/GB/1073/3979219.html。

② Воронов, Б.А., Махинов, А.Н. Современное состояние водных ресурсов Дальнего Востока и их антропогенное преобразование. Мат. Всерос. науч. конф. «100-летие Камчатской экспедиции Рус. геогр. обш-ва 1908-1910 гг.» Петропавловск-Камчатский: ИВиС ДВО РАН, 2009, С.44.

③ 中国大坝具有高效管理水资源以缓解各种突发环境状况造成的负面影响的能力,在应对此次事故中发挥了重要的作用。Воронов Б.А., Махинов А.Н. Современное состояние водных ресурсов Дальнего Востока и их антропогенное преобразование. Мат. Всерос. науч. конф. «100-летие Камчатской экспедиции Рус. геогр. обш-ва 1908-1910 гг.» Петропавловск-Камчатский: ИВиС ДВО РАН, 2009, С.43.

④ 参考徐立凡《松花江污染善后 验证中俄关系成熟性》,《华夏时报》2005年12月28日第A02版。

⑤ 滕仁:《中俄在边界水体水资源安全方面的合作》,黑龙江大学硕士学位论文,2007年6月,第23页。

⑥ 田鹏、田坤、李靖、张广军:《黑龙江流域生态功能区划研究》,《西北林学院学报》2007年第2期,第190页。

流域。

　　20世纪下半叶，作为全国的工、农业重地，黑龙江中国一侧的东北地区致力于工、农业发展。受发展理念的限制，再加上工、农业生产方式落后以及基础设施不完善，工、农业活动造成大量未经处理的污水和废水排入松花江严重污染水质。以2000—2004年松辽流域主要河流全年期水质评价为例，从《松辽流域水资源公报》可以看出，在2005年松花江水污染事件发生之前，松辽流域水质污染比较严重，Ⅰ、Ⅱ类水质河长占总评价河长的比例平均为10.48%，Ⅲ类水质河长所占比例平均为27%。换句话说，达到生活用水标准的河长还不到总河长的1/3（见表4-2）。① 与此同时，俄罗斯一侧也存在着类似的问题。俄罗斯研究者表明，俄每年排放至黑龙江流域的污水大部分没有得到适当处理，尽管俄罗斯的农业发展水平低，却造成了大量的污染。②

表4-2　　　　　松辽流域主要河流全年期水质评价一览　　　　单位：%

年份	Ⅰ、Ⅱ类水质河长占总评价河长的比例	Ⅲ类水质河长占总评价河长的比例	Ⅳ类以上水质河长占总评价河长的比例
2000	8.9	23.3	67.0
2001	11.5	22.7	62.7
2002	10	34	56
2003	10	30	60
2004	12	25	63

资料来源：《松辽流域水资源公报》2000年至2004年。

---

　　① 依照《地表水环境质量标准》（GB 3838-2002）中规定，地面水使用目的和保护目标，我国地面水分五大类：Ⅰ类主要适用于源头水，国家自然保护区；Ⅱ类主要适用于集中式生活饮用水、地表水源地一级保护区，珍稀水生生物栖息地，鱼虾类产卵场，仔稚幼鱼的索饵场等；Ⅲ类主要适用于集中式生活饮用水、地表水源地二级保护区，鱼虾类越冬、洄游通道，水产养殖区等渔业水域及游泳区；Ⅳ类主要适用于一般工业用水区及人体非直接接触的娱乐用水区；Ⅴ类主要适用于农业用水区及一般景观要求水域。Ⅰ、Ⅱ、Ⅲ类属于生活用水。

　　② Darman, Yury, Andrey Dikarev, Vladimir Karakin, Natalya Lomakina, Nina Pusenkova, and Evgeny Shvarts. Environmental Risks to Sino-Russian Transboundary Cooperation: From Brown Plans to a Green Strategy. WWF's Trade and Investment Programme Report, 2011, p.91.

（2）21世纪初在黑龙江水污染方面中俄合作程度低

中俄两国1994年签署的《中俄环境保护合作协定》中规定，双方在水资源综合利用和水体保护，包括"边境河流""自然生态环境及生物多样性保护，包括边界地区的共同自然保护区的建设和管理""环境监测、评价及预报""环境影响评价""交换有关环境保护的研究、技术、产业、政策及法律法规等方面的信息和资料"等方面进行合作。① 协定为双方提供了黑龙江水资源保护的宏观合作框架，并没有明细水资源保护的具体内容，未涉及水质监测和水污染防治。中俄在跨界水监测数据方面共享不足，单独一方的数据难以对水质的跨境影响进行定量和定性估量。对黑龙江水质的合作起步较晚，且仅限于地方层面。直到2003年，中国黑龙江省和俄罗斯哈巴罗夫斯克环保部分才组织开展了地方层面的合作，对黑龙江和乌苏里江3个断面进行跨界水体水质联合监测。② 2004年，黑龙江省环保局与俄罗斯哈巴罗夫斯克边疆区和犹太自治州有关部门商定，在2005—2006年开展界河联合监测，建立定期会晤机制。③ 除此之外，中俄双方在处理涉水紧急突发事件方面合作不足。所以，《中俄环境保护合作协定》和中俄地方层面的水质保护合作未能防止2005年跨界水污染突发事件的发生，也未在事件发生之后给双方提供具体的问题解决办法和程序。但这份协定为双方进行外交对话和协商应对提供了一定的依据和基础。事实证明2005年跨界水污染事件的处理首先主要依赖的是外交手段。

3. 突发事件推动黑龙江水污染治理和环境保护合作

（1）建立跨界水体水质联合监测机制

松花江水污染事件的发生，直接促成了中俄双方在跨界河流环境保护方面合作的实质性快速进展。进展最明显的是跨界水体水质联合监测。早在1998年，中俄两国边境地方政府就成立了联合工作小组，

---

① 详见《中俄环境保护合作协定》(1994)。
② 《让环保合作成为中俄战略协作的典范》，http://www.antpedia.com/news/27/n-321027.html。
③ 《中俄环保合作历程巡礼：合作不断提升 发展迅速》，新华网，http://news.xinhuanet.com/environment/2006-10/09/content_5179068.htm。

建立了两江（黑龙江、乌苏里江）生态资源、渔业和环境保护方面合作的沟通渠道。2002年，中国黑龙江省和俄罗斯哈巴罗夫斯克边疆区、犹太自治州环保部门已经达成协议，开始对黑龙江开展联合水体水质监测。2005年的松花江水污染事件使跨界水体水质联合监测这一行为从地方层面上升到国家层面。事件发生之后，中俄两国环保部门迅速建立起了热线联系，中方还邀请俄罗斯专家赴哈尔滨考察。2005年12月11日，中俄双方签署了共同对阿穆尔河（黑龙江）水质进行监测的纲要。2006年2月21日，中国国家环境保护总局与俄罗斯联邦自然资源部于北京签署了《关于中俄两国跨界水体水质联合监测的谅解备忘录》。5月31日，双方签署了共同制定的《中俄跨界水体水质联合监测计划》。联合监测的工作由中俄跨界水体水质联合监测协调委员会来落实，从2007年开始了为期4年的监测工作。该计划确定了双方进行联合监测的对象包括5个跨界地表水体的9个断面，联合监测内容包括水质监测（40项）和底泥监测（5项），监测频次为2—3次每年，监测任务由中俄相关环境监测中心承担完成，同时双方在同步监测及检验的基础上进行数据交换及评价。关于联合监测断面、内容、项目、承担单位、频次、时间的详细信息见表4-3、表4-4、表4-5。《中俄跨界水体水质联合监测计划》及联合监测协调委员会的成立，为两国建设跨界水体水质联合监测机制奠定了重要的基础。

表4-3　中俄跨界水体水质联合监测断面、承担单位、频次、时间信息一览

跨界地表水体名称		黑龙江	乌苏里江	兴凯湖	绥芬河	额尔古纳河
断面名称		黑河下 名山 同江东港	乌苏镇	龙王庙	三岔口	嘎洛托 黑山头 室韦
承担单位	中方	黑龙江省环境监测中心站	黑龙江省环境监测中心站	鸡西市环境监测站	牡丹江市环境监测站	呼伦贝尔市环境监测站
	俄方	远东跨地区水文气象及环境监测局	远东跨地区水文气象及环境监测局	滨海边疆区水文气象及环境监测站	滨海边疆区水文气象及环境监测局	后贝加尔水文气象及环境监测局

续表

跨界地表水体名称	黑龙江	乌苏里江	兴凯湖	绥芬河	额尔古纳河
监测频次和时间	3次/年 每年2—3月、6月和8—9月	3次/年 每年2—3月、6月和8—9月	2次/年 每年2—3月和8—9月	2次/年 每年2—3月和8—9月	3次/年 每年2—3月、6月和8—9月

资料来源：《中俄跨界水体水质联合监测计划》。

表4-4　中俄跨界水体水质监测项目一览

序号	项目	序号	项目	序号	项目
1	流量	15	汞	29	2,4-T
2	水温	16	镉	30	林丹
3	pH	17	六价铬	31	苯*
4	溶解氧	18	铅	32	甲苯*
5	高锰酸盐指数	19	挥发酚	33	乙苯*
6	化学需氧量	20	石油类	34	二甲苯*
7	五日生化需氧量	21	阴离子表面活性剂	35	异丙苯*
8	氨氮	22	氯化物	36	氯苯*
9	总磷	23	铁	37	三氯苯*
10	硝酸盐氮	24	锰	38	六氯苯*
11	铜	25	2,4-二氯酚	39	硝基苯*
12	锌	26	三氯酚	40	氯仿*
13	硒	27	DDT		
14	砷	28	DDE		

资料来源：《中俄跨界水体水质联合监测计划》。

表4-5　中俄跨界水体底泥监测采样点位、承担单位、频次、时间信息、项目一览

跨界地表水体名称		黑龙江	乌苏里江	绥芬河	额尔古纳河
断面名称		黑河下 同江东港	乌苏镇	三岔口	黑山头
承担单位	中方	黑龙江省环境监测中心站	黑龙江省环境监测中心站	牡丹江市环境监测站	呼伦贝尔市环境监测站
	俄方	远东跨地区水文气象及环境监测局	远东跨地区水文气象及环境监测局	滨海边疆区水文气象及环境监测局	后贝加尔水文气象及环境监测局

续表

跨界地表水体名称	黑龙江	乌苏里江	绥芬河	额尔古纳河
监测频次和时间	1次/年 每年6月	1次/年 每年6月	1次/年 每年8—9月	1次/年 每年6月
监测项目	砷、汞、镉、六价铬、铅			

资料来源：《中俄跨界水体水质联合监测计划》

（2）成立中俄环保合作的长效机制

松花江突发事件提高了双方对跨界水污染和跨界环境保护的重视程度。为了更有效地落实中俄之间达成的关于保护黑龙江跨界水质和自然环境的合作协议，双方于2006年在既有的中俄总理定期会晤委员会框架之下成立了中俄环保合作的长效机制——环保合作分委会。这标志着中俄环保合作进入了一个崭新的阶段。[1] 基于双方共同商定的优先合作领域，环保合作分委会在第一次例会上商定，在分委会之下成立污染防治和环境灾害应急联络、跨界水体水质监测与保护、跨界自然保护区和生物多样性保护三个工作组。[2] 也就是说，中俄两国不仅仅强调跨界水体保护，还充实环保合作内容，加强对环境灾害应急联络和跨界自然保护区的重视程度。

（3）建立跨界突发环境事件通报和信息交换机制

松花江突发事件在跨界突发事件方面为中俄两国都敲响了警钟。1994年签订的《中俄环境保护合作协定》中未提到跨界突发事件通报和信息交换问题，双方也没有建立相关协调机制。虽然当时中俄之间进行着水文情报交换的合作，但交换的内容并不完善。松花江突发事件是对中俄两国应对跨界突发环境状况的考验，所幸双方协同合作妥善处理了突发危机。为了解决这一问题，做好应对突发事件的准备，2008年中国环境保护部副部长和俄罗斯自然资源与生态部副部长签署

---

[1] 《周生贤出席中俄总理定期会晤委员会环保合作分委会第一次会议提出建立中俄环保合作长效机制开展环保分委会工作三建议》，http://www.gdep.gov.cn/news/hbxw/201010/t20101008_110780.html。

[2] 刘宁：《周生贤出席中俄总理定期会晤委员会环保合作分委会第一次会议》，《中国环境报》2006年9月13日第001版。

了《中俄关于建立跨界突发环境事件通报和信息交换机制的备忘录》。这是两国环保领域合作所取得的新成果，将有助于双方及时高效地应对跨界突发环境事件，同时增强互信、避免因信息不畅所造成的误会。

（4）促进中俄合理利用和保护跨界水合作

跨界水污染问题的凸显在一定程度上促成了2008年《中俄关于合理利用和保护跨界水的协定》的签署。在这份协定中，防止跨界水污染是重要内容之一，具体体现在"预防和减少由于污染物的排放而导致的对跨界水的跨界影响""对有关信息进行交换""对跨界水进行监测""定期获取有关跨界水水质状况的信息""采取联合行动利用和保护跨界水""采取联合水源保护措施""制定统一的跨界水水质标准"等。这份协定是中俄在跨界水合作方面的标志性成果，具有重要意义，被俄罗斯自然资源部称为一项历史性协议①。然而遗憾的是，这仍然是一份简化的综合性协定，并不是针对环境污染的专门详细的协定。

（5）促进跨界自然保护区网络建设

环境与生物组成统一的生态系统整体，其中各要素之间相互影响。黑龙江界河不仅连接着中俄的领土，更是将两国的生态系统联系起来。这决定了在对黑龙江跨界水体进行保护的同时，不能忽略对与之密切相关的生物的保护。中国黑龙江省的三江国家自然保护区从2001年开始先后与俄罗斯大赫黑契尔（Большехехцирский природный заповедник，哈巴罗夫斯克边疆区）、巴斯达克（Бастак природный заповедник，犹太自治州）、百隆斯基（Болонский природный заповедник，哈巴罗夫斯克边疆区）国家自然保护区签订了"共同联合保护乌苏里江、黑龙江流域自然环境合作协议"，建立国际联合保护区，面积14万平方千米，保护动物400余种、植物1000余种；黑龙江省的八岔岛、洪河国家级自然保护区分别与俄罗斯的巴斯达克、兴安斯基（Хинганский природный заповедник，阿穆尔州）国家自然保护区签订了双边合作协议。2009年，中俄制定了《黑龙江流域跨界自

---

① 《俄中签署跨国水域合作协议共同维护界河生态》，http://sputniknews.cn/russia_china_relations/20080129/42030228.html。

然保护区网络建设方案》。目前，中俄两国已经在边界地区建立起了面积达339万公顷的跨界自然保护区，其中在黑龙江流域建立了41个自然保护区（包含国家级保护区9个）。2011年6月2日，中俄总理定期会晤委员会环境保护合作分委会第六次会议批准了《中俄黑龙江流域自然保护区网络建设战略》。该战略的重要内容是保护黑龙江两侧的湿地。2016年，中俄召开构建黑龙江流域跨境保护区合作会议，并签署了《关于自然环境与自然资源保护和研究的跨境合作协议》，其中涉及黑龙江、乌苏里江流域的26处自然保护区和非边境地区的2处自然保护区（见表4-6），总面积达20179.15平方千米，围绕东北虎、东北豹、生态旅游等9个方向，开展共同研究和保护合作。[①]

表4-6　中俄《关于自然环境与自然资源保护和研究的跨境合作协议》包含的自然保护区一览

保护区名称	面积（公顷）	省份	栖息地种类	保护对象
中国				
三江保护区	198089	黑龙江	内陆湿地	东方白鹳
八岔岛保护区	32014	黑龙江	内陆湿地	淡水生态系统
太平沟保护区	22199	黑龙江	森林生态系统	熊
挠力河保护区	160595.4	黑龙江	内陆湿地	湿地
珍宝岛保护区	44364	黑龙江	内陆湿地	河流、岛状林
兴凯湖保护区	222488	黑龙江	内陆湿地	东方白鹳、丹顶鹤
凤凰山保护区	26570	黑龙江	森林生态系统	东北虎、野生动植物
乌青山保护区	18002	黑龙江	森林生态系统	东北虎、豹
盘古河保护区	40783	黑龙江	内陆湿地	湿地
茅兰沟保护区	35868	黑龙江	森林生态系统	东北虎、丹顶鹤
绥滨双河湿地保护区	56962	黑龙江	内陆湿地	鸭科
干岔子保护区	26615	黑龙江	内陆湿地	湿地
黑瞎子岛保护区	12417	黑龙江	内陆湿地	湿地
大佳河保护区	71932	黑龙江	内陆湿地	东北虎、丹顶鹤

---

① WWF网站，http://www.wwfchina.org/pressdetail.php?id=1704。

续表

保护区名称	面积（公顷）	省份	栖息地种类	保护对象
七星河湿地保护区	20000	黑龙江	内陆湿地	丹顶鹤、湿地
南瓮河保护区	228325	黑龙江	森林与湿地生态系统	湿地、岛状林、野生动植物
俄罗斯				
上阿穆尔	50700	阿穆尔州	北方森林	有蹄类哺乳动物
托尔布津	80100	阿穆尔州	北方森林	有蹄类哺乳动物
西莫诺夫	77800	阿穆尔州	北方森林	有蹄类哺乳动物
穆拉维约夫	34000	阿穆尔州	淡水生态系统	东方白鹳、鹤科鸟类、水禽
阿穆尔	36800	阿穆尔州	淡水生态系统	东方白鹳、鹤科鸟类、水禽
加努康	64000	阿穆尔州	淡水生态系统	东方白鹳、鹤科鸟类、水禽
兴刚	124098	阿穆尔州	淡水生态系统、温带森林	东方白鹳、鹤科鸟类、有蹄类哺乳动物、东北虎
巴斯达克	35323	犹太自治州	淡水生态系统	东方白鹳、鹤科鸟类、水禽
大赫黑契尔	56139	哈巴罗夫斯克边疆区	温带森林	东北虎、有蹄类哺乳动物
谢赫茨尔	56000	哈巴罗夫斯克边疆区	温带森林	东北虎、有蹄类哺乳动物
兴凯湖	113032	滨海边疆区	淡水生态系统	鹤科鸟类、水禽、中华鳖
乌苏里江中游	72700	滨海边疆区	温带森林、淡水生态系统	东北虎、东方白鹳

资料来源：《中俄黑龙江流域跨境保护区合作协议签订 成立工作小组促进共同保护及研究》，WWF中国网站，http://www.wwfchina.org/pressdetail.php?id=1704。

二 界河黑龙江是中俄合作平台

中俄两国围绕黑龙江界河开展了多领域的合作，逐步形成了复合型合作机制，即由几个内容不同、职能不同、层面不同的合作机制构成。① 中俄围绕黑龙江界河的涉水合作机制以协定或协议等法律文件为基础，有联合组织作保障。

（一）涉水法律文件为合作提供依据

中俄围绕黑龙江界河形成的合作是以两国签订的涉水协定、协议或规则为法律依据。从中华人民共和国成立至今，中国与俄罗斯（苏联）围绕黑龙江界河签订了多项覆盖多个领域的涉水协定和协议，明确了界河相关方面的管理、保护及纠纷解决原则和机制，为双方进行合作提供了坚实的法律基础。中俄涉黑龙江合作主要以双边协定为主，内容包含四个方面：划界、黑龙江水面及水面上方利用（划界、航行、界桥）、黑龙江水体利用（渔业、水电开发）、人类对黑龙江水体利用产生的影响（环境保护）。主要相关法律文件见表4-7。②

中俄围绕黑龙江的涉水合作遵循着可持续发展、公平发展和不损害原则，从两国签订的涉水协定内容就可以看出。比如，2001年的《中俄睦邻友好合作条约》第19条中规定：双方将"预防跨界污染，公平合理利用边境水体"，"预防两国发生的自然灾害和由技术原因造成的重大事故"等；2008年的《中俄关于合理利用和保护跨界水的协定》明确规定：双方在"考虑经济、社会、人口等因素的基础上公平合理利用和保护跨界水"和"在利用和保护跨界水方面"开展合作，"预防和减少由于污染物的排放而导致的对跨界水的跨界影响"等。

中俄在进行涉水合作时所遵循的原则与中国国内相关法律相一致。2002年出台的《中华人民共和国水法》第1条规定，对于水资源的开

---

① Sergei Vinogradov, Patricia Wouters, "Sino-Russian Transboundary Waters: A Legal Perspective on Cooperation", Stockholm paper, Institute for Security and Development Policy, 2013, p.45.

② 此处条约内容所包含的三个方面是借鉴王志坚所著《国际河流法》中关于国际河流客体具体内容的分类方法，较全面地反映出了跨界水－人类活动－生态环境之间的互动关系，人类活动通过利用跨界水对生态环境造成一定的影响，反过来，对生态环境的影响又会对跨界水产生一定的影响。与此同时，笔者对《国际河流法》中关于国际河流客体具体内容的三种分类方法进行了调整，把"黑龙江水面上方的利用"也包括在内，因为考虑到中俄之间修建跨黑龙江大桥，这是中俄关系、中俄跨界水合作发展的重要内容之一，不可忽略。

发和利用要"合理""节约"和"保护",实现"可持续利用";为了实现水资源可持续利用,《水法》第14条规定,应"按照流域、区域统一制定规划";2008年的《中华人民共和国水污染防治法》第1条规定,水污染防治是为了促进"经济社会全面协调可持续发展"。

中俄在进行涉水合作时所遵循的原则也符合国际水法的基本原则。关于跨国水资源的国际法律文件以水条约为主,具有普遍借鉴意义的是全球性水条约《国际水道非航行使用法公约》,中俄均没有加入。1997年联合国大会上,中国是对《国际水道非航行使用法公约》投反对票的三个国家之一,原因是反对公约的部分条款内容①;俄罗斯在大会上投了赞成票,但却未签署。这成为西方国家批评中国的借口,认为中国在处理跨界水资源问题时无视国际水法。然而,事实上中俄围绕黑龙江的涉水合作所遵循的可持续发展、公平发展和不损害原则正是国际水法的基本原则。

表4-7　　　　　　中俄围绕黑龙江签订的双边合作协定汇总

时间	条约	内容	说明
1951	《中苏关于黑龙江、乌苏里江、额尔古纳河、松阿察河及兴凯湖之国境河流航行及建设协定》	航行	两国围绕黑龙江涉水合作的开启
1955	《关于中苏共同进行调查黑龙江流域自然资源和生产力发展远景的科学研究工作及编制额尔古纳河和黑龙江上游综合利用规划的勘测设计工作的协定》	综合管理	主要目的是水电开发、防洪、供水等,后因20世纪60年代中苏关系破裂而被迫中止

---

① 中国反对的内容是:公约未肯定"国家对其领土内国际水道部分享有无争议主权","上下游国家之间权力和义务"的不对称,公约过分强调上游国的责任,以及第33条款"为争议提供强制性的调查"损害国家主权。关于中国是否应该加入《国际水道非航行使用法公约》这个问题,我国国内形成两派观点:一派主张加入公约,代表人物为倪小璐(《〈国际水道非航行使用法公约〉:中国参与的可行性》认为中国有必要积极加入公约);一派主张不加入公约,代表人物有孔令杰(《〈联合国国际水道非航行使用法公约〉的地位与前景研究》认为我国可以继续坚持不加入公约)、何艳梅(《联合国国际水道公约生效后的中国策略》提出"兴利除弊"的第三条道路,不贸然加入公约,而是利用公约主导与周边国家的双边或多边水道协定,同时推动发展有利于上游国和整个国际水道可持续发展的有利国际规则,换句话说就是如果公约不改变那些中国反对的条款,中国还是不应该加入)、胡德胜和张捷斌(《我国不宜加入〈国际水道法公约〉》认为中国不宜加入存在重大缺陷的公约)。

续表

时间	条约	内容	说明
1957	《中苏关于国境及其相通河流和湖泊的商船通航协定》	航行	互相提供商船在两国边境河流通航的便利
1986	《中苏关于额尔古纳河和阿穆尔河水资源全面利用规划联合委员会》	综合管理	主要目的是修建梯级水电站以开发水电和防洪
1987	《中苏国境河流航行规则》	航行	对1951年航行协定的修订
1988	《中苏渔业合作协定》	渔业	开启双方在界河、界湖的渔业合作，包括捕捞、增值、保护、水产品加工和贸易
1991	《关于中苏国界东段的协定》	边界领土	确定黑龙江的界河法律地位
1992	《关于黑龙江和松花江利用中俄船舶组织外贸运输的协议》	航运	中国获得船只在俄罗斯境内黑龙江下游出海的权利
1993	《中俄国境河流航标管理规则》	航运	明确界河航道中心线两侧航标的设置问题，一改以往江中岛屿航标均由俄方管设的局面，而是双方分别对主航道中心线各自一侧的航标进行设置和管理
1994	《中俄关于黑龙江、乌苏里江边境水域合作开展渔业资源保护、调整和增殖的议定书》	渔业	继1988年中苏开启渔业合作之后进一步发展
1994	《中俄环境保护合作协定》	环境保护	协定第2条涉及边境河流水资源综合利用和水体保护、边界自然保护区建设和管理
1994	《中俄关于船只从乌苏里江（乌苏里河）经哈巴罗夫斯克城下至黑龙江（阿穆尔河）往返航行的议定书》	航行	中国船只在俄罗斯境内黑龙江下游航行的权益
1995	《中俄关于共同建设黑河—布拉戈维申斯克黑龙江（阿穆尔河）大桥的协定》	界河大桥	中俄第一座界河公路桥，方便两国人员往来和经贸活动，保证和发展两国间可靠与稳定的全年交通
1996	《中俄关于兴凯湖自然保护区协定》	自然保护区	中俄环境和跨界水保护领域的合作内容之一
1998	《中俄关于中国船舶经黑龙江俄罗斯河段从事中国沿海港口和内河港口之间货物运输的议定书》	航行	中国船只在俄罗斯境内黑龙江下游航行的权益
2001	《中俄睦邻友好合作条约》	边境水体与生态体统	条约第19条涉及公平合理利用边境水体、界河流域的生物资源领域合作

续表

时间	条约	内容	说明
2004	《中俄东段边界补充协定》	边界领土	在1991年的《中苏关于国界东段的协定》基础上解决了历史遗留争议问题，即黑瞎子岛和阿巴该图洲渚的归属问题
2006	《中俄关于两国跨界水体水质联合监测的谅解备忘录》	水质监测	2005年松花江污染事件直接促成了联合水质监测
2006	《中俄国界管理制度协定》	边界管理	协定第4章从整体上规定了边界水的一般规则，包括保护边界生态环境、防止水土流失、防止和控制边界水污染、边界水航行规则、渔业生产、界河河岸防护、边界水信息交换等
2008	《中俄关于合理利用和保护跨界水的协定》	跨界水合理利用和保护	对跨界水合理利用和保护的范围、内容和方法进行了细化，为中俄进一步跨界水合作提供法律基础
2008	《中俄关于建立跨界突发环境事件通报和信息交换机制的备忘录》	突发环境事件应急联络	中俄环保合作领域的合作内容之一
2008	《中俄关于共同建设、使用、管理和维护中国黑龙江省同江市—俄罗斯犹太自治州下列宁斯阔耶居民点区域内黑龙江（阿穆尔河）铁路界河桥的协定》	界河大桥	中俄第一座界河铁路桥，2014年正式奠基，预计2017年完工
2015	《关于修订1995年6月26日签署的〈中俄关于共同建设黑河—布拉戈维申斯克黑龙江（阿穆尔河）大桥的协定〉的议定书》	界河大桥	跨江大桥项目取得突破性进展，目前正在建设中
2015	《中俄关于在中俄边境黑河市（中国）与布拉戈维申斯克（俄罗斯）之间共同建设、使用、管理和维护跨黑龙江（阿穆尔河）索道的协定》	界河索道	第一条跨境索道项目，已完成前期工作，预计2016年年底开通运营

表格内条约参考中华人民共和国外交部《中华人民共和国条约集》，世界知识出版社；中华人民共和国外交部边界与海洋事务司：《中华人民共和国边界事务条约集（中俄卷）》，世界知识出版社2005年版；中国外交部网站，http://www.fmprc.gov.cn/web/；Chen, Huiping, "The 1997 UNWC and China's Treaty Practice on Transboundary Waters", *Water International*,2013(2).

（二）双边联合组织为合作提供保障

根据中俄之间达成的协定，双方成立了多个领域的双边联合委员会，是保障双方就黑龙江界河涉水合作事宜进行联络、协调和工作开展的专门机构（见图4-1）。这些联合组织旨在制定并实施一系列规则来避免出现因水资源使用、污染或分配所引起的冲突，方式包括相互间的信息交换与共享、技术合作和提供技术支持、以及在出现分歧或争端时开展对话等。双边联合委员会由两国人员共同组成，定期召开会议。目前，中俄两国成立的涉黑龙江界河联合委员会包括以下几个。

1. 中俄国境河流航行联合委员会

根据1951年的《关于黑龙江、乌苏里江、额尔古纳河、松阿察河及兴凯湖之国境河流航行及建设协定》成立了中苏国境河流航行联合委员会，后更名为中俄国境河流航行联合委员会，是中俄航行合作机制的主体。该委员会负责研究界河的航标管理、航道建设、航行规则以及处理违章航行事件等议题，从而保护双方船舶航行权益和维护航行安全。例会每年由两国轮流举办一次，主要议程包括总结上年度工作、制订本年度工作计划以及其他有关航行规则、事故处理等问题。

中苏国境河流航行联合委员会曾经在中苏关系恶化期间发挥着沟通平台的重要作用。中苏两国关系恶化之后，双方几乎断绝了所有的政府间双边联系，却保留了中苏国境河流航行联合委员会，仍然坚持举行每年的例会。这一时期，中苏国境河流航行联合委员会成为双方了解和打探边境界河地区对方动态的工具，同时也发挥着重要的沟通渠道。

中俄国境河流航行联合委员会中方办公室设在黑龙江省交通运输厅；俄方办公室设在阿穆尔流域国家航道航行管理局。黑龙江界河航运合作机制的中方涉及单位包括交通部、外交部、总参谋部、黑龙江省和内蒙古自治区地方交通运输部门等；俄方涉及阿穆尔流域国家航道航政局、俄紧急情况部远东联邦区管理总局、俄阿穆尔流域国家海河监督管理局、俄阿穆尔州紧急情况总局等。

中俄相关部门不断加强合作，保障黑龙江界河水上交通安全和航行权益，提高应急处置水平，促进口岸边贸便利化等。与中国周边其他国际河流相比，中俄在黑龙江的航运合作是起步最早的，规模最大的，开发利用程度最高的，法律基础较完善，管理模式较成熟。[①]

2. 中俄渔业合作混合委员会

根据 1988 年的《中苏渔业合作协定》成立了中苏渔业合作混合委员会，后更名为中俄渔业合作混合委员会，是中俄黑龙江渔业合作机制的主体。该混委会负责实施两国签订的渔业合作协定，为中俄两国在保护边境水生生物资源、稳定边境渔业捕捞和生产秩序以及打击非法水产品贸易领域的合作提供定期框架。中俄渔业合作混合委员会中国一方涉及农业部渔业渔政管理局，俄国一方涉及联邦渔业署。中俄在边境渔业方面已经形成一定的合作机制，虽然尚未形成规模，[②] 但至少为双方交换重要信息、解决争议和规划联合行动提供了平台。中俄渔业合作混合委员会每年召开一次会议。至 2019 年 4 月，该委员会已召开了 28 次会议。除了工作会议，中俄双方在渔业合作混合委员会框架之下召开专家会议，组织代表团互访观摩增殖流放活动等。[③] 经过共同努力，黑龙江水域渔业生产秩序稳定，合作取得了良好成效。

3. 中俄总理定期会晤委员会环境保护合作分委会

中俄成立的环保合作机制是中俄环保合作委员会，是在中俄总理定期会晤委员会框架之下成立的，级别和合作程度都相对较高。中俄环保分委会全面规划、指导和促进环境保护方面的双边合作，主要目的是防止流域水污染和保护流域生态环境。分委会每年召开一次会议，轮流在中国和俄罗斯举行，至今已召开 18 次会议。环保合作分委会中国一方负责单位是生态环境部，俄罗斯一方是俄罗斯联邦自然资源与生态部，分委会主席由中国生态环境部部长和俄罗斯联邦自然资源与生态部部长共同担任。基于双方共同商定的优先合作领域，环保合作分委会在其之下成立了污染防治和环境灾害应急联络、跨界水体水质

---

① 王益良：《我国国际河流水运通道建设现状和发展探讨》，《水道港口》2014 年第 4 期，第 377 页。
② 王殿华：《中国与俄罗斯渔业合作的潜力分析》，《俄罗斯中亚东欧市场》2006 年第 11 期，第 29 页。
③ 于敏、姜明伦、耿建忠：《中俄农业合作新机遇机对策研究》，《世界农业》2015 年第 8 期，第 6 页。

监测与保护、跨界自然保护区和生物多样性保护三个工作组。[1]

4. 中俄合理利用和保护跨界水联合委员会

根据2008年的《中俄关于合理利用和保护跨界水的协定》，中俄成立了中俄合理利用和保护跨界水联合委员会，建立起了统筹处理两国跨界水领域问题的合作机制。联合委员会中国一方涉及外交、水利、环境保护部门和内蒙古自治区、黑龙江省地方相关部门，俄罗斯一方涉及自然资源、水资源部门和相关边境地方政府部门。联合委员会主席由中国外交部副部长和俄罗斯联邦水资源署署长共同担任。联合委员会轮流在中国和俄罗斯举行会议，每年一次，至今已举行了10次。在中俄合理利用和保护跨界水合作委员会之下成立了跨界水质监测和保护、水资源管理两个工作组。

5. 中俄跨界水防洪合作

在防洪领域，目前中俄的合作程度相对较低，还未成立合作委员会，但已经形成了一定的合作机制。中俄已将防洪纳入流域水资源治理战略，从中央到地方就东北地区主要国际河流洪灾防治建立了多层次的成熟合作关系。[2] 中俄两国在防洪方面的合作主要以信息交流、洪峰调节和救灾援助等为主。双方签订的相关协定为防洪合作机制提供了一定的基础，比如1986年3月，中苏签订了《关于互换黑龙江流域水文情报和预报的备忘录》、2006年的《中俄关于预防和消除紧急情况合作协定》和《中俄国界管理制度协定》、2008年的《中俄关于合理利用和保护跨界水的协定》，以及2014年6月的《中俄跨界水防洪领域谅解备忘录》。两国在《中俄跨界水防洪领域谅解备忘录》的指导下，成立了防洪联合工作组，在水情信息共享、共同研究防凌减灾、互访考察交流等方面开展了积极合作，成效显著。[3]

---

[1] 刘宁：《周生贤出席中俄总理定期会晤委员会环保合作分委会第一次会议》，《中国环境报》2006年9月13日第001版。

[2] 刘宗瑞、周海炜、赵又霖：《国际河流跨境洪灾防治的合作特征及演进趋势——基于防洪合作协议的内容分析》，《中国人口·资源与环境》2015年第12期，第81页。

[3] 《陈雷出席俄罗斯第二届东方经济论坛》，中华人民共和国水利部网站，http://www.mwr.gov.cn/slzx/slyw/201609/t20160904_761865.html。

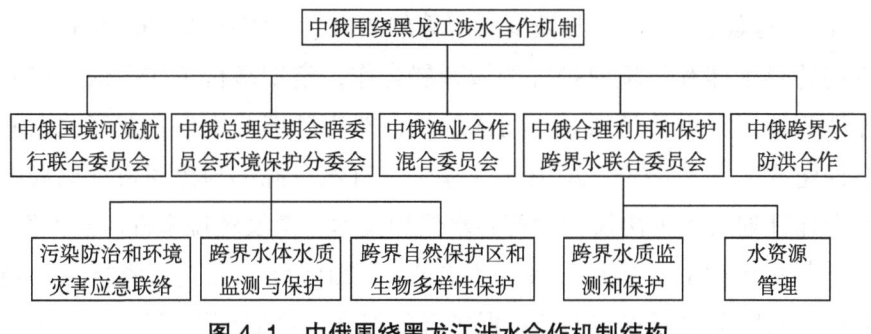

```
                        中俄围绕黑龙江涉水合作机制
    ┌───────────┬────────────────┬──────────┬───────────────┬──────────┐
 中俄国境河流航   中俄总理定期会晤委    中俄渔业合作    中俄合理利用和保护   中俄跨界水
 行联合委员会    员会环境保护分委会    混合委员会     跨界水联合委员会    防洪合作
    │         ├────────┬──────┤          ├────────┬──────┤
 污染防治和环境   跨界水体水质   跨界自然保护区和      跨界水质监    水资源
 灾害应急联络   监测与保护    生物多样性保护       测和保护     管理
```

图 4-1 中俄围绕黑龙江涉水合作机制结构

（三）地区协作促进合作实施

中俄之间的涉黑龙江合作由两国中央政府和地方政府共同负责，两国中央政府部门负责签署合作协定和协议、制订合作计划和目标，而合作的实施主要由地方政府相关部门完成。中方的中央政府层面领导机构有环境保护、水利、农业、交通运输等部门，地方层面的主要负责机构是黑龙江省地方政府及相关部门；俄方的中央政府层面领导机构有俄罗斯联邦运输部、联邦农业部、联邦自然资源和生态部、联邦紧急状态部等，地方层面的主要负责机构是阿穆尔州、犹太自治州和哈巴罗夫斯克边疆区地方政府及相关部门。

在中俄两国中央政府签署的涉跨界水协定和协议框架之下，黑龙江左侧的中国黑龙江省政府与右侧的俄罗斯阿穆尔州政府、犹太自治州政府和哈巴罗夫斯克边疆区政府之间建立了相应的地区合作。合作内容涉及边境地区的农业、环保、水文气象等领域。合作形式包括：（1）进行定期会晤，就相关领域开展对话、建立业务联系，讨论共同面临的问题等；（2）举办联合研讨会，交换相关领域的信息和技术；（3）开展访问交流活动，参观对方在相关领域的工作状况，相互借鉴工作经验。

在中俄两国涉界河黑龙江协作中，黑龙江沿江城市发挥着重要作用，比如中国的黑河、抚远和俄罗斯的哈巴罗夫斯克市、布拉戈维申斯克市等。这些沿江城市是中俄两国边境地区的重要节点城市，因其特殊的地理位置和战略意义而对两国围绕黑龙江的合作起到重要作用。

黑龙江省黑河市环保局与俄罗斯阿穆尔州自然资源部从 2007 年就开始围绕跨界水体和环境保护等领域开展合作，定期举行工作会谈。双方相继签署了《黑河环保局与阿穆尔州自然资源部关于建立友好关系的会谈纪要》和《2009—2010 年阿穆尔州自然资源部与黑河市环保局国际合作计划书》等协议，就跨界水保护技术、突发环境事件应急方案、自然保护区建立等领域开展深入合作。[①]2015 年，黑龙江省抚远县与俄罗斯哈巴罗夫斯克市的环境保护部门召开了区域环境保护合作会议，签署了《抚远县与哈巴市区域环境保护框架协议》，明确了双方在界江水体保护和环境保护方面的合作。[②]

三 小结

黑龙江成为界河是中俄冲突的结果，而成为界河后黑龙江仍然充当着中俄利益碰撞的前沿阵地。中华人民共和国的成立标志着黑龙江界河因素在中俄关系中开始发生变化。中华人民共和国成立后一段时期内，中苏开启围绕黑龙江的合作，但同时也存在着边界主权矛盾。所以，当中苏关系出现恶化，黑龙江界河又成为两国冲突的较量场，围绕黑龙江的合作也被迫受挫。当中苏关系缓和并改善，两国围绕黑龙江的合作不断扩大，从航行、水电开发到边界谈判、渔业等。苏联解体后，中俄关系逐步攀升，围绕黑龙江的合作得到持续甚至深化，更重要的是成功解决了历史上久拖不决的边界问题。在这一背景下，即使发生了水污染事件，两国也能够协同合作、共同应对。这一时期，作为界河的黑龙江逐渐变被动为主动，不再只是被动反映两国关系，而是主动成为两国关系发展的合作平台。

---

① 《黑河市环保局积极加强对俄合作 不断拓宽环保合作领域》，http://www.hb114.cc/News/hyzx/hbzx/20110829035725.htm。
② 《抚远、哈巴加强生态环境保护合作》，黑龙江省人民政府网，http://www.hlj.gov.cn/zwfb/system/2015/06/09/010724007.shtml。

第 5 章
中俄围绕界河黑龙江互动变化的分析

本书把界河黑龙江作为中俄关系中的一个因素进行研究，目的就是弄清楚一个核心问题，即黑龙江在中俄关系中扮演的角色、发挥的作用。前面两章的论述呈现了从 17 世纪至今，中俄围绕黑龙江的互动从冲突走向合作的历史转变，界河黑龙江从中俄关系中的消极因素转变成为积极因素。为什么会出现这一转变呢？为了解答这一问题，本章将系统地对中俄围绕黑龙江互动进行国际关系定性分析，并尝试性地进行定量检验。

一 从国际关系的不同层面分析

《尼布楚条约》(1689)、《瑷珲条约》(1858)、《北京条约》(1860)，基本上奠定了黑龙江成为中俄界河的基础，而后中俄在界河地区冲突不断，中华人民共和国成立之后双方又开启了围绕黑龙江的一系列涉水合作。黑龙江从中俄的冲突之边演变成合作之界，这是中俄关系变化的直接反映，但更是国际格局、地区格局、中俄两国力量对比和国内政治多因素合力作用的结果。总的来看，在中俄关系发展历程中，黑龙江这一因素所起到的作用从被动反应逐渐转变成了主动参与。

（一）国际体系层面

地区形势的变化是整个世界形势动态的缩影，受国际体系变化的影响。国际体系是由不同国际行为体互动形成的整体，包括国际行为体、国际格局和国际规范三个要素。① 国际体系反映着体系内不同国际行为体之间的的权力关系和利益格局。权力关系是体系内国家的实力对比结果,利益格局则是体系内国家在生产资料占有、产品生产及财富分配方面的关系。在国际体系内,各行为体之间的互动行为所遵循的规范和原则主要体现为国际制度,② 反映了各行为体在某一国际关系领域内所达成的共识。国际体系多极化发展趋势加强,互利合作共赢逐渐成为共识。

1. 国际体系结构的转变

在"地理大发现"之前,世界上不同地区活跃着各种各样的区域经济体,彼此之间也许存在联系但各自独立。③ 在全球性国际体系形成之前,世界上存在着几个分开独立的国际体系。④ 随着资本主义生产方式的形成不断扩张,世界逐渐被连成一体。历史上,国际体系发生了几次重要的转变。其一,是1648年《威斯特伐利亚和约》的签订,标志着由主权国家为国际行为主体的国际体系开始形成;其二,是第二次世界大战的结束,国际体系由凡尔赛—华盛顿体系向雅尔塔体系转变,国际规范发生了重要变化,规范国家间关系的原则不再是先占和兼并,而是领土主权不受侵犯,国际格局也从多极变为美苏对抗的两极。⑤

从1648年到1914年,国际格局处于多极状态,传统的英国、法国、俄国、西班牙、荷兰等欧洲强国之间不断形成均势,到了19世纪大西洋彼岸的美国也崛起成为强国。民族主义和帝国主义驱使着列强不断扩张追逐利益。从1870年开始,西欧列强、美国和日本争相走上殖民化道路。对领土扩张和帝国主义的狂热追求分裂着欧洲列强,最终导致世界大战的爆发。两次世界大战期间,国际体系的结构似乎仍

---

① 阎学通:《权力中心转移与国际体系转变》,《当代亚太》2012年第6期,第13页。
② 秦亚青:《国际体系与中国外交》,世界知识出版社2009年版,第72—74页。
③ 王正毅:《国际政治经济学通论》,北京大学出版社2010年版,第31页。
④ 阎学通:《权力中心转移与国际体系转变》,《当代亚太》2012年第6期,第13页。
⑤ 阎学通:《权力中心转移与国际体系转变》,《当代亚太》2012年第6期,第16页。

然是多极局面,然而变化却在悄然发生,美国和经历了十月革命后的苏联逐渐凸显,成为世界两大强国。直到苏联解体之前,国际格局一直是美苏争霸、东西方冷战、北约和华约对峙。

1991年,苏联的解体打破了两极格局,雅尔塔体系崩溃,美国成为唯一的超级大国,同时还存在着法、英、俄、中多个强国。随着新兴国家的崛起,推动着国际格局演变,虽然一超多强的局面未改变,但多极化的趋势越发明显。但这种多极化并不是历史上牺牲小国利益的"大国均势""大国制衡"的重复,而是大小强弱不同的国家之间相互依赖加深、共同利益增多和共赢诉求上升。[1] 整个世界国际体系、国际格局、国际规范的变化影响着黑龙江地区以及其所在的远东的国际格局变化,这一点会在后文地区层面详细讨论。

2. 国际社会的制度化发展

国际社会对于制度化建设的努力最早可以追溯到维也纳体系时期。维也纳会议的核心目的是建立新的和平秩序,提出的关于大国磋商建立新安全体系和召开定期会议等概念为后来国际联盟和联合国的建立奠定了基础。20世纪,国际体系经历了明显的调整,两次世界大战强有力地刺激了国际社会的制度化发展,各类旨在管理和协调国际事务的国际组织成倍增长,[2] 比如欧盟、国际货币基金组织、东盟等。这些国际组织推动国际社会制度化程度不断提升,促进全球范围内社会经济发展,协调国家间矛盾和利益,推动全球与地区合作,维护国际体系稳定。利益的分配往往是国际冲突的根源,但随着国际制度结构的发展,和平、合作、共赢、治理越来越显得重要。[3] 国际社会的制度化是人们思想观念转变的表现,不再认为只有博弈、冲突和竞争才是获取国家利益的方式,合作互利共赢逐渐成为共识。全球化不断加深国家之间的相互依赖程度,军事冲突、跨国犯罪、生态保护等全球性问题需要全球共同解决,需要"命运共同体"意识。跨界水资源是全球性普遍存在的非传统议题,需要全球范围内的共同治理,同时更需要

---

[1] 秦亚青:《国际体系与中国外交》,世界知识出版社2009年版,第29页。
[2] 秦亚青:《国际体系与中国外交》,世界知识出版社2009年版,第75页。
[3] 秦亚青:《国际体系与中国外交》,世界知识出版社2009年版,第74页。

与特定跨界水资源相关国家之间的合作应对。

（二）地区格局层面

地区格局是一定区域内国际行为体之间相互作用和影响形成的关系结构，是国家与国际体系互动变化的"受力面"。国际体系通过地区格局进而对国家产生影响，而国家通过地区次体系反作用于国际体系。从大范围来讲，黑龙江在亚洲国际格局之内；具体到小范围，黑龙江地区本身也有着独特的地区性国际格局。不少学者专家认为，世界政治经济重心向东转移，亚洲正从边缘重回世界舞台的中心，在国际体系均衡化和合理化道路上具有越来越重要的作用。在此背景下，黑龙江地区脱离了列强角逐的被动局面，为其在亚洲尤其是东北亚地区发挥积极作用奠定基础。

1. 远东地区格局

这里所说的远东并非俄罗斯的远东地区，而是与近东、中东相对应的政治地理概念，一般包括东亚、东南亚和南亚国家以及俄罗斯的东部地区。16世纪之前，中国是全球范围内处于领先地位的文明古国，在东亚主导"朝贡体系"，是远东国际格局的中心。从16世纪开始，欧洲列强相继率先进入资本主义原始资本积累阶段，为了获得原料产地和商品市场，西欧国家开始开辟通往东方的航路。从1511年开始，葡萄牙、西班牙、荷兰、英国、法国等西欧列强的势力相继进入远东，建立商业霸权。西方国际关系与远东的封贡体系开始出现交叉，但这一时期封贡体系"基本上仍然存在"，"与西方殖民关系并存"。[1] 随着西方资本主义的发展，对殖民地和势力范围的需求推动列强在远东开始瓜分斗争。封贡体系此时被瓦解，取而代之的是远东殖民体系，包括中国在内的东亚国家被拉入西方国际体系，并且沦为体系内的边缘国家。这种情况一直持续到19世纪末期，远东民族解放运动兴起。第二次世界大战结束后，印尼、老挝、缅甸等远东原殖民国家纷纷独立，

---

[1] 关于远东国际格局的历史演进，南京大学历史系教授黄鸿钊做过详细分析。参见黄鸿钊《东方封贡体系与远东国际格局的变化》，"东亚汉文化圈与中国关系"国际学术会议暨中国中外关系史学会年会，2004年，第75页。

中华人民共和国也于1949年成立，直到20世纪末远东殖民体系彻底结束。可以说，从17世纪末到20世纪末，整个世界政治舞台的中心是欧洲，而远东地区一直处于世界政治的边缘地带。随着全球化深入发展，国际关系体系不均衡和不平等的缺点逐渐凸显。① 21世纪崛起的亚洲正在重回世界政治舞台的中心，这一地区的国际格局朝着多极化方向发展，同时也推动着国际体系朝着更加均衡和平等的方向发展。

2. 黑龙江地区格局

首先需要对黑龙江地区格局这一说法进行解释。从地理意义上来讲，当我们提到黑龙江时通常想到的就是我国黑龙江省北部的那条河流，它将中国的领土与俄罗斯的领土分割开来。然而，从国际关系意义上来讲，黑龙江是我国在北方的对外窗口，是与其他国家互动的直接地带。因此，事实上在黑龙江地区是存在着国家间的权力对比和利益分配格局，因此构成了这一地区的国际格局。

16—18世纪，欧洲列强在远东进行扩张，反映在黑龙江地区就是沙俄对中国黑龙江流域的入侵。1689年，清政府成功抵御沙俄对黑龙江的侵犯，双方签订《尼布楚条约》。《尼布楚条约》在黑龙江地区形成了"尼布楚体系"，维系了黑龙江流域数百年的相对和平。沙俄已经获得了通往东方的通道，也意识到了中国比自己强大，因此并没有贸然在短期内破坏这个体系，而是趁此机会一边大力发展与中国的商贸关系，一边加强对新占领土地的殖民化。米卡尔·卢比纳称"尼布楚体系"为"不对称的双赢局面"，② 即虽然中强俄弱，但双方都从这个体系中获益。

随着西方发达国家争夺市场和殖民地之势愈演愈烈，《尼布楚条约》形成的稳定体系在19世纪中期被打破，影响这一地区体系的国家增多，黑龙江地区从沙俄的目标一步步沦为列强们利益博弈下的牺牲品。从彼得一世统治时期开始，沙俄就想占有黑龙江，不仅因为这里

---

① 李兴、[俄]阿·沃斯克列先斯基编：《亚欧中心跨区域发展体制机制研究》，九州出版社2016年版，第Ⅳ页。

② Michal Lubina, Back to the Past: The Present Model of Sino-Russian Relations as a Return to their Initial Asymmetry, p.104.

有丰富的物资，更重要的是还有通往东方的出海口。沙俄从未放弃这个念头，继而又通过不平等条约从中国夺取了黑龙江以北、乌苏里江以东大片土地。为了避免英国的势力渗透到中国东北，沙俄从1891年开始修建西伯利亚铁路，在远东地区的路线基本沿黑龙江和乌苏里江前进。但此时，在中国东北地区"摩拳擦掌"想分一杯羹的列强还有日本、法国和德国。"明治维新"后日本发展迅速，其对外扩张的设想"大日本"版图囊括了中国东北、朝鲜半岛、东西伯利亚等地区，中国东北就是设想实现的第一步。[①]沙俄和日本在中国东北地区的利益出现碰撞，沙俄联合法、德干涉还辽就是很好的例证。沙俄借口帮助清政府抵御日本，于1896年诱使清政府与其签订了《中俄密约》，因而获得了在中国境内修筑铁路的权利，即本来计划沿黑龙江北岸修建的西伯利亚铁路段变成了在黑龙江南侧的中国境内修建。对黑龙江地区虎视眈眈的还有美国和英国。为了分得在中国东北的利益，日俄战争爆发后，美国斡旋帮助日本获得了部分中东铁路权益，而英国则选择保持中立。

日俄两股势力把持黑龙江地区的格局在1931年日本发动"九一八"事变时被打破，苏联在黑龙江地区的势力范围被日本夺取，直到二战的结束又通过雅尔塔秘密协定抢夺回来。虽然苏联在黑龙江地区长期是侵犯者和获益者，但20世纪30—40年代苏联与我国也曾共同抗日，而黑龙江则成为苏联与我国军民经常往来的通道。1945年，苏联红军越过界河黑龙江出兵中国东北击败日本关东军。中华人民共和国成立之后，苏军于1955年彻底离开中国东北。尽管关于边界的法律地位双方起初并未商定一致，但在黑龙江地区只有两国势力基本处于以河为界，并且在某种程度上是遵守着中俄《北京条约》大致划分边界的规则。随着关于黑龙江航行、边界领土、渔业、环保等领域合作协定的形成，两国在黑龙江地区的涉水互动越来越规范化和制度化。

---

① 国永春：《沙俄在远东的扩张与日俄战争》，《社会科学战线》1996年第4期，第224页。

黑龙江是中俄东部往来最直接和最频繁的地带，沿江口岸、渡江船只为两国经贸和人文互动提供交通便利。贯通两岸的跨江大桥的建设工程有序推进，黑龙江水资源的合理开发利用和共同管理潜力巨大，促进中俄更大范围、更高层次的互动，带动黑龙江周边地区经济社会发展，更能将黑龙江地区打造成为东北亚甚至东亚的经济、交通枢纽。

（三）中俄力量对比

在国际和地区格局变化影响下，中俄力量对比也在发生着变化，直接影响着黑龙江在中俄关系中的角色转变。从历史来看，当两国关系中俄方处于上升势头，黑龙江就成为俄国夺取的目标和入侵中国的通道；当两国力量相当或中方占优势，黑龙江的边界身份才得以维护，进而为合作提供平台。中俄力量对比表现在整体和地区两个方面。

1. 中俄整体力量对比

中俄两国的力量交锋真正开始于17世纪。17—19世纪中期是中俄力量对比的第一个阶段，中强俄弱。17世纪初，在西扩胜利的刺激下以及西方列强开拓中国市场的压力下，沙俄开始将欲望的矛头指向清王朝统治下的中国。从1638年开始，俄哥萨克充当"急先锋"，不断进犯清朝统治下的黑龙江流域。[①] 俄罗斯学者华克西将沙俄入侵中国这段历史比作美国人征服西部，指出了一个重要的区别和事实，即美国人在西征过程中未有强大的阻力，而沙俄入侵的对象却是当时清王朝统治下的国力强盛的中国。[②] 尤其是1662年康熙皇帝即位后，中国的实力不断提升。在清政府看来，沙俄是由中国主导的中华世界秩序中的朝贡国。[③] 总体来说，当时中国的实力要强于沙俄，这一点从雅克萨战役中俄军两次战败就可以看出。但不可否认的是，在这个阶段，俄国处于快步加入西方列强行列的阶段，通过不断扩张而实力倍增。

---

① ［苏］沙斯季娜：《十七世纪俄蒙通使关系》，商务印书馆1977年版，第63页。

② Воскресенский, А. Д., Китай и Россия в Евразии : Историческая динамика политических взаимовлияний. Москва: Восток-Запад, 2004, C.405.

③ 曹雯：《新史料与清前中期中俄关系再研究》，《清史研究》2009年第3期，第87、92页。

19世纪中期到苏联解体是第二阶段，在中俄力量对比中俄罗斯一直处于上风。两次鸦片战争之后，中国国力衰退，与之形成巨大反差的是，沙俄经过两个多世纪的不断扩张，已经发展成为"横跨欧、亚、美三大洲的庞大帝国"①。中俄力量对比从中强俄弱转向中弱俄强。正是在中俄力量对比反差的情况下，沙俄通过不平等条约相继夺走了黑龙江以北、乌苏里江以东大片中国领土，在此基础上进而越过黑龙江侵入中国东北。20世纪初期，中俄国内都经历混乱和变化，但是两国的力量对比仍然是中国处于劣势。中华人民共和国成立之后，苏联与西方阵营开展军备竞赛，所以苏联的整体实力强于中国，但从20世纪70年代中期开始，苏联走向下坡路。尤其是，苏联解体让它的继承国俄罗斯元气大伤，比如俄政府大力裁减军费开支，使得俄军工业不得不靠出口以获取资金来源。那一时期，从俄罗斯进口的武器装备占中国武器装备进口总量的份额高达95%。②相反，1949年之后中国的综合国力逐步得到提升。1964年核试验成功使中国的影响力倍增，改革开放之后中国的经济和社会得到全面快速发展。③进入21世纪，在油价抬升的作用下，俄罗斯的综合国力迅速恢复，连续多年保持7%左右的经济增速。俄罗斯在国际社会中重要性增加。2008年金融危机之后，中国继续快速发展，这一时期，对中国而言，俄罗斯是中国的战略伙伴、原材料供应国、军事技术来源、商品市场；对俄罗斯而言，中国是俄罗斯重塑全球地位的关键力量，是俄罗斯扩大世界影响力的有利支持。2019年是中华人民共和国成立70周年，中国已是世界经济第二大国，科技实力、国防实力和综合国力都进入世界前列。④

---

① 国永春：《沙俄在远东的扩张与日俄战争》，《社会科学战线》1996年第4期，第224页。

② Hao, Y. F., Gorge Wei C. X., Dittmer L., eds. *Challenges to Chinese Foreign Policy*, Kentucky: The University Press of Kentucky, 2009, p.100.

③ Alexander Lukin, "Russia's Image of China and Russian-Chinese Relations", *East Asia*, 1999, 17(1), p.19.

④ 2019年9月24日，时任国家发改委副主任宁吉喆在庆祝中华人民共和国成立70周年的新闻发布会上发表讲话。

2. 黑龙江两侧中俄力量对比

从 8 世纪的唐朝开始，中国政府在黑龙江流域设立行政管辖机构，但是军事力量一直较弱。这一点可以解释为什么中国在尼布楚谈判中处于优势地位但仍然作出巨大让步，把本属于清政府管辖的格尔必齐河和额尔古纳河以西、外兴安岭以北大片土地让予沙俄。清政府之所以决定签署划界条约，在一定程度上是因为当时清朝在黑龙江地区的军事力量并不够强大，清政府希望通过边界条约可以防止之后沙俄在黑龙江地区继续挑衅。与之相似的是，当时俄国的重心远在欧洲，所以也倾向于签订边界条约。《尼布楚条约》签订后，清政府考虑增强在黑龙江地区的兵力部署。与此同时，俄国不断把军队、粮食和民众运到黑龙江沿岸，企图形成"实际占领"。到了 19 世纪中期，中俄力量对比的逆转使得俄国有能力改变边界现状。俄国在得到黑龙江以北、乌苏里江以东地区后，继续加强在这一地区的力量，以及修建西伯利亚铁路加强远东地区与其欧洲部分的联系。面对日、英等列强在中国东北的争夺，俄国努力不懈地加大其在黑龙江地区、远东地区的军事力量建设。

在中俄关系发展的不同时期，两国力量对比发生着变化。从俄罗斯角度看，远东地区曾是其军事重地，但苏联解体后这一地区的军事力量发展缓慢。就中国而言，从 20 世纪 80 年代开始推行军事现代化，武器装备更新换代加快，专业化水平和作战能力明显提升。总体来说，中俄都为世界核大国、常规武器大国，军事实力在世界上排名前列。

（四）国内政治层面

国际体系通过渗透效果影响国内政治，而国内因素通过外溢效果影响对外关系。[1] 国内政治是相对国际政治而言，包含一国内部广泛的内容，比如政治制度、领导人、社会舆论、民族性格等。在中俄围绕黑龙江互动中，两国政治制度、领导人、民众观念发挥着不可忽视的作用，因为这些因素影响着两国对黑龙江的认知和定位，尤其表现在

---

[1] 李兴、刘军等著：《俄美博弈的国内政治分析》，时事出版社 2011 年版，第 12 页。

中华人民共和国成立后阶段。趋向一致的社会制度、意识形态和民众认知促使双方倾向于把黑龙江看作交往的通道，相反则更易于重视黑龙江的界河屏障功能。

1. 社会制度

中华人民共和国成立后，同样是社会主义国家的苏联第一个与中国建立外交关系。中华人民共和国成立之后，毛泽东等人赴苏会见斯大林，希望废除1945年苏联与国民政府签订的《中苏友好同盟条约》并订立新约。尽管会谈并不那么顺利，但双方最后还是于1950年2月14日缔结了新约，即双边关系史上的里程碑文件——《中苏友好同盟互助条约》。新条约表明中苏结成军事互助同盟，两国在平等、互利、互相尊重国家主权与领土完整及不干涉对方内政的原则上发展和巩固经济与文化关系。同时，双方还签订了《中苏关于中国长春铁路、旅顺口及大连的协定》和《关于苏联贷款给中华人民共和国的协定》两项协定，苏联向中国移交长春铁路的一切权利及所属全部财产，同时苏军撤离旅顺口海军基地，苏联还向中国提供低息贷款。在中华人民共和国成立之初，中国共产党对于与苏联之间存在的边界分歧保持着慎重的态度，未把东段边界问题摆出来与苏联进行谈判，也未正式宣布是否承认旧约中关于东段边界的条款。中苏之间建立的同盟关系为两国围绕黑龙江的合作提供了良好的政治环境，双方在中华人民共和国成立初期很快就界河航行问题进行了讨论。

2. 意识形态

中苏两国都以马列主义为指导，都奉行社会主义，虽然也有过双边关系处理方面的矛盾，但直到苏共二十大之前在整体意识形态上还是保持一致。所以，在中华人民共和国成立之初，中苏两国能够暂时搁置边界分歧，就黑龙江界河的航行和水电开发开展合作。从苏共二十大开始，中苏两党在意识形态上的分歧开始出现。起初，中国共产党对斯大林的评价与和平过渡问题有不同意见和看法，但鉴于中苏两国处于"蜜月期"，而且互有所求，所以分歧并没有公开化。[①] 但从1958

---

① 李明斌：《导致中苏论战的意识形态因素分析》，《史学月刊》2004年第8期，第122页。

年开始,中苏之间出现了涉及国家利益和意识形态的争论,赫鲁晓夫在炮击金门、中印边界问题、涉藏问题上指责中国,而中共认为苏联的社会主义变了性质,赫鲁晓夫等的行为已经不符合马列主义。双方的分歧逐步公开化,中苏两国关系恶化,同盟关系破裂。黑龙江因而成为中苏政治对抗的工具:(1)中苏大争论初期,中国边民尚且可以正常进入界河争议地区。就在争议地区问题公开提出来后,苏联便开始干涉中国边民进入争议地区。逐渐地,两国在界河地区出现摩擦和冲突不断升级,双方都致力于增强边界安全,最终爆发了珍宝岛事件。(2)中苏于1956开始对黑龙江流域进行联合考察,目的在于为双方共同开发该地区经济发展潜力提供规划。原本联合考察应该到了开花结果的阶段,但受两国关系恶化的影响,联合考察在未完成最终总结报告的情况下被迫结束了。

3. 民众观念

互相认知在国家间交往中发挥着特殊的作用,尤其是对邻国而言。中俄关系的历史既反映了中俄两国对比情况,同时也影响着两国人民对彼此的认知。

中俄两国最初的交往可以追溯至蒙元时期,然而由于人员联系有限和文献记录缺失,所以在17世纪以前俄国人对中国的了解甚少,对中国的认知多来自契丹、蒙古等游牧民族。[①] 举例来说,俄语中的"中国"表达为"Китай"(Kitai),直译为契丹。在俄国人听到的传闻中,黑龙江是一个富饶广阔的地方,当地居民向清政府进贡。在欲望的驱使下,以哥萨克为代表的俄国人闯入黑龙江,抢夺掳掠。因此,中国人对俄国人最初的印象就是野蛮凶狠。除此之外,俄国人还给中国人留下了奸诈狡猾的特点。俄罗斯逼迫清政府签订边界条约后,屡次使用曲解条款内容和篡改边界线的伎俩企图从中国获取更多土地权益。对于中国民众而言,在很长一段时期内俄国(苏联)基本都是以帝国列强的形象出现,直到俄国十月革命后中国成立共产党才开始有所改善。

---

① 阎国栋:《遥远的记忆与诱人的传闻——17世纪中期前俄国的中国形象》,《俄罗斯研究》2013年第3期,第66—67页。

中华人民共和国的成立是对共产主义事业的极大鼓舞，苏联和中国互相视对方为社会主义阵营中可贵的盟友。中苏结为盟友，两国人民基于此开展合作。由于中苏两党意识形态和国家利益的分歧，中苏关系恶化。20 世纪 60 年代，中苏边境发生冲突时，早在 19 世纪就出现中国是"黄色威胁"的观念在苏联民众中凸显。[1]

随着国际形势的演变，中苏两国意识到对抗和紧张状态都不符合各自的国家利益，都有恢复双边正常关系的要求。自 20 世纪 70 年代末期，中苏逐步努力实现关系正常化。在科学研究方面，1960 年被迫停止的黑龙江流域联合考察得到重启，双方科学家从 1986 年起共同开展对额尔古纳河和黑龙江界河段水资源的全面规划，制定了多项规划方案；在边境贸易方面，苏联与中国边境地区的民众和当地政府都希望能够利用地缘优势与中国开展边境贸易。[2] 在这种情况下，苏联在边境地区取消了商业签证限制，开放边界以通商。苏联解体后，中俄关系不断升温，两国人民对彼此的观念也朝着更加积极的方向发展。俄罗斯社会舆论基金会 2018 年发布的民调结果显示，有 62% 的俄罗斯人将中国视为对俄罗斯友好的国家。[3]

可以认为影响中俄围绕黑龙江涉水互动变化的直接因素就是两国关系，因为国际格局、地区格局、两国力量对比以及国内政治的变化最终都集中反映在双边整体关系的变化上，这些因素对两国涉水互动的影响是通过双边整体关系传递实现的。然而事实上，黑龙江作为界河，既是中俄关系变化的反映，同时也可以促进中俄关系发展，黑龙江已经成为中俄关系的重要组成部分。

---

[1] 把中国比作"黄色威胁"的观念早在 19 世纪就存在，但当时更多的是将其看作道德问题，俄国人担心被没有信仰的中国人"渗透"，而军事"黄色入侵"的观念则多体现于俄国诗歌中，并没有对国家政策产生影响。Alexander Lukin, The Bear Watches the Dragon: Russia's Perceptions of China and the Evolution, p.315。

[2] Alexander Lukin, *The Image of China in Russian Border Regions*, University of California Press, 1998, p.822.

[3] Социологи выяснили, как россияне относятся к Китаю, https://ria.ru/20180706/1524076298.html.

二 从涉水事件统计角度分析

前文从不同层面定性地分析了中俄围绕界河黑龙江互动变化的原因。下面则借助定量的方法，用数据来反映界河黑龙江这个因素的变化。本节收集、整理、统计出中俄围绕黑龙江的涉水互动事件，这些互动事件的强度值可以表明事件的合作性或冲突性的程度，从而反映出界河黑龙江这个因素的变化。具体方法、操作及结果如下。

（一）方法及操作

本节的主要方法包括两个步骤：（1）搜集和整理1951—2016年中俄围绕黑龙江的涉水互动事件；（2）利用流域风险等级（BAR）评价标准对上一步骤中整理出的涉水事件进行赋值并统计分析。

1. 流域风险强度等级（BAR）评价标准

美国俄勒冈州立大学创建的国际水事件数据库（International Water Events Database，IWED），对全球国际流域进行风险强度等级（Basins at Risk，BAR）评价。BAR通过对历史上涉水事件的合作或冲突程度进行具体赋值，不仅能够较为准确地评估出流域潜在水冲突的风险，而且能够较为细致地反映出流域国家间涉水互动关系的变化趋势和驱动因素。BAR对涉水事件的赋值具体见表5-1：

表5-1　　　　　　　　　　BAR值说明

	BAR值	BAR事件描述
冲突性最强	-7	正式宣战
	-6	导致死亡、混乱和高成本的大规模战争行为：使用核武器；全面海陆空作战；侵犯领土；侵占领土；大规模轰炸平民区；战争中俘虏士兵；大规模轰炸军事设施；生化战争
	-5	小规模军事行为：有限的空、海、边界小规模战斗；边警行为；吞并已占领土；掠夺对象国物质资源；实施封锁；暗杀对象国领导人；给予对象国存在的颠覆行为以物质支持

续表

	BAR 值	BAR 事件描述
冲突性	-4	政治—军事敌对行为： 煽动暴乱或叛乱（对叛乱者进行训练并给予资金支持）；鼓励反对对象国的游击战；有限的恐怖行为；在战争中绑架或虐待外国公民或战俘；为恐怖分子提供避难所；破坏外交关系；袭击外交官或大使馆；驱逐军事顾问；处决被指控的间谍；在没有赔偿的情况下将公司国有化
冲突性	-3	外交—经济敌对行为： 增强军事力量；联合抵制；施加经济制裁；陆、海、空阻碍行动；拒绝相互贸易权利；关闭边界和限制自由来往；操纵贸易或货币从而引起经济问题；停止援助；为反对派领导人提供庇护；向对象国增加敌意示威；拒绝支持外国军事盟友；因紧急磋商召回驻对象国大使；拒绝给其他国家公民发放签证或限制其在境内的行为；驱逐或逮捕公民或媒体；监视外国政府官员；中止重大协议；不顾别国反对而单边修建水利项目；减少进入别国的水流量；废除水协议
冲突性	-2	强硬的口头交恶： 警告报复行为；提出威胁要求和指控；强烈谴责具体行为或政策；谴责领导人、体制或意识形态；延迟国家元首访问；拒绝出席会议或峰会；进行强烈的宣传攻击；拒绝支持；在联合国或其他国际机构中阻止或否决政策或建议。以上都是官方行为
冲突性	-1	温和的口头不合： 低调反对政策或行为；通过第三方表达不满；未能达成协定；拒绝抗议照会；拒绝指控；反对对目标和态度等进行解释；要求政策变更。以上是官方或非官方行为，包括外交抗议照会
中立	0	中立或无显著意义的行为： 带有修辞性的政策表述；没有结果的新闻报道；非政府访问；中立表述；对企业或私人财产国有化进行赔偿；不带评论的表述
合作性	1	温和的口头支持： 高级官员会面；对议题给予互相关注；低级官员访问和对话；发布联合声明；任命大使；宣布停火；非政府交流；进行会谈；对政权的公开非政府支持；交换战俘；请求对政策给予支持；对政策进行解释
合作性	2	官方的口头支持： 对政策的官方支持；从公使馆升级为大使馆；确定友好关系；请求帮助反对第三方；为不友好的行为或表述道歉；允许新闻记者入境；感谢或请求援助；恢复破裂的外交关系或其他关系
合作性	3	签署文化、科学类协议（非战略性）： 建交；建立科学或技术交往；提出或提供经济或军事援助；承认政府；元首访问；开放边界；签署或实施友好协议；签署文化或学术协议。协议是为了建立合作性工作组
合作性	4	非军事性的经济、科技或工业类协议： 经济贷款或资助；达成经济合同；提供工业、文化或教育援助；签署贸易协定或给予最惠国待遇；建立公共交通或通讯网络；提供工业技术额外供应；提供技术专家；取消经济限制；偿还债务；出售非军事物资；提供灾难援助。国家间非条约性质的合法性合作；水域管理、灌溉和扶贫合作项目

续表

	BAR 值	BAR 事件描述
合作性最强	5	军事性的经济或战略支持： 出售核电站或核材料；提供海陆空基地；提供军事科技或顾问援助；给予军事援助；共享极为先进的技术；应政府请求进行军事干预；签署军事协议；培训军事人员；旨在裁军的联合项目和计划
	6	国际淡水条约；战略同盟（地区性或国际性）： 共同作战；建立联合军事指挥部或同盟；联合军事演习；建立经济共同市场；参与或组织国际联盟；建立联合项目以提高全球生活质量
	7	一体化： 自愿合并成一个国家；成立一个具有法律约束力政府的国家

资料来源：Shira Yoffe, Aaron T. Wolf, Mark Giordano, "Conflict and Cooperation over International Freshwater Resources: Indicators of Basins at Risk", *Journal of The American Water Resources Association*, 2003, 39(5), p.1111.

2. 中俄围绕黑龙江涉水互动事件数据

黑龙江界河的流域风险等级反映在中俄两国在这一流域的涉水互动事件。因此，收集和整理这些涉水互动事件是基础工作。最简单和直接的获取方法是在已有的数据库中进行搜索。

太平洋研究中心（Pacific Institute）于20世纪80年代创建的水冲突年表（Water Conflict Chronology, WCC）数据库收录了公元前3000年到2015年间全球与水有关的冲突事件。该数据库收录的涉水事件仅为冲突事件，水资源要么成为流域国家经济社会争议的主要来源，要么在冲突中被当作工具或目标。搜索结果发现，WCC数据库中并没有关于黑龙江的记录。[①]

相对于WCC数据库而言，俄勒冈州立大学创建的IWED对于收录

[①] Water Conflict Chronology 数据库中没有关于黑龙江的记录，说明按照上述标准来看黑龙江水资源未在中俄冲突中被当作工具或目标。本人对这一点持不同意见。该数据库覆盖时间从公元前3000年到2015年，包括了黑龙江成为中俄边界的这段历史。根据第三章中的历史文献资料，首先，沙俄从清政府手中争夺黑龙江的目的之一即获得黑龙江的航行权及其下游出海口，这时黑龙江的水资源在一定程度上被当作了冲突的目标；其次，1900年，俄国侵略者越过黑龙江入侵中国东北，在此过程中屠杀居住在江东六十四屯和海兰泡的华民，将他们逼入黑龙江溺水而亡，这时黑龙江可以看作冲突中的军事工具。

事件的评判标准更详细，收录的事件也更全面。因此，本章借鉴 IWED 已收录的中俄两国在黑龙江流域涉水事件，在此基础上对其进行更新和扩充。IWED 中所收录的是 1948—2008 年间涉水合作或冲突事件，内容只涉及水消耗（比如水量、水质）或水量管理（比如洪水或防洪、航行用途的水位），而其余涉水事件均不包含在内（比如水作为武器、受害体或战争目标、航运或建造港口、边界或领土纠纷（比如控制河中岛屿）、水电交易、涉及流域外第三方、国家内部问题）。本章将补充 1948 年以来黑龙江流域其余涉水事件（比如航运、边界或领土纠纷等）以及将时间更新至 2016 年。本书将对每项事件进行描述，并根据 BAR 等级对其进行赋值从而体现每项事件的合作或冲突程度（见表 5-1）。这些事件可以粗略地反映出在一定时期内中俄两国围绕黑龙江涉水互动的历史变化趋势、合作和冲突的程度，以及合作内容的明显特征。

鉴于已有数据库中对中俄围绕黑龙江涉水事件收录较少，所以本书中所收录的涉水事件的来源渠道除了 IWED 以外，更多的是从中国外交部网、新华网、人民网、环球网、凤凰网、环保部网、水利部网、黑龙江省环保厅网、俄罗斯《消息报》、俄罗斯卫星网、俄罗斯阿穆尔信息网、美国《纽约时报》等国内外新闻媒体和《黑龙江省志》等国家和地方志鉴中收集得来。①

在此还需要对本章中研究两国围绕黑龙江互动关系的时间段进行说明。时间段从 1949 年至 2016 年，包括苏联时期但是不包括 1949 年以前的涉水事件，出于两点考虑：（1）中俄时期的互动关系是中苏时期

---

① 需要对统计数据进行说明的是，由于记录手段和信息技术的差异，2000 年以前的涉水事件相对不够全面，因此会对统计结果有所影响。比如，中苏国境河流航行联合委员会第 8—10 次和第 12—14 次会议的具体召开年份无法得知，因此在整体统计中将这些会议计算在内，而具体到年份的统计中则未计算在内。与此同时，还有多次航行联合委员会会例会的召开年份是推算出来的。同样地，中俄渔业合作混合委员会的多次例会的召开年份也是推算出来的。这一点会在下文的事件统计表格中标注出来。除此之外，还有许多事件的发生时间只确定到年份，具体的日期无法得知，但并不影响统计结果。

的延续，苏联时期双方围绕黑龙江的涉水互动事件意义重大；（2）从1949年开始，双方围绕黑龙江水资源才开始真正意义上的合作，因此从那时起才算得上冲突与合作的交互关系。

本书收集到的1951—2016年中俄围绕黑龙江涉水事件共222项，涉及9个领域包括航行、渔业、边界领土、防洪、水电开发、联合管理、基础设施、水质和技术合作。由于事件数据较多，篇幅较长，所以本书将关于中俄围绕黑龙江涉水事件的统计表放在最后的附录部分。

（二）结果分析

通过统计和分析中俄围绕黑龙江涉水互动事件，细致和全面地呈现出两国围绕黑龙江冲突与合作的互动特征和变化趋势。本书收集的1951—2016年中俄围绕黑龙江涉水事件共222项。在1951—2016年整个时期，黑龙江流域整体的风险等级平均值为1.92，大于1而小于2，表示该流域中俄间的涉水互动整体状态为合作，发生冲突的风险低。

1. 内容分析

1951—2016年间黑龙江流域涉水事件中，合作性事件所占比例大于冲突性事件的比例。其中，合作性事件（BAR等级大于等于1）共199项，占89.64%，程度最高的是签订涉水协定或协议（BAR等级为6）；冲突性事件（BAR等级小于等于-1）共22项，占9.91%，程度最高的是边界小规模战斗、边警行为和封锁行为（BAR等级为-5），没有发生-6和-7等级的冲突事件；中立性事件（BAR等级为0）共1项，占0.45%。（见表5-2和图5-1）

表5-2　　　1951—2016年黑龙江流域风险等级评价结果一览

界河	事件数量	流域风险等级平均值	流域风险等级最大值	流域风险等级最小值	合作事件	冲突事件	中立事件
黑龙江	222	1.92	6	-5	89.64%	9.91%	0.45%

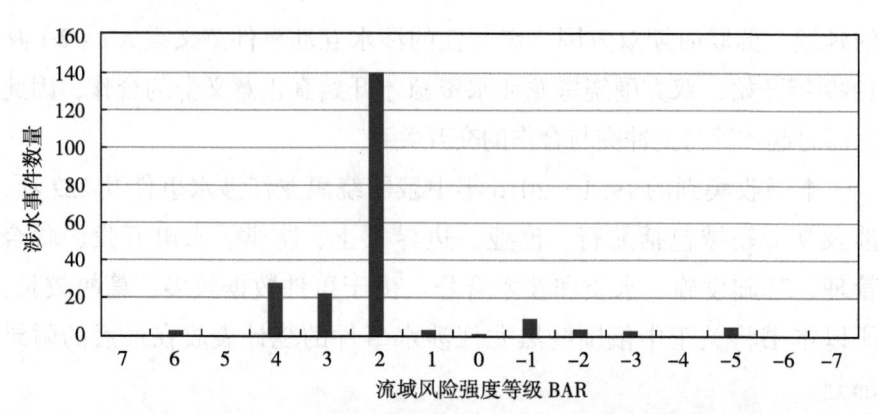

图5-1　1951—2016年中俄围绕黑龙江涉水事件强度等级分布

2. 变化趋势分析

如果分别统计1951—2016年历年涉水互动合作和冲突事件的数量，结果为图5-2所示。总体来看，中俄围绕黑龙江的涉水互动事件在20世纪80年代后期开始增多，而且增多的事件以合作性质为主。分别计算1951—2016年黑龙江流域的风险等级值可以看出，除了在1963—1974年间出现大幅波动以外，其余时间段均较稳定地在等级2上下波动，幅度在 –1 至 2 之间。流域风险等级最低值（BAR 为 –5）仅在1967—1970年间出现过5次。（见图5-3）

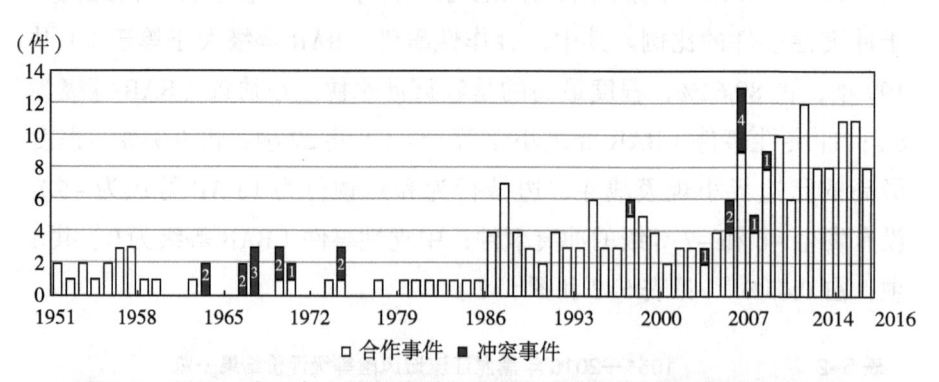

图5-2　1951—2016年中俄围绕黑龙江涉水互动事件数量及性质年际变化

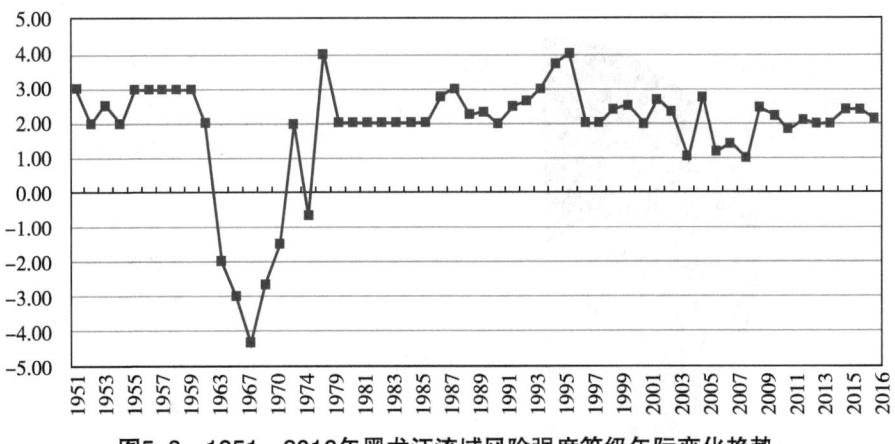

图5-3　1951—2016年黑龙江流域风险强度等级年际变化趋势

虽然黑龙江流域国家除了中国和俄罗斯以外还包括蒙古国和朝鲜，但中俄之间的涉水事件是最主要内容。在笔者收集黑龙江流域涉水事件时，仅搜索到了三件关于蒙古国和朝鲜的涉水事件，分别是1989年9月12日中朝代表会面商谈水电开发事宜、1994年4月29日中蒙签订关于跨界水资源使用和保护的协定和1995年2月21日蒙俄签订关于保护和利用边界水的协定。所以，从这个意义上来讲，中俄围绕黑龙江的涉水互动几乎可以看作黑龙江流域涉水事件的主要内容，也因而成为本书的主要研究对象。

从上文梳理的涉水事件可以看出，中俄两国围绕黑龙江的涉水互动涉及9个领域的内容，分别是航行、渔业、边界领土、防洪、水电开发、联合管理、基础设施、水质和技术合作。具体来看，这9个领域的涉水事件占总涉水事件的比例分别为：航行32.4%、渔业14.0%、边界领土纠纷6.8%、防洪2.7%、水电开发0.5%、联合管理25.2%、基础设施4.5%、水质9.9%和技术合作4.0%（见图5-4）。涉水冲突性事件集中在边界领土和水质领域；涉水合作性事件涉及的内容更广泛，基本覆盖上述所有领域。最高程度的冲突性事件涉及边界（BAR等级为-5）；最高程度的合作性事件涉及联合管理（BAR等级为6），签订了淡水协定。

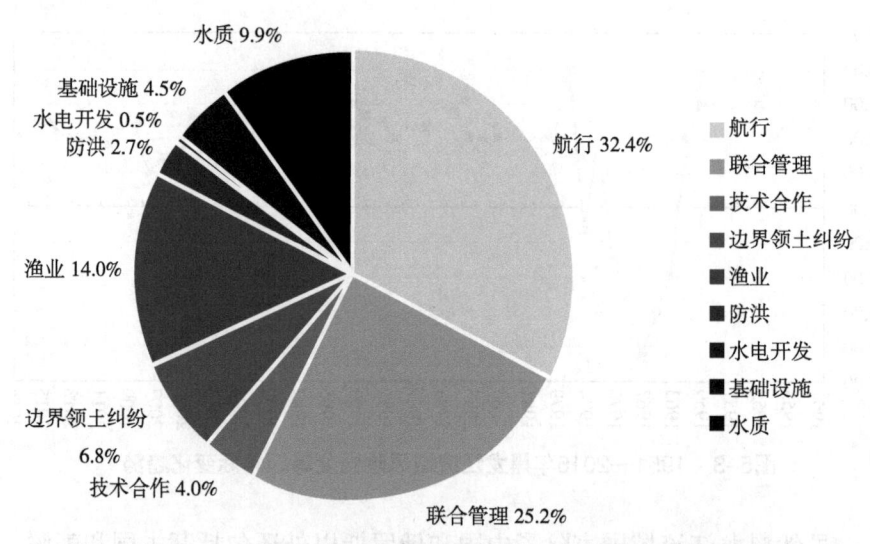

图 5-4　1951—2016年黑龙江流域中俄涉水事件内容结构

　　将中俄围绕黑龙江的涉水事件分成两个时间段，比较1951—1999年和2000—2016年两个时期发现有以下特征。（1）相比于1951—1999年的涉水事件，2000—2016年间合作性事件所占比例增加了5.8个百分点，相应地冲突性事件所占比例减少了5.8个百分点。（2）2000—2016年间黑龙江流域发生的涉水事件密度较大，2000年之前的49年内共发生涉水事件98件，而2000—2016年仅17年间就发生了124件。也就是说，2000—2016年间，黑龙江流域的涉水事件发生的频率增加了。（3）2000—2016年间冲突性事件的数量增加了，但冲突的程度却降低了，冲突性事件只是属于温和的或非官方的口头交涉程度，没有出现曾发生过的边界小规模战斗、边警行为和封锁行为（BAR等级为-5）。（4）1951—1999年和2000—2016年两个时期相比，进入21世纪之后，中俄围绕黑龙江的涉水合作范围更广泛。双方合作的重点不仅仅局限于航行、渔业、水利工程、边界谈判，而且开拓了新领域，包括跨界水体水质监测、边界自然保护区建设、生态环境保护和基础设施建设，在这些领域的互动频率较高。（见表5-3）

表 5-3　　1951—2016 年中俄围绕黑龙江涉水互动内容统计

领域	1951—2016 年 总计	1951—2016 年 合作	1951—2016 年 冲突	1951—1999 年 总计	1951—1999 年 合作	1951—1999 年 冲突	2000—2016 年 总计	2000—2016 年 合作	2000—2016 年 冲突
航行	72	71 (98.61%)	1 (1.39%)	42	41 (97.62%)	1 (2.38%)	30	30 (100%)	0
渔业	31	33 (100%)	0	16	16 (100%)	0	15	15 (100%)	0
边界领土	15	4 (26.67%)	11 (73.33%)	11	1 (9.09%)	10 (90.91%)	4	3 (75%)	1 (25%)
防洪	6	5 (83.33%)	0	1	1 (100%)	0	5	4 (100%)	0
水电开发	1	1 (100%)	0 (100%)	0	0	0	1	1 (100%)	0
联合管理	56	54 (96.43%)	2 (3.57%)	21	20 (95.24%)	1 (4.76%)	35	34 (97.14%)	1 (2.86%)
基础设施	10	10 (100%)	0	2	2 (100%)	0	8	8 (100%)	0
水质	22	15 (68.18%)	7 (31.82%)	0	0	0	22	15 (68.18%)	7 (31.82%)
技术合作	9	8 (88.89%)	1 (11.11%)	6	5 (83.33%)	1 (16.67%)	3	3 (100%)	0
总计	222	199 (89.64%)	22 (9.91%)	99	86 (86.87%)	13 (13.13%)	123	114 (92.68%)	9 (7.32%)

备注：防洪事件中有一项是中立，未体现在表格中。

三　小结

本章旨在从国际关系角度分析界河黑龙江在中俄关系中是一种什么样的因素，即随着中俄围绕黑龙江从冲突转变到合作，黑龙江在中俄关系中的作用和角色发生了怎样的变化。通过分析发现，这一变化并不是单因素作用的结果，而是国际格局、地区格局、两国力量对比以及国内政治四个方面因素合力而成，但最终都集中反映在双边整体关系的变化，然后再传递作用于两国围绕黑龙江的互动上。随着国际格局和地区格局的演变，中俄两国之间的力量对比和国际地位发生了有利于中国的变化，中俄两国达成合作互赢的共识，双边关系节节攀升，两国围绕黑龙江的互动也从冲突走向了合作。也就是说，中俄两国围绕黑龙江的互动受两国关系的影响。在这个过程中,黑龙江在中俄关系中的角色从消极因素变为了积极因素,从冲突的前线转变成合作的平台。为了更直接和全面地呈现上述定性分析,本章节还收集、整理和统计出了1951—2016年两国围绕黑龙江的涉水互动事件,利用流域风险强度等级(BAR)评价标准进行赋值,并对中俄关系与两国围绕黑龙江的互动的相关性进行回归分析。总的来说,(1)1951年以来,中俄(苏)围绕黑龙江涉水互动表现为冲突与合作交织,但整体状态为合作,流域发生冲突的风险较低;(2)涉水合作体现在9个领域,分别是航行、渔业、边界领土、防洪、水电开发、联合管理、基础设施、水质和技术合作。曾经引发冲突的边界领土问题得以解决,目前涉水冲突体现在水质领域,且程度较低。

第6章

界河因素视野下中俄围绕黑龙江涉水合作动因、问题及前景

第3、4、5章的分析表明,中俄两国围绕黑龙江的互动由冲突或纠纷逐渐发展成了合作,对这一过程产生直接影响的是双边关系的变化,可以说黑龙江是中俄关系的风向标。黑龙江界河从中俄关系的冲突因素变成了合作因素。黑龙江是河流也是边界,两国围绕黑龙江的合作归根到底要落实到涉水领域,这是基础,也是中俄两国未来围绕黑龙江合作的主要领域。合作目前是中俄两国围绕黑龙江涉水互动的主旋律,中俄需要围绕黑龙江继续合作,从而发挥黑龙江对两国关系的积极促进作用。然而,中俄围绕黑龙江的涉水合作本身存在着问题,同时它积极作用的发挥也面临着来自非涉水层面的制约因素。未来,合作的前景以及中国如何推动合作便值得思考和讨论。

一 涉水合作的动因

中俄围绕黑龙江涉水合作是共赢之选,它不仅有助于整个流域的可持续发展,而且有助于中俄关系的发展,防止涉水冲突或纠纷的发生对两国关系造成消极影响,甚至还能为两国关系增长提供着力点,这是超越于流域水资源之上的共享利益。

(一)维护界河黑龙江可持续发展

流域国家间涉水合作的最基本目的是对跨界水资源进行管理,实现流域多个领域的目标,从而确保流域水资源的可持续发展。可持续

发展是指既满足当前需求又不危害后代人满足其需求能力的发展。[①] 可持续发展涵盖经济、社会、环境三个方面，目标是在促进经济增长的同时，减少资源消耗、环境退化和污染，以保证资源的永续利用和良好的生态环境。流域可持续发展强调流域水资源利用与生态环境保护之间的平衡。水资源有着循环性、流动性及与其周边环境的关联性，流域水资源不仅面临着来自自然条件变化的影响，而且更多地承受着流域社会经济活动产生的影响。因此，需要流域国家合作对跨界水资源进行管理，利用多种不同的水资源管理办法，协调流域经济社会活动与流域水资源系统之间、流域国家之间的关系。

1. 应对气候变化的影响

随着黑龙江两岸社会经济的发展，流域生态环境已经受到影响。受工业排废、农药污染、生活污水的影响，黑龙江多处河段水质污染，尤其是流经产量区和城镇的支流最为严重。过度采伐导致流域两岸森林资源锐减，农田开垦使湿地和沼泽大面积缩减，从而加重水土流失和土地荒漠化。过度捕捞导致鱼类资源减少，栖息环境的破坏导致多种野生动物濒临灭绝，流域生物多样性遭到严重破坏。[②] 联合国环境规划署2016年完成的一项报告显示，黑龙江流域属于物种灭绝高风险区域。[③]

近年来，气候变化对生态系统的影响越来越引起全球的关注。对于自然生态环境而言，气候变化会导致冰川融化、海平面上升、极端气候事件频繁出现、土地荒漠化加速等。而这些自然生态环境的变化又会影响到人类社会的可持续发展。黑龙江流域同样面临着气候变化所带来的影响。于岚岚等人利用黑龙江流域18个水文站的气温数据对该流域的气候变化特点进行了研究，结果表明：从1950年到2010年，

---

① 1987年世界环境与发展委员会《我们共同的未来》（*Our Common Future*）对可持续发展的定义。

② 邹春燕、丁丽、黄清：《中俄界河黑龙江生态环境保护与治理的对策研究》，《林业经济问题》2014年第3期，第195—196页。

③ United Nations Environment Programme. Transboundary River Basins: Status and Trends, January 2016, p.5.

黑龙江干流以及流域中俄两侧地区的年均气温都显著升高。[①]气候变化通过引起黑龙江流域气温和降水量的变化，从而影响到该流域的生态环境。中国地质科学院的易卿等研究了气候变化对黑龙江流域生态环境的影响，结果表明：在黑龙江流域气候变暖的趋势下，多年平均降水量以22.05mm/（10a）的倾向率减少，再加上人为活动的影响，导致该流域出现了一系列生态环境的变化，包括植被覆盖率降低、森林生态系统退化、湿地萎缩、土地沙漠化扩大等。[②]气候变化对黑龙江水资源及生态环境的影响同时涉及中俄两国，需要双方共同合作应对，才能维护流域可持续发展。

2. 避免突发事件造成跨界影响

2005年11月13日，发生在松花江的化学物质泄漏事故演变成黑龙江水污染的跨界事件。这起事件不仅暴露了黑龙江流域存在已久的水污染问题，而且反映了中俄两国在跨界水资源领域合作还存在不足。在跨界水资源方面，此前两国缺乏明确的水污染防治具体措施，缺乏定期的水质监测工作。

2005年松花江水污染事件是对中俄两国的考验，提高了双方对跨界水污染的重视程度，同时也为之后双方合作预防和解决跨界水污染问题提供了经验。2006年的牡牛河水污染事件就是反映中俄跨界水合作进展的一个案例。2006年8月，在我国境内的牡牛河上发生了化学工厂泄漏的突发事件。事发后，当地政府迅速积极应对，尽最大努力阻止污染物流入松花江。根据中俄两国于此前达成的联合监测跨界水水质协定，中国政府向俄罗斯通告了污染物排放情况，双方共同在中国境内监测跨界水水质。俄方确认其境内部分未受到污染物造成的环境影响。

另一个案例就是，2010年7月28日吉林市化工桶被洪水冲入松花江事件。受洪水影响，吉林市永吉县发生特大洪水，当地两家企业库房的约7000只物料桶被洪水冲入松花江，其中有约3000只桶装有三甲

[①] Yu, L. L., Xia, Z. Q., Cai, T., "Climate Change Characteristics of Amur River", *Water Science and Engineering*, 2013(2), pp.131-144.

[②] 易卿、程彦培、张健康、董华、刘坤、倪增石：《气候变化对黑龙江－阿穆尔河流域的生态环境影响》，《南水北调与水利科技》2014年第5期，第90—103页。

基一氯硅烷等化工原辅料。事故发生后,当地政府立即采取措施,在松花江沿途设置8道浮桥防线以将原料桶全部拦截在吉林省境内;当地环保部门沿江设置7个监测断面,连续跟踪监测水质,结果显示松花江水质符合标准,黑龙江段没有出现异常。[①]根据中俄已经签订的有关协议,包括2008年的《中俄关于合理利用和保护跨界水的协定》和《中俄关于建立跨界突发环境事件通报和信息交换机制的备忘录》,中国政府及时与俄方沟通。7月29日,中国环保部就向俄方通报了事故的相关信息。8月2日,中国驻哈巴罗夫斯克领事馆向俄罗斯紧急状况部远东地区中心发出信函,告知事故进展以及水质监测结果。中国在应对此次突发事件时采取了快速有效的处理措施,并且做到信息及时通报和公布。

这些行为反映出中国应对突发事件的能力日趋成熟,同时也表明中俄两国在黑龙江界河跨界水资源方面的合作效果显著。中国在此次事故中的行为得到了俄罗斯自然资源与生态部副部长迈达诺夫的高度评价。[②]

3. 改善跨界水体水质

由前文可知,在黑龙江流域早就存在着水污染现象,中俄两侧都存在着排放未经适当处理的农业、工业污水和农业废水情况。2005年松花江水污染事件发生后,中俄两国除了积极合作应对这次突发事件造成的跨界影响之外,还建立了应对未来可能出现的跨界水污染及跨界水质保护的长效合作机制。双方建立了跨界水体水质联合监测机制,成立了中俄跨界水体水质联合监测协调委员会来落实联合监测计划。针对包括黑龙江在内的边界水体的联合监测工作从2007年开始,至今已开展30余次,监测频次为每年2—3次。两国在国内也分别采取了防治水污染的措施。黑龙江省把松花江污水治理作为重点任务。"十一五"期间,中国累计投入124亿元实施《松花江流域水污染防治

[①]《与时间赛跑——吉林打捞松花江化工物料桶纪实》,中央政府门户网站,http://www.gov.cn/govweb/jrzg/2010-08/02/content_1669721.htm。

[②]《松花江物料桶事件显示中国应对突发事件日趋成熟》,凤凰网,http://news.ifeng.com/mainland/special/songhuajiang/content-2/detail_2010_08/02/1874030_0.shtml。

规划（2006—2010 年）》，包括工业污染和城市污水治理等。"十二五"期间，黑龙江省继续实施相关规划项目。有 404 个规划项目开工率达到 54.7%，黑龙江省城市污水处理率达到 70%。[①]俄罗斯也加强了对黑龙江水资源和流域环境的重视。2007 年 5 月，俄杜马两个委员会通过了《阿穆尔河与额尔古纳河流域环境管理和阿穆尔区域与外贝加尔可持续发展》法律文件。2009 年 4 月，哈巴罗夫斯克边疆区立法杜马的社会经济发展委员会通过了《阿穆尔河流域合理自然管理》法律文件，之后向国家杜马提交了该法案。

跨界水污染问题的凸显在一定程度上促成了中俄建立针对跨界水合理利用和保护的合作机制。2008 年签署的《中俄关于合理利用和保护跨界水的协定》是中俄在跨界水合作方面的标志性成果，具有里程碑意义。在这份协定中，保护跨界水污染是重要内容之一，具体体现在"预防和减少由于污染物的排放而导致的对跨界水的跨界影响""对有关信息进行交换""对跨界水进行监测以定期获取有关跨界水水质状况的信息""采取联合行动利用和保护跨界水""采取联合水源保护措施""制定统一的跨界水水质标准"等。

从 2007 年开始至今，中俄开展了十多年的跨界水体水质联合监测，逐步形成了两国围绕界河黑龙江水资源保护的新格局。通过中俄两国在水污染治理方面的合作努力，黑龙江总体水质趋于好转，水质介于一类和二类之间，生态持续改善。[②]根据《2018 年黑龙江省生态环境状况公报》，黑龙江水系和松花江水系的水质都以Ⅰ—Ⅲ类为主，比例分别是 46.7% 和 59.0%。[③]

[①] http://www.hprc.org.cn/leidaxinxi/jjst/201307/t20130703_228342.html.

[②] 《中俄界河黑龙江生态环境持续改善》，新华丝路网站，https://www.imsilkroad.com/news/p/33463.html。

[③] 根据《地表水环境质量标准》，地表水被划分为五类：Ⅰ类适用于源头水，国家自然保护区；Ⅱ类适用于集中式生活饮用水地表水源地一级保护区、珍稀水生生物栖息地、鱼虾类产地、仔稚幼鱼的索饵场等；Ⅲ类适用于集中式生活饮用水地表水源地二级保护区、鱼虾类越冬场、洄游通道、水产养殖区等渔业水域及游泳区；Ⅳ类适用于一般工业用水区及人体非直接接触的娱乐用水区；Ⅴ类适用于农业用水区及一般景观要求水域。Ⅰ、Ⅱ和Ⅲ类为饮用水；Ⅳ、Ⅴ和劣Ⅴ类为污水。

4. 提高黑龙江跨界流域水资源管理水平

流域水资源管理的目的就是协调社会活动与生态系统之间的关系，实现流域可持续发展。20世纪50年代以来，中俄在黑龙江地区的涉水合作朝着流域水资源管理的方向发展，合作领域逐渐拓宽，合作程度逐渐提高。2000年以前，中俄（苏）围绕黑龙江的合作可以看作双方旨在实现流域水资源管理的初步努力，这一时期双方进行流域管理的目标侧重于利用。在航行和渔业方面的合作管理进展稳定。《中俄（苏）国境河流航行规则》为两国共同管理边界河流航行事宜（航行规则、航道建设、航标管理、违章航行等）提供了依据，中俄（苏）国境河流航行联合委员会负责实施。《中俄（苏）渔业合作协定》为两国共同管理边界河流渔业事宜（渔业捕捞和生产、保护水生生物资源等）提供了依据，中俄（苏）渔业合作混合委员会负责实施。中俄（苏）曾两次计划对黑龙江水资源进行综合利用，因此双方组成联合委员会对黑龙江流域进行前期考察和规划，最后因没有达成一致而基本以失败告终。在水资源开发利用方面的合作到20世纪末期基本处于停滞状态。在环境保护方面的合作刚刚起步，水平较低。《中俄环境保护合作协定》体现了中俄两国在边界河流环境保护方面的合作意向，提供了合作的宏观框架协议，然而没有进一步给出具体详细的合作措施。

2000年以后，中俄在黑龙江地区的涉水合作进一步向水资源管理的阶段迈进，流域经济与环境之间的平衡发展受到越来越多的重视，双方进行流域管理的目标是利用和保护。两国在黑龙江水污染防治和生态环境保护方面的合作得到快速实质性发展，包括跨界水体水质联合监测、界河应急突发事件应对、信息交换加强、联合建立自然保护区等。在双方总理定期会晤机制之下成立了环境保护分委会，并且又进一步成立了专门负责跨界水资源合理利用和保护的合作委员会。除此之外，2013年黑龙江洪水之后，双方在防洪领域的合作也取得了一定的进展。

由此看来，中俄之间围绕黑龙江界河建立的合作机制对约束跨界水资源的不合理使用行为，提高对流域生态环境的保护意识以及共同采取有效措施防止水质和生态恶化，提高了双方对黑龙江水资源的管理水平，使黑龙江水资源朝着可持续发展的方向前进。

（二）促进中俄关系发展

由国际河流引发的紧张状态也许并不能决定流域国家间关系的性质，但在某种程度上会对流域国家间经贸关系产生一定的影响。在流域涉水关系紧张的状态下，流域国家可能调整对外政策，通过有利于自己的贸易政策而减少与其他流域国家间的贸易往来，甚至增加军事力量以获取外部跨界水资源安全。如果流域国家围绕国际河流进行合作，不仅可以防止由国际河流的使用和开发等引发的纠纷对流域国家间经贸领域的消极影响，还可以促使流域国家间实现更广泛范围内的合作。

当前，中俄关系以中蒙俄经济走廊建设为契机，借助黑龙江界河这一枢纽构建起贯通南北、辐射东西的交通运输网和国际贸易通道，同时开发利用黑龙江水电资源，为地区经济和人文领域的发展提供有利条件。

1. 避免界河成为中俄关系发展的消极因素

黑龙江是中俄的边界，同时也是两国共享的水资源。在对黑龙江的使用、开发和管理过程中，必定存在着利益分歧，尤其是当涉及主权问题时。历史上，对位于黑龙江中黑瞎子岛的控制曾经成为引发中俄纠纷的来源，虽然这并非造成两国关系出现重大变化的主要原因，却对双边关系和两国在黑龙江毗邻地区的关系产生着消极影响。为了解决两国的边界争议，避免其对双边关系的负面影响，中俄从20世纪60年代开始进行谈判。为了有利于顺利解决界河中争议岛屿的归属权划定，中俄达成了对争议岛屿及其附近水域进行共同经济利用的共识并签署了协定。该协定有利于防止出现中俄两国采取单边行动，从而保证双方的各自利益，中国船只可以在争议岛屿附近行驶，而俄罗斯可以保持以前对争议岛屿的使用方式。这是中俄围绕跨界水资源联合利用和管理以防止涉水冲突出现的成功案例。[1]

---

[1] James D. Fry, Agnes Chong, "International Water Law and China's Management of Its International Rivers", *Boston College International & Comparative Law Review*, 2016(39), p.251.

2004年，中俄两国的边界划分得以彻底完成，边界争议问题得到妥善解决，即黑瞎子岛为中俄两国平分。曾经的边界划分问题也许不再会成为中俄纠纷的因素，然而关于黑龙江的水资源对两国关系的潜在消极影响却不能忽视。黑龙江跨境污染已经引起中俄两国的关注和重视，成为两国在跨界水领域的潜在争端，好在两国对污染问题的妥善处理和积极互动不仅有效阻止了跨境污染对双边关系可能造成的负面影响，而且极大地促进了两国在跨界水方面的合作。然而，关于黑龙江还存在其他潜在的问题，比如中俄对黑龙江流域各自境内部分水资源的开发利用可能引发的跨界影响及误解；自然环境破坏导致黑龙江沿岸水土流失或堤岸因冲刷出现国土流失与河流中心线变化产生的边界划界问题等。这些问题都会产生跨界影响，是影响中俄关系发展的潜在消极因素，因此需要中俄两国的重视和共同合作以尽早妥善处理。

2. 借助跨黑龙江通道建设提升互联互通水平

现阶段，制约中国与俄罗斯合作的最大因素就是交通运输基础设施严重滞后。两国之间最短的运输途径就是通过黑龙江进行水运，但在中俄之间漫长的界河边界线上只有数量较少的几个口岸，且运行状况并不佳。黑龙江沿江中国一侧有9个经国家批准的水运口岸，对面俄罗斯一侧有9个相应的口岸，其中只有5个处于开通状态（见表6-1）。口岸设施落后、运输能力弱、成本高，极大地阻碍了中俄边境贸易和人员往来。在黑龙江上修建跨江大桥则可以贯通中俄之间的南北向交通运输通道[①]。有两座跨黑龙江大桥的修建工程取得了重大进展。中俄同江—下列宁斯阔耶界河铁路大桥于2008年立项，2014年2月正式奠基开工，全长约7193.71米，跨江大桥主桥长2215.02米，引桥4978.69米，中方负责约85%的主桥标段及全部引桥建设，俄方负责约15%的主桥标段建设。2019年3月20日，中俄双方都完成了各自一侧的建设工程，两国首条跨境铁路大桥主体部分顺利合龙。2015年，中俄签署

---

① 中俄在黑龙江地区的往来运输以船运为主。受气候影响，黑龙江干流冰封期较长，最长至每年6个月，因而船运受限。从2007年起，黑龙江省通过搭建跨江浮箱固冰通道以破解冰封限制。

协议合作修建黑河—布拉戈维申斯克黑龙江大桥及跨江索道，筹划修建这座大桥的时间长达27年。这座跨境公路大桥于2016年12月24日开工修建，全长19.9千米，其中在中方境内6.5千米，俄方境内13.4千米，桥梁长1284米。2019年5月31日，这条跨境公路大桥实现合龙。此外，列在黑龙江界江大桥建设项目内的还有正在计划建设的洛古河大桥。跨黑龙江界河的大桥，南侧与中国东北地区连接，沿东北三省交通网延至全国，北侧与俄罗斯远东地区连接，向西沿西伯利亚大铁路穿越俄罗斯西部进入欧洲。

表6-1　　　　　　　黑龙江界河江段两侧的中俄口岸一览

中国一侧口岸	批准恢复时间	俄罗斯一侧对应口岸	运行状态	累计实现运输出入境旅客人数(万人)	累计实现运输进出口货物吨数(万吨)	说明
漠河	1988年	加林达	未开通			开通至2007年俄罗斯单方休关
呼玛	1993年	乌沙阔沃	未开通			双方已建成，未开通
黑河	1982年	布拉戈维申斯克	已开通	1560	657	过客能力最强
孙吴	1993年	康斯坦丁诺夫卡	未开通			未建成
逊克	1989年	波亚尔科沃	已开通	37	50	不通铁路，货物多次装卸，运输成本高，码头设施落后
嘉荫	1989年	帕什科沃	未开通			开通至2012年俄方闭关维修
萝北	1988年	阿穆尔捷特	已开通	46	124	不通铁路，货物集散环节多、成本高
同江	1986年	下列宁斯阔耶	已开通			公路运输，运输能力弱，通关效率低，贸易主体规模小
抚远	1992年	哈巴罗夫斯克	已开通	225	145	明水期开关，"半年闲"

资料来源：吕萍《黑龙江省边境口岸发展现状》，《俄罗斯学刊》2015年第2期，第44页。

3. 依托黑龙江打造江海联运

中国黑龙江省和俄罗斯阿穆尔州、犹太自治州都属于内陆，交通运输设施落后是制约这些地区经济发展的重要因素。黑龙江省是我国重要的原材料、粮食和机电装备基地，对货物运输方式要求较高。目前，黑龙江省的主要货物运输方式是铁路转海运，不仅运输成本高、运输压力大而且转运程序烦琐。俄罗斯远东仅有西伯利亚大铁路一条交通大动脉可以通往欧洲，严重滞后的基础设施极大地增加了贸易成本。界河黑龙江为缓解中俄都存在的陆运压力提供有利条件。黑龙江江宽水深，水流平稳，航运便利。黑龙江自西向东经鞑靼海峡直通鄂霍次克海，下游全部在俄罗斯境内，货船可从俄境内的尼古拉耶夫斯克港、瓦尼诺港等运抵日本、韩国等。借助全部在俄罗斯境内的黑龙江下游打造江海联运，将黑龙江省和俄罗斯阿穆尔州、犹太自治州腹地的货物通过俄罗斯境内黑龙江下游段运往我国沿海及日、韩等，实现江船与海船的对接联运。江海联运可以打破我国黑龙江水系的封闭格局，为黑龙江省获得水运出海的通道，对东北亚国际航运进行补充，还可以缓解铁路压力、降低运输成本、扩大贸易，促进地区经济发展。①

4. 凭借交通便利化增进人文合作

跨境基础设施的发展除了有利于贸易，还能促进跨境旅游。中国东北地区和俄罗斯远东地区都有着丰富的旅游资源，自然风光优美，而且颇具民族文化特色。毗邻的地理优势吸引着两地居民之间的旅游来往，大批的俄远东居民经过黑龙江赴中国旅游，占远东出境游总人数的96%，而赴俄远东旅游的中国人相对较少。② 跨境交通便利化可以

---

① 朱晓峰：《黑龙江水系江海联运发展策略》，载《水运管理》2008年第2期，第2—3页。1992年的《关于在黑龙江和松花江利用中俄两国船舶组织外贸货物运输的协议》和2004年的《关于中国船舶经黑龙江俄罗斯河段从事中国沿海港口和内河港口之间货物运输的议定书》为黑龙江海联运提供政策支撑。从1992年以来，江海联运已经得到了16年的实践，包括国际、国内两条航线，国际航线是：名山港—抚远港或尼古拉耶夫斯克港（换装）—日本酒田港，国内航线是：同江港—尼古拉耶夫斯克港（换装）—温州港。但目前江海联运运量较小，还未实现常态化，需要进一步发展。

② [俄]布雷：《21世纪初俄中在远东地区的合作成果》，《西伯利亚研究》2009年第4期，第22页。

大大提高跨境旅游人数，增加吸引力。除此之外，跨境基础设施的发展也有助于两地人文领域合作的发展，包括两地高校和科研机构之间的学术交流和培训、劳动力资源流动等。

5. 开发利用界河黑龙江的水电资源

经济发展离不开水和电，但我国东北地区水电短缺。黑龙江南侧的中国东北地区在全国属于轻度和中度缺水区域，尤其是吉林省，水资源最缺乏。黑龙江干流水量充沛，水能资源丰富，然而界河在我国境内的支流却因气候原因而出现水资源短缺加剧现象。比如，黑龙江在我国境内的最大支流松花江出现了连续 8 年的枯水期。[1] 东北地区水资源理论蕴藏量仅占全国总量的 1.8%。[2] 东北地区是我国的重要农业、工业基地，对水资源量需求大，尤其是黑龙江省，水资源短缺已经成为制约东北农业可持续发展的主要问题。东北地区电网供热机组所占比重较大，导致存在调峰困难问题。再加上，东北地区用电需求增速较快，预计到 2020 年和 2030 年该地区的最高负荷将分别达到 1.01 亿千瓦和 1.51 亿千瓦。[3]

界河黑龙江可以提供丰富的水资源和清洁水电能源。黑龙江中上游干流及支流上，水量充足，河流落差大，水能资源蕴藏量丰富且集中，水资源年际年内变化突出，是沿江地区开发的得天独厚优势。黑龙江干流界河段水资源可开发量 8100 兆瓦，中方一侧为 4050 兆瓦，[4] 水能理论蕴藏量为 550 亿千瓦时/年[5]。中俄两国未在黑龙江干流修建任何水利设施，双方只是在黑龙江位于各自境内的支流上修建了水电站和水库。相比之下，中国一侧的水利设施规模比俄罗斯小很多。俄罗

---

[1] 张郁、邓伟、杨建锋：《东北地区的水资源问题、供需态势及对策研究》，《经济地理》2005 年第 4 期，第 565 页。

[2] 张俊海、丁晓阳、杨悦：《黑龙江干流界河段梯级水电站开发问题的探讨》，《东北水利水电》2005 年第 12 期，第 2 页。

[3] 贾德香、白建华、梁芙翠：《中俄界河水电项目合作开发前景分析》，《能源技术经济》2010 年第 2 期，第 6 页。

[4] 姬忠光：《黑龙江国境界河水电开发与可持续发展》，《黑龙江水利科技》2007 年第 2 期，第 4 页。

[5] 贾德香、白建华、梁芙翠：《中俄界河水电项目合作开发前景分析》，《能源技术经济》2010 年第 2 期，第 5 页。

斯境内的结雅水电站和布列亚水电站跟中国境内的全部水利水电设施相当,俄罗斯仅1个结雅水库的库容量就超过了中国一侧所有水库的总容量。[1] 由于黑龙江干流上没有大中型控制性水利工程,所以水电开发程度低。黑龙江干流供水量不大,资源开发利用程度不高。界河黑龙江的水电开发容量和有效库容较大,分别为838万千瓦和427亿立方米,可以良好地缓解东北地区电网调峰、调频不足的现状,提高供电安全稳定性。[2]

基于此,国内部分从事水电能源研究的学者认为,中俄两国有合作开发界河黑龙江水资源的需求,界河黑龙江可以提供能源补充,保障能源安全,符合中俄双方的长远利益。[3] 在开发内河水电的同时积极促成黑龙江干流的开发。[4] 中国振兴东北和俄罗斯远东开发为双方在合作开发黑龙江流域水电资源提供了广大的空间和良好的前景,在适当的时候可将黑龙江流域水电合作开发重新提上日程,将短期防御性合作向长期开发性合作转变。[5]

二 当前涉水合作存在的问题

中俄开启黑龙江涉水合作至今已有60多年,但相对于欧美地区的跨界水合作而言尚存在诸多不完善之处。通过技术手段改进涉水合作固然需要,但需要给予更多重视的是完善涉水合作机制及其运行。

---

[1] Vladimir P. Karakin, "Transboundary Water Resources Management on the Amur River: Competition and Cooperation". Environmental Risks to Sino-Russian Transboundary Cooperation: From Brown Plans to a Green Strategy, 2011, p.98.
[2] 贾德香、白建华、梁芙翠:《中俄界河水电项目合作开发前景分析》,《能源技术经济》2010年第2期,第6页。
[3] 贾德香、白建华、梁芙翠:《中俄界河水电项目合作开发前景分析》,《能源技术经济》2010年第2期,第5页。
[4] 姬忠光:《黑龙江国境界河水电开发与可持续发展》,《黑龙江水利科技》2007年第2期,第3页。
[5] 周翔宇:《黑龙江流域跨境水电开发的多层次主体协同合作机制研究》,《水利经济》2016年第2期,第21页。

（一）未成立流域综合管理机构

《21世纪议程》第十八章第九条指出，水资源应按流域进行综合管理，以流域为单位进行综合管理已为许多国家和国际组织所接受和推荐，并形成一股潮流成为国际公认的科学原则。[①]流域水资源综合管理是协调流域自然和社会经济各要素、实现流域水资源可持续发展的一种有效办法。中俄围绕界河黑龙江建立了不同领域的合作机制，体现了双方对黑龙江的联合管理，促使两国对黑龙江的管理朝着多目标的流域综合管理方向发展。然而，中俄对黑龙江的综合管理水平仍有待提高。当前，双方对黑龙江的管理分别体现在航行、渔业、水污染防治、生态环境保护领域、防洪领域，而并没有做到将这些不同领域的管理系统地综合起来，不能实现综合管理自然资源、生态环境与社会经济发展的目标。中俄成立了这些不同领域的联合管理机构，比如中俄国境河流航行联合委员会、中俄合理利用和保护跨界水联合委员会等，却还未成立流域综合管理机构。除此之外，当前中俄对黑龙江的管理也无法实现综合管理的目标。流域综合管理的目标是协调流域社会经济发展与水资源开发利用之间的关系，实现自然要素和社会要素之间的平衡，这不仅涉及生态环境的保护，还涉及流域水资源的合理开发和利用。水资源分配、洪水、水资源污染往往是流域国家对流域进行管理的核心内容，因为这些问题随着水稀缺的日益凸显而变得越来越重要。在黑龙江，目前中俄所开展的流域管理中未涉及水资源的开发和分配问题。

（二）不同领域的合作水平参差不齐

中俄围绕黑龙江的合作基本涵盖了国际河流合作的大部分领域，然而这些领域的合作状况却参差不齐。主要体现在合作时长与合作程度两个方面。从合作时长来看，航行和渔业领域的合作起步早且进展稳定；边界谈判和跨界水体水能开发的合作起步早却进展曲折，其中边界谈

[①] 何俊仕、尉成海、王教河编：《流域与区域相结合水资源管理理论与实践》，中国水利水电出版社2006年版，第26页。

判最终达成一致，而跨界水体开发利用合作前景不明朗；跨界生态环境保护领域的合作起步晚却进展最快。从合作程度来看，虽然中俄双方在航行、越野、环境保护、跨界水质监测、污染防治、突发环境事件通报和信息交换、防洪领域建立了合作机制，范围广泛，然而这些合作机制程度不同。航行和渔业合作机制相对比较成熟；在防洪领域已经建立了多层次的合作关系，但合作机制尚处于初级阶段；在跨界水质、跨界环境保护领域的合作机制已经建立起来，纳入了中俄总理定期会晤委员会框架，级别较高，且运行效果良好，但仍然有很大的提升空间；在跨界水开发利用方面的合作基本上处于搁浅状态，没有建立相应的合作机制。

（三）法律基础不够完善

中俄已经达成了一系列涉及黑龙江的协定，为双方在该领域的合作提供了一定的法律基础，但却不够完善，体现在两个方面。①未签订专门针对黑龙江水合作的协定。中俄之间签订了一系列关于国境河流、跨界水资源以及边界的协定和协议，适用但不局限于黑龙江界河。然而，这些中俄涉水协定和协议本身存在着适用范围的模糊性。2006年签订的《中俄国界管理制度协定》中规定两国的涉水合作适用范围为边界水，即"国界线所通过的河流、湖泊或其他水域"。2008年签订的《中俄关于合理利用和保护跨界水的协定》中规定两国的涉水合作适用范围为跨界水，即"任何位于或穿越中华人民共和国和俄罗斯联邦国界的河流、湖泊、溪流、沼泽"。这两个协定中对于中俄涉水合作适用对象的规定基本一致，都是指两国的边界水域，然而却并没有明确是否适用于边界河流、湖泊等的支流甚至整个流域，更没有明确是否包含地下水。因此，无法确定黑龙江在中俄两国境内的支流上所发生的事件或产生的影响是否属于两国签订涉水协定的适用范围，容易引发纠纷。所以，中俄双方需要签订专门针对黑龙江界河合作的协定或协议，并且明确其适用范围。②中俄涉水协定或协议不够具体。与目前在国际社会中获得广泛认可和影响力的国际多边涉水公约（1966年的《赫尔辛基规则》、1992年的《跨界水道和国际湖泊保护与利用公约》和 1997 年的《国际水道非航行使用法公约》)[①] 相比，中俄之间签订的关于黑龙江的涉水协定就显得过于简单，表现为条款数目少，条款内容粗略，还存在内容缺失。[②] 比如，2008 年的《中俄关于合理利用和保护跨界水的协定》只规定"在考虑经济、社会、人口等因素的基础上公平合理利用和保护跨界水"，然而评判公平合理利用跨界水的标准并不明确，这就为日后的纠纷留下隐患，这对于两国在跨界水资源的合作方面构成了隐患[③]。俄罗斯自然资源与生态部前部长尤里·特鲁特涅夫认为，虽然《中俄关于合理利用和保护跨界水的协定》倡导跨界水资源可持续管理和保护，但这个协定主要关注点却是跨界水体水质监测。[④]

（四）管理机构和部门之间缺乏协调

中俄围绕界河黑龙江的合作存在多机构和多部门管理的现象，缺乏能够统筹各机构和各部门的整体协调机制。首先，从中俄两国合作层面来看，在黑龙江地区，根据水资源的不同功能，中俄两国围绕界河黑龙江的合作分别被不同的联合机构所管理，在双方国内也是由不同的管理部门负责执行。比如，在航行领域，中俄之间的合作由两国

[①] 1966 年的《赫尔辛基规则》、1992 年的《跨界水道和国际湖泊保护与利用公约》和 1997 年的《国际水道非航行使用法公约》，为规范国际淡水资源利用和保护提供了依据和规范。中俄两国都没有加入这些国际多边涉水公约，但中俄黑龙江合作所遵循的原则与国际多边涉水公约的规则一致，比如"公平合理利用""不造成重大损害""合作""防止、控制和减少任何跨界影响""和平解决争端"等原则。比如，2006 年的《中俄国界管理制度协定》提到了"预防和减少边界水的跨界影响"；2008 年中俄签订的《中俄关于合理利用和保护跨界水的协定》明确写道："采取联合行动""公平合理利用跨界水""开展合作"。

[②] Chen Huiping, "The 1997 UNWC and China's Treaty Practice on Transboundary Waters", Presented at the UNWC Global Symposium in University of Dundee, 10-14th June 2012, p.22.

[③] Patricia Wouters, "China's Soft Path to Transboundary Water Cooperation Examined in the Light of Two UN Global Water Conventions - Exploring the 'Chinese Way'", *The Journal of Water Law*, 2011, 22(6), p.240.

[④] Vladimir P. Karakin, "Transboundary Water Resources Management on the Amur River: Competition and Cooperation". Environmental Risks to Sino-Russian Transboundary Cooperation: From Brown Plans to a Green Strategy, 2011, p.87

成立的国境河流航行联合委员会负责；在渔业领域，合作由中俄渔业混合委员会负责；在水质保护领域，合作甚至由两个委员会负责，分别是中俄总理定期会晤委员会环境保护合作分委、中俄合理利用和保护跨界水联合委员会。其次，从中俄两国国内层面来看，也存在多部门管理现象。在我国，不同的部门有不同的职能，分管不同的领域，比如航行由交通部负责、水资源利用和开发由水利部负责、渔业由农业农村部负责等。与此同时，俄罗斯国内的水资源管理也较为复杂，对流域的管理权可以是所在主体的行政管理机构，也可以是按照规定部分移交给联邦主体管理机构。[1] 在黑龙江合作涉及多机构和多部门的情况下，需要协调和统一彼此之间的活动，包括协调两国国内相应部门与两国联合机构之间的衔接、协调两国国内各自相应部门之间的衔接，从而避免出现"多龙治水"而互相推诿职责的情况。

（五）合作落实程度不足

中俄两国围绕黑龙江跨界水资源在战略层面签署了一系列协定并建立了相应合作机制。合作协定的内容需要相应合作机制中的各专门委员会进行具体落实和执行。[2] 然而，中俄的各专门委员会在对跨界水利用和保护上存在着认识和标准的差异，影响合作的落实效果。比如，2008年的《中俄关于合理利用和保护跨界水的协定》中合作内容部分第12条提到，共同开展科学研究，制定统一的跨界水水质标准、指标。然而，中国的环保部和俄罗斯的水资源署在水质标准上存在着明显的差异，俄罗斯的水质标准较中国更严格，这种差异阻碍了跨界水开发和利用项目的开展，也不利于对界河黑龙江水资源的保护。[3] 到目前为止，中俄双方还并未制定统一的水质标准。可借鉴国际经验，切实落实跨界水合作措施。美国和加拿大为了解决国际河流、湖泊水资源问

---

[1] 王爱新：《中俄毗邻流域生态安全合作对策建议》，《西伯利亚研究》2015年第4期，第34—35页。
[2] 周海炜、郑莹、姜骞：《黑龙江流域跨境水污染防治的多层合作机制研究》，《中国人口·资源与环境》2013年第9期，第123页。
[3] 卞锦宇、耿雷华、田英：《中俄水质标准的差异及其对我国跨界河流开发与保护的影响》，《中国农村水利水电》2012年第5期，第3页。

题，创立了国际联合委员会。20世纪中期，美国和加拿大之间的五大湖水质退化严重，国际联合委员会便成立了大湖水质的专门研究机构，签订了《五大湖水质协定》，明确了水质标准，为两国控制跨界水污染、实现跨界水质目标提供了具体有效的法律依据。[①]

三 涉水合作的前景

中俄围绕界河黑龙江的涉水合作既面临机遇，同时也存在挑战。一方面，涉水合作符合时代的发展要求，也得到两国政策的共同支持，有利于涉水合作的深化和拓展，有利于实现界河黑龙江在中俄关系中的积极促进作用；另一方面，涉水合作的进展受到诸多制约因素，限制界河黑龙江积极作用的发挥。

（一）符合时代发展需求

1. 绿色发展

进入21世纪之后，全球面临着越来越多的环境和资源问题。经过不懈努力，国际社会逐渐达成了绿色发展和可持续发展的共识。1992年联合国大会通过了《21世纪议程》，彰显了世界上大多数国家行动起来致力于可持续发展的决心。2015年，巴黎气候大会达成的《巴黎协定》对全球绿色发展的趋势形成强大推力。同年，联合国大会通过了《2030年可持续发展议程》，提出了可持续发展目标。改革开放以来，我国经济社会高速发展，随之而来的是日益凸显的生态环境问题，包括水资源污染、生态系统失衡、土地荒漠化、大气污染等。从党的十六届三中全会以来，如何处理环境与经济发展的关系一直是党和国家关注的重点，不断强调可持续发展理念。习近平总书记在2014年12月的中央经济工作会议指出，"现在环境承载能力已经达到或接近上限，必须顺应人民群众对良好生态环境的期待，推动形成绿色低碳循环发展新

[①] 水利部国际经济技术合作交流中心编：《北美跨界河流管理与合作》，中国水利水电出版社2015年版，第8页。

方式"。当前新的历史条件要求我们提出解决发展问题的新发展观念和新方法。2015年10月,中国召开党的十八届五中全会,会议提出新发展理念,将绿色发展作为关系中国发展全局的一个重要理念。党的十九大报告将绿色发展作为习近平新时代中国特色社会主义的重要内容,明确了建设美丽中国的要求。习近平总书记多次强调建设生态文明,推进绿色发展。绿色发展不仅解决了人与环境的关系,而且也强调改善生态环境就是发展生产力。绿色发展需要变革思维方式,树立以生态为核心的价值观,还需要利用科技创新来改变生产生活方式。

我国水资源存在着短缺和污染的问题。我国水资源总量在世界排名第四,而人均水量却不到世界人均水量的1/3。我国的大部分河流受到不同程度的污染,尤其是支流污染更加严重,而且水污染由地表向地下蔓延。水污染主要由农业、生活和工业用水造成。中国的水污染解决和防治需要依靠科技创新改变生产生活方式,利用节水技术提高水资源利用率和降低水资源消耗率,提高污水处理技术减少排入水中的污染物。然而,要实现水资源的可持续发展更需要树立以生态为核心的价值观,树立环保的理念。新发展理念为我国水资源的可持续发展提供了指导,有利于解决我国目前在水资源利用和开发过程中存在的问题,从而为整个国家经济和社会可持续健康发展提供保障。绿色与生产互为目的,坚持发展和保护并肩齐行。"十三五"规划中指出了绿色发展的指导意义:"必须坚持节约资源和保护环境的基本国策,坚持可持续发展","加快建设资源节约型、环境友好型社会"。《中华人民共和国国民经济和社会发展第十四个五年规划和2035年远景目标规划纲要》中提出,"要加快发展方式绿色转型","坚持生态优先、绿色发展"。

2000年以来,俄罗斯对于经济复苏的急迫要求使得其国内出现越来越多的污染问题。俄罗斯15%的领域受到环境污染,尤其是在伊尔库茨克、新库兹涅茨克等工业中心。[1] 俄罗斯全国每年生产的废物超过50亿吨,排污总量已达150亿吨。据耶鲁大学和哥伦比亚大学研究人

---

[1] OECD. Environmental Policy and Regulation in Russia, 2006, p.7.

员表明，俄罗斯排放的有害物质在世界上排名第三。① 在全俄河川径流总量中，只有约 10% 的径流量没有受到污染，叶尼塞河、伏尔加河、顿河等已受到不同程度的污染。② 俄罗斯饮用水达标情况不容乐观，影响到人民的饮水健康。所以，包括防治水污染在内的环境保护问题受到了俄罗斯政府的格外重视。为此，俄罗斯采取了一系列的措施，包括制定环境法规和成立了专门研究河流水文生态保护的研究室。俄罗斯于 2002 年颁布了《环境保护法》，确定了人与自然和谐发展的理念，为国家环境保护政策提供法律基础。该法规致力于"平衡地解决各项社会经济任务，保持良好的环境、生物多样性和自然资源"，③ 调整经济活动以实现环境保护，寻求经济利益与环境之间的平衡。俄罗斯环境基本法对环境保护与经济社会发展关系的调整可以表述为"协调关系，环境保护优先"。④ 在保护环境的优先条件下促进社会经济可持续发展，是时代的趋势，也是发展对中俄两国提出的要求，更表明了双方在绿色发展观念上的一致。

2. 优化能源结构

能源是支撑现代化发展和提高综合国力的重要基础，因此能源发展战略在国家整体发展战略中占据着不可替代的地位。当前，全球能源格局正在发生着深刻的变化。2014 年中期以来，全球能源供需关系失衡导致煤炭、石油、天然气等能源价格低迷，传统能源与新能源关系面临调整，地缘政治与油气供应国风险抬升为全球能源市场的稳定增添了更多的不确定性，同时人类社会正遭遇着能源生产和使用带来的严重环境压力。这些因素促使全球能源格局出现"西斜东倾"的变化。

---

① Елена Борисовна Тютюкина, Татьяна Николаевна Седаш, Анатолий Иванович Данилов. Государственая политика россии в .области охраны окружающей среды: Проблемы и пути решения. Экономический анализ: теория и практика. 2015, No.45, C. 16.

② 姜振军：《俄罗斯保护生态安全的措施分析》，《俄罗斯中亚东欧研究》2007 年第 6 期，第 10 页。

③ 《俄罗斯联邦环境保护法和土地法典》，马骧聪译，中国法制出版社 2003 年版，第 1 页。

④ 竺效、丁霖：《绿色发展理念与环境立法创新》，《法制与社会发展》2016 年第 2 期，第 191 页。

①能源生产国出现西斜。以 OPEC 为首的传统产油国遭受着国际油价对国内经济的严重冲击，而美国因为页岩气革命在能源生产上的影响力大幅提升，双方围绕油价和减产的斗争将会日益激烈。②能源消费国出现东倾。中国所在的亚太地区能源消费占全球比重提高。

全球能源格局的变化影响着国家的能源发展战略。中国是能源消费大国，连续 15 年位居世界能源市场榜首[①]。作为石油净进口国，中国对国际能源市场依赖度较高，同时能源品种和运输通道的单一性增添了中国能源安全的不稳定性。中国还面临能源利用低效率和污染造成的环境问题。俄罗斯是能源生产国，严重依赖石油出口，2014 年以来的油价暴跌对俄罗斯经济造成了巨大的负面影响。因此，对于中国和俄罗斯来说，双方都亟待推进能源转型与结构优化，以适应全球能源体系的变化要求。可再生能源是既可以促进经济增长又可以实现气候目标的核心要素，水能便是很方便的可再生能源之一。黑龙江水能资源丰富，而且目前利用率较低。所以，对于中俄来说，黑龙江对两国的能源发展战略都有着一定的重要性。因为黑龙江的界河地位，使得中俄双方在开发黑龙江水能资源时必须进行合作才能互利共赢。

（二）得到两国政策共同支持

中俄两国在对外战略和国内发展上有"需同性"，具有共同利益。为此，中俄之间已经达成了"丝绸之路经济带"与欧亚经济联盟对接、中国东北和俄罗斯远东共同开发对接的共识，为两国围绕黑龙江合作提供了强有力的政策支持。

1. 中俄关系良性发展提供和谐大环境

当前，中俄两国具备对外战略"需同性"。中俄两国在当前世界格局中的处境相似，都是新兴市场国家，都致力于推动世界多极化、国际关系民主化，同时又都面临着解决国内发展问题和抵御来自以美国为首的西方国家的压制。改革开放以来，中国经济社会持续发展，综合国力不断增强，随之而来的是以美国为首的西方社会宣扬的各种"中

---

① BP Statistical Review of World Energy, June 2016, p.1.

国威胁论",还为中国的和平发展制造了障碍。特朗普政府上台之后,调整对华政策,视中国为首要"战略竞争者",对中国发起多方位的打压,中美关系出现下滑。拜登政府延续了对华竞争的总趋势。对抗似乎一直是俄罗斯与以美国为首的西方国家之间关系的核心话题,两者的关系在2013年乌克兰危机爆发后快速下滑,在2022年乌克兰危机升级后更是跌至低谷。面对北约东扩经济制裁,俄罗斯需要借重中国以缓解来自西方的压力。可以说,当前国际形势作为一种外力,推动中俄关系进一步深化发展,不断加强在立场相近或一致领域的合作,同时寻求在立场不同领域的互谅互解。从国内角度来看,国内发展作为一种内力,也在推动着中俄合作。中俄两国还都面临着解决发展的问题,要想实现经济发展,离不开开放与合作,而这就决定了和平稳定周边国际环境的必要性。中国始终坚持睦邻友好,重视发展周边关系,这是维护国家利益的重要举措。中国努力发展与俄罗斯双边关系的意愿又与俄罗斯的国家利益相契合,维护和平稳定的周边国际环境符合中俄两国的共同利益。这为中俄双方在黑龙江的合作提供和谐的大环境,有利于黑龙江在中俄关系中发挥积极促进作用。

2. "一带一盟"对接提供战略导向

2013年习近平主席提出了建设"丝绸之路经济带"的倡议,其中包括建设中蒙俄经济走廊,加强铁路、公路等互联互通建设,推进运输便利化,开展旅游、媒体、环保、减灾救灾等领域务实合作。[①] 对于"丝绸之路经济带"倡议,俄罗斯的态度从起初的不理解、怀疑甚至担忧逐渐发展到现在的认同、接受和支持。在中俄政府互相表示支持的情况下,两国于2015年5月8日发表《中俄关于丝绸之路经济带建设和欧亚经济联盟建设对接合作的联合声明》,标志着中俄两国高层在中国倡议的"丝绸之路经济带"和俄罗斯主导的欧亚经济联盟的相互关系上已经逐渐达成共识。[②] 2016年,习近平主席在人民大会堂与普京会

---

① 《习近平出席中俄蒙三国元首会晤》,新华网,2014年9月11日。
② 李兴:《"丝绸之路经济带"与欧亚经济联盟:比较分析与关系前景》,《中国高校社会科学》2015年第6期,第70页。

谈时，普京明确表示支持"一带一盟"对接合作。① 双方挖掘互补潜力，在互联互通、贸易、能源等领域进行对接合作。其中，互联互通是基础，不管公路还是铁路、水上还是地面，只有道路畅通才能促进各生产要素的自由流动。界河黑龙江约占中俄边界总长的63%，对双方建立互联互通起到重要作用。

共建"一带一路"将"以点带面，从线到片，逐步形成区域大合作"。② 2014年，为了贯彻推行"丝绸之路经济带"倡议，黑龙江省提出了构建黑龙江陆海丝绸之路经济带（"龙江丝路带"）的设想，大力推进大通道建设。"龙江丝路带"是一条横跨亚欧、联结陆海的国际物流通道，向北、向西陆路可经俄罗斯通往欧洲抵达波罗的海沿岸，向东可通过俄方港口经海路抵达日本和韩国。③ 互联互通是推动"龙江丝路带"的重要基础，黑龙江扮演着重要的角色。依托界河黑龙江，通过点面结合，打造江海联运，修建界河大桥，为构建"龙江丝路带"奠定重要的基础。

跨黑龙江大桥和中俄江海联运结合起来，将在中俄东部毗邻地区形成一条依托黑龙江、贯通南北、辐射东西的交通运输网和国际贸易通道，黑龙江南侧与中国东北地区连接，沿东北三省交通网延至全国，北侧与俄罗斯远东地区连接，沿西伯利亚大铁路和贝阿铁路穿越俄罗斯西部进入欧洲，向东沿黑龙江或经陆地通向东方出海口。所以，"龙江丝路带"在一定程度上提升了中俄围绕黑龙江合作的必要性和重要性，也为黑龙江合作提供了有利条件。围绕黑龙江的合作也将助力"丝绸之路经济带"与欧亚经济联盟的对接。

3. 中俄东部毗邻地区共同发展提供基础

中俄东部毗邻地区是两国边界线最长的部分，是两国往来频繁之地，对两国的战略和经济意义重大。历史上，中俄毗邻地区是双边关

---

① 《习近平同俄罗斯总统普京举行会谈》，《人民日报》2016年6月26日01版。
② 刘华芹：《积极实施"走出去"战略 助推"一带一路"建设》，《国际商务财会》2015年第2期，第10页。
③ 张效廉：《贯彻"一带一路"战略 推进"龙江丝路带"建设》，《学习与探索》2015年第11期，第1页。

系的直接反映，现在远东地区的一部分领土曾经是沙俄通过不平等条约从中国政府手中割占而来，而中国人民在反抗侵略的斗争中保住了现在的东北地区。沙俄占领远东地区的目的，除了满足帝国扩张野心之外，更重要的是看中了黑龙江流域的丰富自然资源和重要战略位置。远东地区对沙俄帝国、苏联及今天的俄罗斯都有着特殊意义。中国东北和俄罗斯远东都是边疆地区，国家的整体发展需要边疆地区的稳定，而边疆地区的稳定需要缩小其与内地之间在社会和经济上的差异。

东部毗邻地区在中俄两国的国家发展战略中都占据着重要位置。俄罗斯总在开发远东地区，但又达不到发展的理想水平。苏联解体后，新独立的俄罗斯就制定多项远东地区开发规划，但由于种种原因，都成为一纸空文。今天的远东地区经济弱之又弱、衰之又衰，与俄欧洲地区形成"二元结构"局面，已经成为俄罗斯发展的"软肋"之一。鉴于此，重视远东、开发远东，使远东经济并入国家经济发展轨道，是普京政府远东战略的重要出发点之一。与之相同，我国东北地区也面临此类困境。东北地区的经济在经历了近30年的兴盛期后，在改革开放之后开始出现滞后。中俄双方就东部毗邻地区共同发展还达成了一致，共同签订了《中华人民共和国东北地区与俄罗斯联邦远东及东西伯利亚地区合作规划纲要（2009—2018年）》，实现中国振兴东北和俄罗斯开发远东两大发展战略对接。《合作规划纲要》中多项内容涉及中俄围绕跨界水资源合作，包括进行保护跨境水体合作、落实界河流域环保方案和共同建立并维护界河流域自然保护区等。[1]

当前，中俄对黑龙江两侧毗邻地区仍然给予相当高的重视。推动东北地区发展成为我国实现区域协调发展的重要着力点。党中央、国

---

[1] 《中华人民共和国东北地区与俄罗斯联邦远东及西伯利亚地区合作规划纲要》。其中，第8部分第1条，黑龙江省政府和阿穆尔州政府进行保护跨境水体合作，在双方法律框架内交换环保领域技术，环境监控技术方法，开展联合行动保护边境地区生态多样性。第8部分第3条，黑龙江省政府和外贝加尔边疆区政府的合作，落实《黑龙江/阿穆尔河流域综合治理》环保方案。第8部分第4条，黑龙江省政府和哈巴罗夫斯克边疆区政府合作，组织和进行水体表面和水体生态资源的联合监控，为保护跨境水系生态系统，建立并维护共同自然保护区的运作。第8部分第5条，黑龙江省政府和萨哈林州政府合作，在环保领域（水资源、大气）交换信息和交流工作经验。

务院制定出台了《关于全面振兴东北地区等老工业基地的若干意见》等文件,近日习近平总书记在黑龙江省主持召开新时代推动东北全面振兴座谈会。俄罗斯先后在远东地区设立超前发展区和自由港。在22个超前发展区中,有3个分布在界河黑龙江沿岸与中国毗邻,分别是阿穆尔州的阿穆尔—兴甘(Амуро-Хинганская)超前发展区和阿穆尔河沿岸(Приамурский)超前发展区、哈巴罗夫斯克边疆区的哈巴罗夫斯克(Хабаровск)超前发展区。由此,界河黑龙江在中俄东部毗邻地区共同开发中的重要地位显而易见。

表6-2　　　　　部分俄罗斯远东超前发展区情况一览

序号	超前发展区名称	所在行政区	专业
1	坎加拉瑟	萨哈共和国	工业
2	南雅库特		矿业
3	堪察加	堪察加边疆区	旅游业
4	纳杰日金斯卡娅	滨海边疆区	工业、交通运输、物流
5	米哈伊洛夫斯基		农业、食品加工业
6	大卡缅		造船业
7	石化		石化工业
8	哈巴罗夫斯克	哈巴罗夫斯克边疆区	工业、农业、交通运输、物流
9	共青城		工业、农业、交通运输、物流
10	尼古拉耶夫斯克		鱼类加工、船舶修理
11	别洛戈尔斯克	阿穆尔州	农业、食品加工业
12	阿穆尔河沿岸		农业、物流
13	斯沃博德内		工业、物流
14	山间空气	萨哈林州	旅游业
15	南方		旅游业
16	千岛群岛		食品加工业、鱼类加工
17	阿穆尔—兴甘	犹太自治州	资源加工和物流
18	白令戈夫斯基	楚科奇自治区	煤炭开采及加工业

资料来源:俄罗斯远东超前发展区管理公司网站,https://erdc.ru;刘锋《超前发展区模式下俄罗斯远东地区投资吸引力分析》,《东北亚学刊》2019年第2期;[俄]Л.В.诺沃肖洛娃《俄罗斯远东超前发展区研究》2019年第5期。

俄罗斯超前发展区的出台为中俄两国毗邻地区共同开发提供了新机遇，主要体现在投资、贸易结构改善、劳务合作和基础设施建设等方面。首先，俄超前发展区更加注重吸引外资，出台了税收、土地等优惠政策，为中国雄厚的外资进入俄远东地区提供了便利通道；其次，俄超前发展区更加注重高科技发展，强调用高科技发展带动相关产业发展，因此入驻超前发展区的企业中涉及高技术含量的比例必定增加，不仅为中国发挥技术优势提供了机会，还有助于改善两国贸易结构长期存在的以原材料、能源和轻工业制品为主的贸易结构现状；再次，俄超前发展区出台了较为宽松的劳务政策，有利于两国劳务合作的深化和健康化，为相关产业发展奠定基础；最后，俄超前发展区仍然注重基础设施建设，俄远东地区交通不便，基础设施落后，面临着投资不足的困境，而中国雄厚的资金和优越的技术为中国投资俄远东基础设施建设提供了优势。为吸引更多外国投资者尤其是中国投资者，俄罗斯计划创建国际先进发展地区，进一步加大区域内的税收优惠力度。

总之，中国东北和俄罗斯远东合作共同开发是长期的战略而不是短期的策略，它符合两国的共同利益，利用地缘相近和优势互补的特点促进两地的经济社会发展。两地的共同开发绕不过黑龙江，它在其中扮演重要的角色，同时两地的发展为两国围绕黑龙江的合作提供所需的经济和基础设施基础。

四 涉水合作面临的制约因素

中俄两国已经在多个领域围绕黑龙江界河跨界水资源进行合作，而且这一合作的必要性和重要性日益凸显，既是时代发展的需要，又是中俄战略发展的需要。中俄战略协作伙伴关系的不断升温为双方围绕界河黑龙江的涉水合作创造了良好的外部环境，"一带一盟"对接和两国东部毗邻地区的共同开发理论上也为涉水合作提供了战略导向与物质基础。然而事实上，两国围绕黑龙江涉水合作的潜力还远没有发挥出来，仍然面临诸多制约因素。

1. 中俄东部毗邻地区产业结构趋同

战略"需同性"和经济"互补性"促使中俄达成一致,共同开发东部毗邻地区。黑龙江界河可以为两国东部毗邻地区的合作和发展提供"水通道"、"水动力"和"电动力"。但黑龙江所拥有的这种作用能否得到发挥,或者在多大程度上能得到发挥,取决于东部毗邻地区的经济合作状态。中俄东部毗邻地区的经济合作受两国整体经济合作大环境的影响。当前,全球面临经济增长放缓的困境,全球化遭遇波折,国际投资低迷,全球贸易增速下滑。与此同时,中俄两国国内也都出现了不同程度的经济问题:俄罗斯金融经济下滑形势严峻,中国正处于经济转型的关键时期。受国内外的影响,中俄双边贸易额2015年再次出现下降,几乎跌至2008年金融危机爆发后的最低水平,相互投资也有所收缩。[①]2016年之后,中俄贸易额止跌回升。

中俄东部毗邻地区的合作表现出结构单一和形式滞后。中国在俄远东地区对外贸易所占的比重和俄罗斯在中国东北地区对外贸易所占的比重都较大,这在一定程度上是得益于中俄两国毗邻地区在经济上的"互补性"。俄罗斯一侧出口产品以原料及其制品为主,进口以机电产品、交通运输设备和轻工业制品为主,相反,中国一侧出口以机电产品、交通运输设备和轻工业制品为主,进口以原料和机电产品为主。所以,当前东北地区从俄方进口主要进口能源类(石油、木材、矿产等)产品,而俄方从东北地区主要进口轻工业类(服装、纺织品)产品。虽然近年来两地贸易规模不断扩大,贸易结构朝合理化方向发展,但贸易结构单一的特征仍然明显,长远来看这一点会制约远东和东北地区之间贸易规模的增长。除此之外,中俄东部毗邻地区贸易合作还存在形式滞后的问题,以货物贸易为主,服务贸易和技术贸易所占比例较小。两地的对外贸易主体都以中小企业和个体户为主,实力薄弱。两地互相投资合作项目少,规模小,且以初级加工业为主,缺乏高技

---

① 赵鸣文:《贸易下滑与中俄关系发展》,《国际问题研究》2016年第3期,第107页。

术含量的项目。①造成贸易结构单一和形式滞后的原因是我国东北地区与俄罗斯存在产业"同构性",都是以重工业为主。俄罗斯主要进口轻工业制品,多为劳动密集型产品,可替代性强,这并不是东北地区的优势产业,反而是广东、浙江等国内东部沿海省份和日本、韩国等的优势产业。这些地区在技术和服务贸易方面也占有优势。如此一来,不仅东北地区对俄出口轻工业产品的数量可能会减少,而且国内东部沿海省份和日本、韩国等地的轻工业产品可更多地经海上运至俄罗斯,降低运输成本②。换句话说,中俄东部毗邻地区经济合作的结构单一和形式滞后使得东北地区面临来自东部沿海省份及日、韩等国的竞争。

2. 俄罗斯远东地区基础设施薄弱

俄罗斯远东地区基础设施薄弱,这是苏联时期的产物,当时政府将基础便利设施的开支限制在最低水平③。俄远东在地理上与俄欧洲部分距离较远,人口稀少,长期以来作为全国原料供应和工业生产基地而存在,所以基础设施较为落后,已经不能满足经济发展需要。俄远东地区公路和铁路滞后,仅有三条联邦及公路干线和五条铁路线路,而且都主要集中在南部。④这些交通基础设施老化严重,亟待更新换代,都增加了货物运输成本和时间,降低了该地运输业的竞争力。除此之外,俄远东地区还存在港口服务质量低下、乱收费、通关效率低、便利不足等问题。虽然俄罗斯出台的《2025年前远东和贝加尔地区经济社会发展战略》将远东和贝加尔地区的交通基础设施发展放在首位,足见其对远东开发的重要性,然而远东基础设施建设前景并不乐观,体现在高投入低回收、融资能力差和缺乏劳动力资源三个方面。⑤政府

---

① 参考胡仁霞《中国东北与俄罗斯远东区域经济合作研究》,社会科学文献出版社2014年版,第132—137页。

② 郭力:《中俄边境贸易发展的学理性研究——以黑龙江省与俄罗斯的贸易合作为例》,《国际贸易》2012年第6期,第44页。

③ Far eastern federal district. Eascaping an outback role. Human Development Report 2006/2007 for the Russian Federation, p.100.

④ 参考胡仁霞《中国东北与俄罗斯远东区域经济合作研究》,社会科学文献出版社2014年版,第142—145页。

⑤ 季志业、冯玉军:《俄罗斯发展前景与中俄关系走向》,时事出版社2016年版,第364页。

的资金支持往往是最重要的，然而也常常成为问题，远东地区的破旧基础设施问题因为政府资金支持不到位而一直未得到改善。俄罗斯远东地区基础设施薄弱制约着中俄双方在东部毗邻地区的经济合作，从而降低了黑龙江在两地经济合作中的重要通道地位和经济作用。

3. 中俄对界河黑龙江利益诉求存在差异

如前所述，中俄两国围绕黑龙江不同领域的合作在程度上存在差异，这是因为双方在黑龙江问题上的优先合作方向不同。中俄对黑龙江的需求并不一致，导致了双方在黑龙江合作优先方向上出现分歧。黑龙江中国一侧在全国属于水资源缺乏地区，中国近黑龙江地区用水需求较大，因此对流域生态环境和水能开发利用同样关注，因此也往往容易被外界误认为中国首要关注界河水开发而忽略生态环保[1]。相反，俄罗斯近黑龙江地区不存在供水不足问题，又因黑龙江下游全部在俄罗斯境内，所以俄罗斯特别关注水污染问题，认为当前面临的最主要问题是水质问题[2]，在黑龙江合作上重生态环保而轻开发利用。这一点从俄罗斯发布的《2020年水战略》报告中就可以看出，保证人口和经济的充足优质水资源以及防止水污染是俄罗斯水战略的优先发展目标。[3] 除此之外，俄罗斯也特别重视黑龙江河床移动所造成的安全问题。俄方认为，由于黑龙江中国一侧人为活动频繁，导致黑龙江20世纪中期开始河床自然移动的速度加快，这一方面涉及边界的重新划定，另一方面可能导致俄罗斯一侧沿岸村庄或哈巴罗夫斯克桥被河水冲毁。[4]

---

[1] Natalia Pervushina. Water Management and Use in the Amur-Heilong River Basin: Challenges and Prospects. Environmental Security in Watersheds: The Sea of Azov. Springer, 2010, p.231；ВороновБ. А, МандычА. Ф, МахиноваА. Н. Современность и вероятное будущее Амура и связанных с ним экосистем// Регионы нового освоения: ресурсный потенциал и инновационные пути его использования: сб. докл. конф. с междунар. Участием(Хабаровск, 19-22 сент. 2011 г.): Хабаровск, 2011.

[2] Vladimir P. Karakin, "Transboundary Water Resources Management on the Amur River: Competition and Cooperation". Environmental Risks to Sino-Russian Transboundary Cooperation: from Brown Plans to a Green Strategy, 2011, p.86.

[3] Водная стратегия российской федерации на период до 2020 года.

[4] http://маньчжурия.внешней-политики.рф/реки_хэйлунцзяна/амур.

这也使得俄罗斯对黑龙江的利益诉求更加偏向保守性保护。

4. 中俄对界河黑龙江的定位不同

黑龙江既是河流，也是边界，它除了提供自然资源以外，还担任着维护边界安全和促进边界地区经济合作双重功能。黑龙江界河可以是"屏障"，维护国家边界领土主权安全，是国家的根本利益所在；黑龙江界河也可以是"中介"，促进边境地区经济合作。随着次区域合作的发展，国家边界的"屏障"效应被弱化，"中介"效应出现强化的趋势。[1]出现这样的趋势具有客观性，但两种功效的强弱关系则还具有主观性。国家对边界的功能判断依赖于情境而定。[2]

纵观中俄关系的历史不难发现，中俄关系的变化在黑龙江地区得到明显表现，尤其是当涉及国家领土主权问题时。黑龙江划分领土的"屏障"功能对中俄两国都是根本性利益所在，这一点从双方长达40年、分歧明显、曲折艰难的边界谈判就得以体现。黑龙江促进地区经济合作的"中介"功能的确已经发挥了不小的作用，这一点在过去20多年的中俄边贸合作成果中就有所体现。近20年，中俄贸易整体呈增长态势，黑龙江省对俄贸易也呈上升趋势。尽管边界的"中介"功能在持续发挥作用，但维护边界安全从来都是首要的，这是很难被改变的。当非传统边境安全不断增加的情况下，边界的"屏障"功能也会得到更多的重视。当前，对于中国来说，更多地希望界河黑龙江发挥"中介"效应，成为两国东部毗邻地区经济发展和人文往来的桥梁。然而，对俄罗斯来说，却更加重视黑龙江的"屏障"效应，原因来自俄罗斯在与中国进行合作时的矛盾心理，其中有历史因素也有现实因素。

---

[1] 胡志丁、骆华松、李灿松、张伟：《地缘安全视角下国家边界的三重功能及其优化组合》，《人文地理》2012年第3期，第74页。

[2] Tuomas Forsberg, "Theories on Territorial Disputes", in Tuomas Forsberg, ed., *Contested Territory: Border Disputes at the Edge of the Former Soviet Union*, Aldershot: Edward Elgar, 1995, p.28.

五 对涉水合作的若干建议

中俄两国围绕界河黑龙江的合作虽然历时半个多世纪，取得了不菲的成就，却仍然处于尚需完善的阶段，需要双方携手探索、共同推进。当前，中俄战略协作伙伴关系不断深化，两国关系处于历史最好时期，双方应借此良机加快围绕界河黑龙江的合作步伐，使其朝着更有利于双边关系和地区社会、经济、环境发展方向前进。中俄围绕黑龙江的合作不仅涉及跨界水资源，更涉及黑龙江两侧中俄毗邻地区。对于中国而言，中国有责任在促进黑龙江合作中发挥重要作用，体现在非涉水合作和涉水合作两个层面。在一定程度上，非涉水合作层面，即经贸和人文等领域的合作更加重要。

（一）非涉水合作层面

国际河流水资源将流域国家之间以及流域国家与流域自然生态环境之间紧密相连，形成相互影响的整体。因此，中俄两国围绕黑龙江界河的合作受到两国之间政治、经济和社会关系影响。这些影响因素是中国促进与俄罗斯开展黑龙江界河合作所不可忽略的。

1. 夯实中俄战略协作伙伴关系

对于中俄两国围绕界河黑龙江的合作，双边关系对其所产生的影响是显著的、巨大的。历史表明中俄关系不是一成不变的，当前的良好关系是经历了漫长而曲折的过程和双方的不懈努力而换来的。无法肯定的是，未来中俄关系一定会顺利友好发展下去，但可以肯定的是，只有两国共同维护双边关系，携手前进，未来中俄关系才会有顺利友好发展下去的坚定基础。

中俄友好关系的发展前景是乐观的、明朗的。虽然俄罗斯不是像苏联那样的超级大国，而且在一定时期内也无法再次成为那样的超级大国，但它实力犹存，在国际社会中仍然是有分量的大国。在寻求世界多极化、国际关系民主化、反对霸权主义的道路上，俄罗斯是中国可以借重的力量，这种"志同道合"的基础是不会改变的。[①] 因此，中国应继续不断深化与俄罗斯的战略协作伙伴关系，不断完善与俄罗斯之间的具有典范性的新型大国关系，为两国在多个领域——包括跨界水资源的合作提供宏观保障。

2. 创新中俄经贸合作战略

中俄两国间，特别是在东部毗邻地区经贸合作的增加不可避免地影响到双方围绕黑龙江界河的合作。从历史的趋势来看，两国东部毗邻地区的经济发展以及双方在该地区经贸合作的增加尽管对黑龙江界河的自然生态环境造成了影响，也发生了水污染突发事件，然而目前掌握的材料和数据并不能表明中国东北和俄罗斯远东两地的经济发展必然引发双方围绕黑龙江界河的冲突。反过来，随着两国在东部毗邻地区的经济发展，双方都提升了对跨界水资源和生态环境的保护意识，加强了在该领域的合作。

相对于政治关系，中俄经济关系显得不够匹配，过于落后。中俄经贸结构单一，当前的双边贸易结构成为两国经贸发展的瓶颈。除此之外，中俄两国互相投资水平很低，至今中国对俄直接投资存量约为50亿美元，而俄罗斯对华投资仅约10亿美元，这种低水平的投资对拉动两国经贸合作和经济增长的作用非常有限，也不利于相互依赖和可持续性。[②] 但同时，经贸合作是中俄关系的增长点所在，具有巨大的发展潜力。中俄两国需要对双边经贸合作进行战略创新和升级，突破当前以货物贸易为主的区域经贸合作现状，寻求多领域、多层次、多形式的全方位合作。[③]

发展路径问题是创新中俄东部毗邻地区经贸合作首要解决的问题，需要选择符合这一地区特征的发展模式和产业结构，促进资源要素在区域内合理流动。中俄应将推动两国东部毗邻地经贸合作和共同发展

---

① 季志业、冯玉军编：《俄罗斯发展前景与中俄关系走向》，时事出版社2016年版，第394—395页。
② 季志业、冯玉军编：《俄罗斯发展前景与中俄关系走向》，时事出版社2016年版，第399页。
③ 郭力：《中俄地区合作新模式的区域效应》，社会科学文献出版社2015年版，第2页。

的主力放在技术领域，通过技术更新优化产业结构。我国东北地区在军事科技、新材料技术、软件技术、装备制造等方面具有一定实力，但总体看来自主创新能力偏弱，创新点少、面窄，[①]而这正是东北地区振兴面临的问题。我国东北地区需要引进高新技术，这与俄罗斯在农业、工业及高新技术产业领域的技术优势形成了很强的互补性。依托在俄的境外合作园区，着力于绿色食品、农业、能源、高新技术等重点产业，打造跨境产业链。为支撑中俄经贸合作，双方积极推进金融合作。中俄本币结算的比例在大幅提升，2014年双方签订了1500亿元人民币/8150亿卢布的本币互换，人民币于2015年11月被俄罗斯纳入外汇储备货币。目前，俄罗斯多家银行接入中国跨界银行的支付系统，然而若要实现中俄高水平经贸发展，双方需深化金融合作，完善政府间金融合作机制和跨境金融业务合作平台，提升本币结算水平。2015年以来，服务贸易的快速发展为中俄两国经济关系的改善燃起了希望。赴俄旅游的中国游客人数迅猛增加，中国一跃成为俄罗斯最大的旅游来源国，中俄发展跨境旅游业潜力巨大。跨境电子商务的发展迅速，有着广阔的发展前景。根据2016年发布的《中俄跨境电子商务发展报告》，中国商品在俄罗斯跨境电子商务交易订单中所占比重达70%。2017年，中俄跨境电商贸易额达35亿美元。[②]中俄在农业方面的合作也可能获得新突破，两国农业资源具有较强的互补性：一方面表现在农产品上，俄罗斯可以提供中国所需的优质奶制品、玉米、小麦等，而中国可以提供俄罗斯所需的水果、蔬菜产品等；另一方面表现在土地资源上，俄罗斯有丰富的未开发的农业土地资源，而中国有丰富的劳动力资源、农业生产经验、农业技术和资金，两国将各自的优势结合起来，发展绿色农业，优化双边农业贸易结构，建立国际化农业品牌等。[③]

---

① 朱宇、张新颖主编：《中国东北地区发展报告（2015）》，社会科学文献出版社2015年版，第8页。

② 《跨境电商发展快 中俄贸易额站上千亿美元台阶》，中国新闻网，http://www.chinanews.com/cj/2019/01-28/8741125.shtml。

③ 许振宝、李哲敏：《"一带一路"战略下中国与俄罗斯农业合作探析》，《世界农业》2016年第8期，第192—196页。

3. 不断加强中俄人文交流

虽然中俄两国存在民族和文化的差异,而且在过去几百年中两国的交往充满冲突和矛盾,但彼此之间在共同的历史记忆基础之上也形成了很多深层次的文化关联。这为促进两国的民间交流,共同打造求同存异、相互融合的利益共同体奠定了基础。近年来,中俄两国已经开始注重双方的人文交流和合作,开展了一系列人文活动,包括互办国家年、旅游年、在俄罗斯设立孔子学院等。这些人文领域的合作意在扩大中俄两国民众的交流、增进互相的了解、提升相互的好感度,事实证明的确取得了一定的成效。从俄罗斯民调机构列瓦达中心近10年的民调结果显示,俄罗斯民众对中国的好感度总体呈上升趋势。①

(二) 涉水合作层面

中俄两国的政治、经济和社会关系发展固然重要,但双方围绕黑龙江合作的进一步提升必然要落脚于涉水领域的合作。只有本着可持续发展的理念,综合协调开发、利用与环境之间的关系,完善法律基础,健全合作机制,才能从操作层面上切实推进中俄两国围绕黑龙江合作的深化发展。除此之外,金砖国家和上合组织框架也为中俄两国的涉水合作提供了可利用的平台。

1. 开展黑龙江综合管理的联合规划

中俄双方围绕黑龙江的合作范围广而不统一。合作体现在航行和航道、渔业、水污染防治、生态环境保护、防洪、基础设施修建等方面,几乎覆盖了国际河流合作的大部分领域,然而这些领域的合作并没有被有机地统一起来。换句话说,中俄双方缺乏对黑龙江界河的整体利用和保护的综合管理规划。这不利于各领域合作的进一步提升,另一方面不利于流域社会经济和自然生态和谐发展目标的实现。对黑龙江进行整体规划是一项复杂的工程,但却是实现黑龙江可持续发展

---

① 强晓云:《人文合作与"丝绸之路经济带"建设——以俄罗斯、中亚为案例的研究》,《俄罗斯东欧中亚研究》2014年第5期,第29页。

的较为有效方式。① 中国应当尽早促进与俄罗斯共同开展对界河黑龙江综合管理的科学规划，实现对该河流及其流域的联合合作管理。黑龙江综合管理是关于水资源开发和利用的措施，有利于在保障河流流域自然生态环境保护的基础之上发挥流域水资源对两国以及地区社会经济发展的价值，确保当前和未来中俄两国都可以受益于黑龙江水资源；它更是一个协调两国对界河黑龙江的发展目标和相关利益的工具，将两国的地区经济发展目标与黑龙江流域的整体发展目标结合起来，致力于互惠互利以及维护区域的和平稳定。

2. 完善涉水合作的法律基础

法律依据是国际流域国家围绕共享河流开展良好合作的坚实基础，涉水协定与条约使得流域国家涉水合作有法可依。中俄两国围绕界河黑龙江签订的涉及多领域的合作协定和协议为双方的合作提供了可靠的保证，双方的合作达到了一定的水平。然而，双方合作的现有法律基础仍然存在许多不足之处，亟须完善。中国应致力于双方完善对围绕黑龙江界河合作的法律基础，参考国际社会上普遍认可的国际水法的条款，根据实际情况共同磋商和细化中俄涉水合作协定和协议的内容。基于此，双方通过签订的协定和协议共同维护界河航行、渔业等活动的安全开展，避免因对界河的使用引发跨界纠纷，保护整个界河流域的自然生态环境，同时服务于两国东部毗邻地区的发展和经济利益，实现互利共赢。

3. 健全涉水合作机制

国际合作机构是流域国家围绕共享河流进行磋商、谈判、达成协议并实施计划的专门机构，是流域国家对共享国际河流进行管理和合作的必不可少的重要平台。国际合作机构的组织构成、承担的职责和拥有的权限在某种程度上反映了流域国家的政治意愿及其各自的经济发展水平。成功的涉水国际合作机构应该能够代表所有成员国的共同利益，应该全面体现涉水协定和协议的内容，应该具有明确的职责和权限。中俄

---

① 经过多年的理论发展和实践检验，国际河流综合管理（Integrated Water Resources Management）得到肯定，并被多数国家采纳。

两国成立了多个单一功能的合作管理机构，还未成立综合多功能的流域整体合作管理机构，中俄近几年才建立起中俄总理定期会晤委员会环境保护合作分委会和中俄合理利用和保护跨界水联合委员会。中俄可以借鉴美墨已经合作开展的对两国边界河流的丰富、成熟的管理经验。美国和墨西哥早在 1889 年就成立了处理两国边界河流的国际边界委员会，后于 1994 年签订了《美利坚合众国与墨西哥合众国关于利用科罗拉多河、提华纳河及从得克萨斯州奎特曼堡到墨西哥湾的格兰德河（布拉沃河）河水的条约》之后改名为国际边界与水委员会。委员会在两国边界地区设立了 19 个办公室，负责联合规划、建设和管理边界河流上的项目，包括边界整治、河势治理、大坝、水电站、污水处理、水情联合监测和数据发布等。在过去的 100 多年中，美墨国际边界与水委员会在双方国际河流管理和合作中发挥了极为重要的作用。[1]

4. 借助金砖国家和上合组织框架

虽然黑龙江是中俄之间的界河，围绕黑龙江开展国际河流合作是中俄两国面对的问题，然而金砖国家机制可以为这一合作提供平台。金砖合作机制是新兴市场国家和发展中国家合作的重要平台，在 2023 年 8 月实现了再次扩员，将在全球治理中发挥更重要的作用。金砖国家成员国国内都面临不同程度的水资源问题。巴西和俄罗斯两个国家人均水资源量较高，但水资源管理体系亟待健全；中国和印度的问题是改善水资源的可持续性；南非水资源开发程度低；沙特、埃及等都存在缺水问题。金砖五国都拥有国际河流，都存在与邻近国家的跨界水资源问题，[2] 特别是就在金砖国家的成员国中国和俄罗斯之间、中国和印度之间还存在着国际河流使用和开发问题。在上合组织内部，中亚五国水资源分布严重不均，水紧缺程度高，而且中亚五国之间存在着多年的跨界水纠纷。水资源合作多年来一直是中亚国家关注的重点领域，

---

[1] 美墨国际边界与水委员会内容参考水利部国际经济技术合作交流中心编：《北美跨界河流管理与合作》，中国水利水电出版社 2015 年版，第 64—79 页。

[2] 比如涉及中国和印度的雅鲁藏布江 - 布拉马普特拉河；流经中国和哈萨克斯坦的伊犁河；流经中国、越南和老挝的元江 - 红河；流经中国、缅甸、老挝、泰国、柬埔寨和越南的澜沧江 - 湄公河；巴西与巴拉圭界河巴拉那河；流经南非、博茨瓦纳、莫桑比克和津巴布韦的林波波河。

围绕该领域在五国之间召开了多次会议，签署了多项协议，成立了多个合作机构，比如中亚国家元首关于拯救咸海国际基金。而随着经济发展，生态保护也逐渐开始成为金砖国家关注的焦点之一。2014年2月，第一届金砖国家科技和创新部长级会议发表了《开普敦宣言》，将水污染和污染治理确定为金砖国家科技创新的五个专题工作领域之一，由俄罗斯牵头。次年会议上将水资源和污染治理确定为19个优先合作领域之一。2015年5月，金砖国家环境部部长举行首次会议，一致认为发展绿色经济才是保障金砖国家可持续发展和竞争力的必要基础。2016年9月，在莫斯科举办了金砖国家第一届水论坛，旨在促进金砖国家在水资源领域开展联合研究，消除冲突、公平管理跨界水体和流域、加强信息交换以及其他与水资源有关问题的合作。[①] 在金砖国家机制框架下，中国应充分发挥领头羊的作用，挖掘其他成员国在水资源合作方面的优势，学习和引进先进的技术，比如巴西在生物燃料乙醇领域的优势、南非在清洁煤炭领域的优势。以此，中国通过加强与俄罗斯在相关创新技术方面的研究，提高水资源利用效率，降低水资源消耗率，提高污水处理程度，以及开发清洁能源，从而减少黑龙江跨界水质污染和保护其生态环境，避免跨界纠纷的发生，有利于黑龙江流域可持续性。除此之外，上合组织和金砖国家其他成员国在处理国际河流问题上的实践可以为中国开展与俄罗斯合作提供借鉴经验。

六 小结

黑龙江是中俄关系的风向标，除此之外还可以促进中俄关系发展，为其提供和平稳定的周边国际环境，甚至还可能为深化中俄合作提供突破点。未来，中俄围绕黑龙江的涉水合作前景值得乐观。首先，涉水合作符合绿色发展和优化能源结构的时代要求。其次，丝绸之路经济带与欧亚经济联盟对接、中国东北振兴与俄罗斯远东开发对接为涉

[①] 参考 "Resolution of the International Scientific and Practical Conference〈BRICS Water Forum〉"（金砖国家水论坛决国际学术实践会议决议）。

水合作提供政策支持。当然，中俄围绕黑龙江的涉水合作同时也面临着制约因素，一方面中国东北和俄罗斯远东的经济合作基础薄弱，另一方面中俄对黑龙江界河的利益诉求不同，中国对黑龙江的需求要大于俄方，两国在黑龙江合作上目标有差异，由此也导致了俄方在这一问题上更关注黑龙江的边界功能，在与中方的涉水、经济、社会合作上存在担忧和提防。中国需要在黑龙江合作中发挥重要作用，不仅促进中俄两国在涉水领域的合作，而且促进双方在非涉水的政治、经贸、人文领域的合作。

结论与思考

（一）中俄关系中界河黑龙江这个因素的形成与变化

历史地看，黑龙江从中国的内河演变到中俄界河，成为中俄关系中的一个重要因素发挥作用。黑龙江是中俄关系的风向标和晴雨表，见证了中俄关系的曲折变化。中华人民共和国成立以前，黑龙江更多是两国利益碰撞的前线阵地，被动地反映着中苏间的冲突，边界的属性明显，是双边关系中的消极因素。划定黑龙江为界河的条约维系了这一地区的相对和平，但仍然发生了不少冲突事件。中华人民共和国成立初期，由于中苏同盟友好，黑龙江在中俄（苏）关系中的角色开始发生变化，成为两国直接合作的平台。随着中苏关系交恶，爆发了珍宝岛事件，两国围绕黑龙江的合作受挫。随着两国关系改善，边界问题得以解决，涉水合作不断扩大和提升，在黑龙江航行、渔业、开发利用、生态环境等方面建立起了一定程度的合作机制。在这一过程中，黑龙江的边界属性有所淡化，河流属性得到重视，黑龙江逐渐成为双边关系中的积极因素。中俄关系中黑龙江这个因素的转变，是历史发展的结果，是国际格局、地区格局、中俄力量对比、国内政治、观念等因素合力作用的产物。国际格局演变、地区格局和中俄两国力量对比都朝着有利于中国的方向发展，相同的历史使命和相似的国际处境改变了中俄人民的观念，不再认为只有博弈、冲突和竞争才是获取国家利益的方式，因此互利共赢、合作共赢、互让共赢成为两国，首先是最高领导层之间达成的共识。这些层面的变化归根到底体现在中俄关系上，然后通过中俄关系传递到黑龙江上。中俄现在睦邻友好合作不断发展，黑龙江则从中俄两国利益碰撞的冲突之边演变成互利共赢的合作之界，即界河从中俄关系的消极因素变身为中俄关系的积极因素。

（二）关于中俄（苏）围绕界河黑龙江的涉水互动状态

在界河黑龙江问题上，中俄（苏）之间爆发过冲突，产生过纠纷，也开展了合作。为了细致、全面地呈现出两国围绕黑龙江涉水互动的特征和趋势，为分析两国关系中黑龙江界河因素的表现和变化提供事实依据，本书收集和整理出1951—2015年间中俄围绕黑龙江界河的历年涉水事件，然后利用流域风险强度等级（BAR）评价方法对其进行赋值并计算、统计。结果表明：（1）中俄围绕黑龙江涉水互动的历史轨迹呈现为冲突与合作并存，但整体以合作为主。多年来黑龙江流域风险强度等级平均值为1.84，即流域国家间的涉水互动属于合作状态。因为黑龙江流域国家间涉水事件基本上是发生在中俄两国之间，因此可以直接认为中俄围绕黑龙江以合作为主。（2）黑龙江跨界水资源单独引发中俄涉水冲突的数量少且等级低，当涉及边界领土问题时曾引发中俄高强度等级涉水冲突。历史上中俄围绕黑龙江发生的涉水冲突集中体现在领土边界问题上，出现边界小规模战斗、边警行为和封锁行为（BAR等级为-5）。领土边界问题已经得以彻底解决，当前两国围绕黑龙江的涉水冲突表现在水质方面，冲突程度低且在双边协作下得到妥善处理。（3）未来中俄围绕黑龙江涉水合作的方向和重点是联合管理。中俄围绕黑龙江已经开展的涉水合作涉及范围广泛，包括航行、渔业、边界领土、防洪、水电开发、联合管理、基础设施、水质和技术合作9个领域，但两国在这些领域的合作并不是同时起步。对比2000年之前与之后的涉水事件发现，中俄围绕黑龙江的涉水合作发生了两个转变，即从开发到保护、从各自维护到联合管理。

（三）关于界河黑龙江在中俄双边关系中的定位

黑龙江在中俄关系中发挥着怎么样的作用取决于它的位置。黑龙江有着双重身份，即"国际河流"和"国家边界"，前者通常被认为是低级政治议题，后者与领土安全紧密相连，所以无法简单地、绝对地将黑龙江归类于中俄关系中的高级政治议题或低级政治议题。事实上，黑龙江的双重身份决定了它既是中俄关系中的高级政治议题，也是低级政治议题，只是在不同的条件下表现不同。当不涉及领土纠纷，黑龙江则属于中俄双边关系中的低级政治议题；当涉及领土纠纷，黑龙江就从低级政治议题转变成高级政治议题。虽然黑龙江并不是20世纪60年代中苏涉水冲突的直接目标或主要原因，但无法否认的是黑龙江是诱发中苏20世纪60年代涉水冲突的因素之一。经过多年谈判，中俄两国久拖不决的边界问题已经得到解决。当前，黑龙江在中俄关系中似乎属于低级政治议题。也就是说，只要不再出现领土纠纷，那么黑龙江便不会上升为中俄两国的高级政治议题，而关于黑龙江的问题就不会影响到中俄两国的重大决策，也相对容易得到解决。

（四）关于中俄围绕黑龙江涉水进一步合作的动因

涉水合作是中俄两国的共赢之选，它可以帮助中俄实现共享利益。（1）增加界河黑龙江本身的利益，涉水合作有助于维护黑龙江流域的可持续发展。涉水合作可以有效应对气候变化的影响，有效应对跨界突发事件从而避免造成跨界影响，有效改善黑龙江跨界水体水质，以及提高两国对黑龙江流域水资源的管理水平。（2）实现超越黑龙江的利益，涉水合作不仅可以避免跨界水资源对中俄关系产生消极影响，同时还催生两国在经济社会等更广泛非涉水领域合作的达成，从而有助于改善双边关系。围绕黑龙江的涉水合作可以为中俄东部毗邻地区的共同开发创造有利条件。黑龙江衔接中国东北地区和俄罗斯远东地区，界河两侧是中俄距离最近、接触最频繁的地区，更是两国寄托增强经贸人文合作希望的重镇之地。依托黑龙江实现南北向和东西向基础设施互联互通，建设打通中俄、横跨欧亚的陆、海交通运输网络，开发和利用黑龙江丰富水资源，提供"水动力"和"电动力"，从而助力中国东北与俄罗斯远东共同开发，为中俄新时代全面战略协作伙伴关系深化提供助力点和可能的突破点。

（五）中俄围绕黑龙江界河涉水合作存在的问题

中俄开启黑龙江涉水合作至今已历经多年，但仍存在诸多不完善之处。表现在两个方面。（1）合作机制建设不完善。中俄围绕黑龙江尚未成立流域综合管理机构，不能长期实现自然与社会协调发展的目标。同时，现有合作法律基础缺乏具体化、细致化、全面化。除此之外，涉及黑龙江不同领域的合作机制参差不齐，在进展速度和程度上存在明显差异。（2）合作机制运行欠佳。中俄围绕黑龙江在多个领域建立了合作机制，然而在运行过程中管理机构和部分之间缺乏协调性，"多龙治水"和国情差异导致合作落实程度不足，影响合作机制的有效运行。

（六）关于中俄围绕黑龙江界河涉水合作的前景及建议

黑龙江这个界河因素在中俄关系中的表现集中反映在两国围绕黑龙江的涉水互动上，因此分析涉水合作前景可以帮助了解界河因素能否在两国关系中发挥积极促进作用。中俄围绕黑龙江的涉水合作总体是乐观的，前景值得期待，面临机遇但也存在挑战，合作之路任重道远。

涉水合作面临机遇。首先，绿色发展和优化能源结构是时代的要求，也是中俄两国发展战略的重要内容，而涉水合作符合这一发展战略；其次，"丝绸之路经济带"与欧亚经济联盟对接、中国东北振兴与俄罗斯远东开发对接，为涉水合作提供政策支持和有利环境，涉水合作能够助力和支撑两国战略对接。

与此同时，涉水合作面临挑战。首先，中国东北和俄罗斯远东共同开发的硬件基础薄弱，两地经济合作结构单一、形式落后、基础设施条件差，制约着共同开发前景；其次，两国对黑龙江水资源的利益诉求存在差异，中国同时重视开发和保护，而俄方重保护轻开发，原因是俄方对黑龙江的水电需求要小于中方；最后，两国对界河黑龙江的定位不同，中国重视黑龙江界河为两国经济社会合作的通道和平台，而俄方相对关注黑龙江的安全屏障作用。在上述因素综合作用下，中俄围绕黑龙江涉水合作前景值得期待却任重道远，双方不仅要重视在涉水领域的合作，更要深化在非涉水的政治、经贸、人文领域合作。

界河黑龙江这个因素在中俄关系中正持续发挥着积极作用，中俄应携手维护和加强围绕黑龙江的合作，共同促使合作成为中俄新型大国关系典范的体现，为避免两国关系"空心化"提供可行路径，为中俄全面战略协作伙伴关系夯实经济和社会基础，共同提高合作为突破两国发展瓶颈提供着力点，推动两国关系全面高质量向前发展。

附 录

1951—2016年中俄围绕黑龙江的涉水事件统计表

时间	事件类型	事件描述	BAR等级	备注
1951.01.02	航行	签订《中苏关于黑龙江、乌苏里江、额尔古纳河、松阿察河及兴凯湖之国境河流航行及建设协定》，制定了国境河流航行规则，成立中苏国境河流航行联合委员会	4	《中华人民共和国边界事务条约集（中俄卷）》
1951.01	航行	中苏国境河流航行联合委员会第1次会议召开	2	中俄航联委中方办网站
1952	航行	中苏国境河流航行联合委员会第2次会议召开*	2	
1953.04.05	技术合作	应苏方请求，中国向苏联提供松花江及其支流多个水文站的水文情报资料。	3	《黑龙江省志 第九卷 水利志》
1953	航行	中苏国境河流航行联合委员会第3次会议召开*	2	
1954	航行	中苏国境河流航行联合委员会举行第4次例会	2	
1955	联合管理	签订《关于中苏共同进行调查黑龙江流域自然资源和生产力发展远景的科学研究工作及编制额尔古纳河和黑龙江上游综合利用规划的勘测设计工作的协定》	4	《黑龙江省志 第二卷 大事件志》
1955	航行	中苏国境河流航行联合委员会举行第5次会议*	2	
1956	航行	中苏国境河流航行联合委员会举行第6次会议*	2	

续表

时间	事件类型	事件描述	BAR等级	备注
1956	技术合作	应中方要求，苏联开始向中方提供黑龙江干、支流水文站的水文情报资料	3	《黑龙江省志 第九卷 水利志》
1956.8.18	联合管理	中苏政府批准《关于中苏共同进行调查黑龙江流域自然资源和生产力发展远景的科学研究工作及编制额尔古纳河和黑龙江上游综合利用规划的勘测设计工作的协定》，并从1956年至1958年对黑龙江流域进行综合考察	4	Keesing's Contemporary Archives；《黑龙江省志 第二卷 大事件》
1957	航行	中苏国境河流航行联合委员会举行第7次例会	2	
1957.05	联合管理	召开中苏两国黑龙江流域水文研究工作组第一次协调会议，研究黑龙江、额尔古纳河和乌苏里江流域的水文发展计划、观测方法等	3	《黑龙江省志 第九卷 水利志》
1957.12.21	航行	签订《中苏关于国境及其相通河流和湖泊的商船通航协定》	4	《中华人民共和国边界事务条约集（中俄卷）》
1958.01	技术合作	召开中苏两国黑龙江流域水文研究工作组第二次协调会议，商定：苏方向中方交换情报的水文站20处，中方向苏方交换水文情报的水文站19处	3	《黑龙江省志 第九卷 水利志》
1959.01	技术合作	召开中苏两国黑龙江流域水文研究工作组第三次协调会议，双方交流了黑龙江流域水文研究成果，并就互派专家访问等问题交换了意见	3	《黑龙江省志 第九卷 水利志》
1962	航行	中苏国境河流航行联合委员会举行第11次例会	2	
1963.03	边界、领土纠纷	中国公开提出苏联对曾经属于中国的远东地区的领土权问题，称这些地区是沙俄通过强迫中国政府签订不平等条约而吞并的。苏联对此给予回应，否认条约的不平等性，称中方的观点是在"人为制造领土问题"	−2	The Deterioration of Sino-Soviet Relations: 1956–1966
1963	边界、领土纠纷	苏联宣称中国边民在黑龙江和乌苏里江争议地区越界捕鱼	−2	The Sino-Soviet Border Problems of 1969

续表

时间	事件类型	事件描述	BAR 等级	备注
1963.11.02	航行	中苏国境河流航行联合委员会举行第12次例会	2	《哈尔滨百年大事记——1963》
1966.04.19	航行	中国政府颁布了《国境河流外国船只管理规则》。根据1957年中苏签订的国境河流航行规则，中苏船只在国境河流上无障碍通航。而这一新规则对航行规则进行了调整，变得严格。新规要求所有船只必须在获得许可的情况下才能进入或离开中国港口，同时必须要将船只的具体信息上报给中国港口管理部门，在中国水域时船只上的所有武器弹药等要上交以暂时保管	-3	The Sino-Soviet Border Problems of 1969
1966	边界、领土纠纷	苏联军队在哈巴罗夫斯克附近驱逐涉水进入黑龙江争议地区的中国边民	-3	The Sino-Soviet Territorial Dispute
1967	技术合作	中苏两国中断提供水文情报	-3	
1967.08.17	边界、领土纠纷	中国边境居民14人登吴八老岛（位于黑龙江主航道中心线中方一侧，归中国漠河县管辖），苏方出动40名军人对边民进行围攻殴打并将边民暴力强行撵下吴八老岛	-5	《黑龙江省志 第六十六卷 军事卷》
1967.09.22	边界、领土纠纷	中国边境居民18人登吴八老岛，苏方12名武装人员登岛，殴打边民。当地驻军向苏方提出强烈抗议	-5	《黑龙江省志 第六十六卷 军事卷》
1969.05.12	边界、领土纠纷	苏军用轻、重机枪封锁吴八老岛地区，以此组织中方人员登岛生产和正常巡逻。5月15日，黑龙江省军区三合边防站4人前往吴八老岛巡逻，遭到苏岸上火力射击，1人牺牲	-5	《黑龙江省志 第六十六卷 军事卷》
1969.06.18	航行	中苏国境河流航行联合委员会第15次会议召开	2	新华社
1969.07.08	边界、领土纠纷	苏联边防军2艘汽艇进入同江县水域，当地民兵制止，遭到苏方枪击，中方民兵还击，击沉苏方1艘汽艇	-5	《黑龙江省志 第六十六卷 军事卷》
1970.09	航行	中苏国境河流航行联合委员会第16次会议召开	2	The sino-Soviet Border Problems of 1969
1970.09.08	边界、领土纠纷	中国巡逻艇队两艘军艇沿黑龙江中游下航，遇苏联舰艇上航，被苏舰撞沉	-5	《黑龙江省志 第六十六卷 军事卷》

续表

时间	事件类型	事件描述	BAR等级	备注
1973.01.05	航行	中苏国境河流航行联合委员会举行第18次例会	2	《人民日报》
1974.03.21	航行	中苏国境河流航行联合委员会举行第19次例会	2	《人民日报》
1974.05.22	边界、领土纠纷	苏联外交部向中方发出照会,称两国在黑瞎子岛处不应以两江为界,而应以黑瞎子岛与西南面的大陆之间的通江水道为界。事实上是苏联在向中方提出对黑瞎子岛的主权要求。中方拒绝了苏方的观点	−2	New York Times
1974.05.30	边界、领土纠纷	苏联之前提出建议:两国应加深卡扎克维奇河道,之后在苏方的同意之下中方可利用黑瞎子岛附近的两个河道。为了回应苏联此建议,中方像其发出照会,认为其建议是敲诈勒索,因此拒绝这一建议	−2	中国新闻网
1977.07.27	航行	中苏国境河流航行联合委员会召开第20次会议,双方于10月6日达成关于黑龙江和乌苏里江航行的协议*	4	A Calendar of Soviet Treaties: 1974–1980
1979.03.27	航行	中苏国境河流航行联合委员会举行第21次例会	2	A Calendar of Soviet Treaties: 1974–1980
1980.03.19	航行	中苏国境河流航行联合委员会举行第22次例会	2	A Calendar of Soviet Treaties: 1974–1980
1981	航行	中苏国境河流航行联合委员会第23次会议召开*	2	
1982	航行	中苏国境河流航行联合委员会第24次会议召开*	2	
1983	航行	中苏国境河流航行联合委员会第25次会议召开*	2	
1984	航行	中苏国境河流航行联合委员会第26次会议召开*	2	
1985	航行	中苏国境河流航行联合委员会第27次会议召开*	2	
1986.03	技术合作	签订《中苏关于互换黑龙江流域水文情报和预报的备忘录》	3	
1986.03.05	航行	中苏国境河流航行联合委员会举行第28次例会	2	《黑龙江年鉴》

续表

时间	事件类型	事件描述	BAR等级	备注
1986.09.25	联合管理	1986年9月18日至25日，中苏专家代表商讨关于建立额尔古纳河和黑龙江界河段综合利用规划委员会的协议草案	2	Moscow TASS International Service
1986.10.23	联合管理	签署《中苏关于组建中苏指导编制额尔古纳河和黑龙江界河段水资源综合利用规划委员会的协定》，规定委员会应制定出这两条边界河流水资源的综合利用规划，包括水电开发、防洪、航行、供水等	4	《中华人民共和国边界事务条约集》（中俄卷）
1986.12.12	联合管理	中苏指导编制额尔古纳河和黑龙江界河段水资源综合利用规划委员会召开第一次会议	2	新华社
1987.02.23	联合管理	中苏于1987年2月9日至23日进行边界谈判，双方同意就黑龙江共同开发开启磋商。戈尔巴乔夫称，苏联希望加快与中国实施黑龙江联合开发，苏联想要修建大坝以发电和灌溉	3	Tokyo Kyodo
1987.03	航行	修订《中苏国境河流航行规则》	3	《中华人民共和国边界事务条约集》（中俄卷）
1987.03.16	联合管理	中苏专家于1987年3月9日开始举行会议，3月16日制定并签署了额尔古纳河和黑龙江边界水体综合利用的规划，并计划于当年6月和7月对黑龙江水体进行调查	4	Moscow Radio Peace & Progress
1987.08.06	联合管理	根据1986年的协定，中苏专家对黑龙江和额尔古纳河水资源利用进行了调查	3	Moscow International Service
1987.10.23	联合管理	中苏额尔古纳河和阿穆尔河水资源全面利用规划联合委员会苏方主席Zade高度评价了联合委员会自成立以来所做出的努力，包括联合委员会第一次会议、1987年8月份对边界水资源的调查	2	Moscow Radio Peace & Progress
1987.11.28	联合管理	中苏额尔古纳河和阿穆尔河水资源全面利用规划联合委员会举办第二次会议。会议决定在1992年之前完成边界河流综合利用规划。提出重要任务包括水电开发、防洪和供水。双方签署了一项科技合作协议	4	Moscow TASS International Service

续表

时间	事件类型	事件描述	BAR等级	备注
1987	航行	中俄国境河流航行联合委员会举行第29次会议 *	2	
1988	航行	中俄国境河流航行联合委员会举行第30次会议 *	2	
1988.10.04	渔业	签订《中苏渔业合作协定》	4	《中华人民共和国边界事务条约集》（中俄卷上）
1989.01	渔业	中苏渔业合作混合委员会第1次会议召开	2	中国水产
1989.01.31	联合管理	中苏额尔古纳河和阿穆尔河水资源全面利用规划联合委员会举办第三次会议，通过了报告，内容涉及黑龙江的水利和地形、防洪、坝址、渔业保护、改善航行条件等	3	Moscow International Service
1989	航行	中俄国境河流航行联合委员会举行第31次会议 *	2	
1989.11.29	防洪	中俄水利专家开展会议。苏方提出与中方全面合作利用和规划边界水资源的计划。计划提议双方共同抵御洪水	2	Moscow International Service
1990	渔业	中俄渔业合作混合委员会第2次会议召开 *	2	
1990	航行	中俄国境河流航行联合委员会举行第32次会议 *	2	
1991.04.20	渔业	中苏举行两江（黑龙江、乌苏里江）渔业资源管理会谈	2	
1991	渔业	中俄渔业合作混合委员会第3次会议召开 *	2	
1991	航行	中俄国境河流航行联合委员会举行第33次会议 *	2	
1991.05.16	边界、领土纠纷	签订《中苏关于中苏国界东段的协定》，确定中苏大部分边界线	4	《中华人民共和国边界事务条约集》（中俄卷）
1992.01.16	航行	签订《中俄关于在黑龙江和松花江利用中俄船舶组织外贸运输的协议》	4	《中华人民共和国边界事务条约集》（中俄卷）

续表

时间	事件类型	事件描述	BAR等级	备注
1992.02	航行	中俄国境河流航行联合委员会举行第34次会议	2	《黑龙江航运百年》
1992	渔业	中俄渔业合作混合委员会第4次会议召开*	2	
1993.03.08	航行	中俄国境河流航行联合委员会举行第35次会议，通过了《中俄国境河流航标管理规则》。	3	《黑龙江航运百年》
1993.08.13	渔业	中俄举行两江渔业资源管理会，双方草签了《中俄关于黑龙江、乌苏里江边境水域合作开展渔业资源保护、调整和增殖的议定书》（该议定书于1994年5月27日签字生效）	4	《中华人民共和国边界事务条约集》（中俄卷）
1993.10.11	渔业	中俄渔业合作混合委员会第5次会议召开	2	
1994.03.29	联合管理	签订《中、蒙、俄共同自然保护区的协定》	4	生态环境部网站
1994.05.27	联合管理	签署《中俄关于中俄国界管理制度的协定》	4	《中华人民共和国边界事务条约集》（中俄卷）
1994	航行	中俄国境河流航行联合委员会举行第36次会议*	2	
1994	联合管理	签订《中俄环境保护合作协定》，涉及边境河流水资源综合利用和水体保护、边界自然保护区建设和管理	4	生态环境部网站
1994.09.03	航行	签署《中俄关于船只从乌苏里江（乌苏里河）经哈巴罗夫斯克城下至黑龙江（阿穆尔河）往返航行的议定书》	4	《中华人民共和国边界事务条约集》（中俄卷）
1994或1995	渔业	中俄渔业合作混合委员会第6次会议召开*	2	
1995	航行	中俄国境河流航行联合委员会举行第37次会议*	2	
1995.06.26	基础设施	签署《中俄关于共同建设黑河—布拉戈维申斯克黑龙江（阿穆尔河）大桥的协定》	4	《人民日报》
1996	航行	中俄国境河流航行联合委员会举行第38次会议*	2	

续表

时间	事件类型	事件描述	BAR等级	备注
1996.04.25	联合管理	签署《中俄关于兴凯湖自然保护区协定》	4	
1996.11.26	渔业	中俄渔业合作混合委员会第7次会议举行	2	
1997.03.22	联合管理	俄罗斯总检察长称，中俄在黑龙江自然资源利用和环境保护方面已经积累了大量的问题，需要中国方面给予适当的回应	-1	Moscow ITAR-TASS World Service
1997.03.25	渔业	中俄两国在哈巴罗夫斯克举行边境水域渔政管理工作委员会	2	
1997.04.30	基础设施	签署《中俄关于简化共同建设黑龙江（阿穆尔河）大桥的人员、建筑材料、施工设备和交通工具经长发屯—卡尼库尔干临时通道通过中俄边境手续的协议》	3	
1997	航行	中俄国境河流航行联合委员会举行第39次会议*	2	
1997.11.10	联合管理	签署《中俄关于对界河中个别岛屿及其附近水域进行共同经济利用的指导原则的协定》	4	《边界条约集》（中俄卷）
1997.11.25	渔业	中俄渔业合作混合委员会第8次会议召开	2	
1998.03.26	航行	中俄国境河流航行联合委员会举行第40次会议	2	
1998.05	联合管理	中俄建立联合工作小组，为两国就两江（黑龙江、乌苏里江）生态资源、渔业和环境保护方面的沟通提供联系渠道	2	
1998.07.28	渔业	俄罗斯农业食品部副部长率团访华，与中国农业部专家就两国渔业合作进行会谈	2	
1998	渔业	中俄渔业合作混合委员会第9次会议召开*	2	
1998.12.10	航行	签署《中俄关于中国船舶经黑龙江俄罗斯河段从事中国沿海港口和内河港口之间货物运输的议定书》	4	《边界条约集》（中俄卷）
1999.03.16	渔业	中俄两江（黑龙江、乌苏里江）边境水域渔政管理工作会议召开，商定该年两江联检计划，并签署会议纪要	2	《中国渔业年鉴》

续表

时间	事件类型	事件描述	BAR等级	备注
1999.03.31	航行	中俄国境河流航行联合委员会举行第41次会议	2	人民网
1999.11.21	渔业	中俄渔业合作混合委员会第10次会议召开，签署会谈纪要	2	
1999.12.09	联合管理	签署《中俄关于对界河中个别岛屿及其附近水域进行共同经济利用的协定》	4	新华社
2000.04.08	航行	中俄国境河流航行联合委员会举行第42次会议	2	
2000	渔业	中俄渔业合作混合委员会第11次会议召开*	2	推测
2001.07.16	联合管理	签署《中俄睦邻友好合作条约》，涉及双方预防跨界污染，公平合理利用边境水体、界河流域的生物资源，共同努力保护边境地区稀有植物、动物种群和自然生态系统	4	条约第19条涉及公平合理利用边境水体、界河流域的生物资源领域合作
2001	渔业	中俄渔业合作混合委员会第12次会议召开	2	《2001年中俄关系大事记》
2001.04.03	航行	中俄国境河流航行联合委员会举行第43次会议	2	
2002.04.09	航行	中俄国境河流航行联合委员会举行第44次会议	2	人民日报
2002	水质	签署《中俄联合监测界江备忘录》，对黑龙江和乌苏里江进行8次联合监测	3	
2002.12.16	渔业	中俄渔业合作混合委员会第13次会议召开	2	
2003	航行	中俄国境河流航行联合委员会举行第45次会议*	2	推测
2003.10.14	联合管理	俄罗斯环保人士和科学家们称，中国企业是造成黑龙江污染的主要原因，中国的工厂几乎不对排放的废水进行处理，中俄之间还没有签订保护黑龙江的政府协议	-1	
2003	渔业	中俄渔业合作混合委员会第14次会议召开*	2	推测
2004	水质	中俄续签《中俄联合监测界江备忘录》，为期3年	3	

续表

时间	事件类型	事件描述	BAR等级	备注
2004	航行	中俄国境河流航行联合委员会第46次例会召开	2	黑龙江省交通运输厅
2004.10.14	边界、领土纠纷	签署《中俄关于中俄国界东段的补充协定》,解决了黑瞎子岛和阿巴该图洲渚的归属问题	4	
2004.12.7	渔业	《中俄渔业合作混合委员会》第15次会议召开	2	
2005.07.12	航行	中俄国境河流航行联合委员会对界河航道航行进行联合检查	2	黑龙江省交通运输厅网站
2005.07.29	防洪	中俄合作抗击发生在两国边界的洪水	3	Xinhua Economic News Service
2005.10.12	航行	中俄国境河流航行联合委员会第47次例会召开	2	黑龙江省交通运输厅
2005.11.24	水质	中国环保局局长与俄罗斯驻华大使会面,向俄方通报松花江污染事故信息,双方达成一致在犹太自治州、哈巴罗夫斯克边疆区和黑龙江省环保部门之间建立热线联系	2	新华网、ИЗВЕСТИЯ 俄罗斯《消息报》
2005.11.25	水质	俄罗斯专家称:松花江泄露事件不仅污染边界河流水资源,而且对生态系统造成负面影响。到目前为止,中俄双方还没有关于消除这一灾难的合作。2004年,中俄专家签署协议对黑龙江进行研究,然而成效不佳,我们仍然不知道中国一侧排入黑龙江的污水情况	−1	амур.инфо
2005.12.03	水质	俄罗斯祖国党代表在中国驻哈巴罗夫斯克领事馆外进行抗议,要求提供2005年松花江污染事件更多信息	−1	BBC
2006.01.02	水质	俄罗斯副外长 Alexander Alexeyev 称,中俄需要建立环保互动以防止类似2005年松花江污染事件再次发生	1	Russia&CIS General Newswire
2006.03.10	水质	中俄开始对黑龙江界河联合监测工作,包括松花江水污染事件化冰前和化冰后两个时期	2	黑龙江省环境保护厅
2006.03.21	联合管理	签署《中俄联合声明》,双方支持在中俄总理定期会晤委员会框架下成立环保合作分委会	2	外交部网站

续表

时间	事件类型	事件描述	BAR等级	备注
2006.04.18	水质	哈巴罗夫斯克边疆区州长 Виктор Ишаев 认为，黑龙江水质恶化，原因来自中国境内松花江地区未经处理的工业污水，水质监测协议不足以解决问题，需要与中国签订关于对水资源共同责任的协议	-1	ИЗВЕСТИЯ 俄罗斯《消息报》
2006.06.01	水质	签署《中俄跨界水体水质联合监测计划》，达成一致对包括黑龙江在内的五个跨界水体水质进行联合监测	3	新华网
2006.07.15	航行	中俄国境河流航行联合委员会对界河航道航行进行联合检查	2	黑龙江省交通运输厅网站
2006.08.31	水质	俄罗斯环保团体倡议与中国谈判签订反污染法。绿色俄罗斯 Alexei Yablokov 称："中俄之间有环保协定，然而并未涉及制裁或检查，应当对环保协定进行修订"	-1	Russia&CIS General Newswire
2006.09.12	水质	中俄总理定期会晤委员会环保合作分委会第1次会议举行，中方通报了跨界水体水质联合监测进展，俄方高度赞扬中方的松花江流域水污染防治规划	2	人民网
2006.09.29	边界、领土纠纷	俄罗斯科学家非正式地指出，中国的筑坝和疏浚行为导致黑龙江向俄罗斯一侧偏移，这被视为是工程战争，河床的改变属于高级政治，新航道为中国提出领土争议提供理由。俄罗斯远东地区分别采取措施保卫河岸。哈巴罗夫斯克正在筑造石坝，促使黑龙江河水向南流	-1	BBC Monitoring Former Soviet Union – Political Supplied by BBC Worldwide Monitoring
2006.01	航行	中俄国境河流航行联合委员会第48次例会召开	2	黑龙江省交通运输厅
2006.11.09	联合管理	签订《中俄国界管理制度协定》涉及边界水的一般规则，包括保护边界生态环境、防止水土流失、防止和控制边界水污染、边界水航行规则、渔业生产、界河河岸防护、边界水信息交换等	4	中国外交部网站
2006.11.22	水质	作为2005年松花江污染的应对，俄罗斯紧急情况部建议在上海合作组织基础上成立亚洲灾难应对中心	4	俄罗斯卫星网 Sputnik

续表

时间	事件类型	事件描述	BAR等级	备注
2006.12.02	水质	俄罗斯希望对黑龙江的污染者实施制裁机制。Iskhakov称："为了防止污染重复发生，我们必须跟中国签订协议，对污染黑龙江的行为进行制裁"	-1	Russia&CIS General Newswire
2007.02.27	技术合作	作为边界划定的一部分内容，中俄合作对黑龙江和乌苏里江的河床开展联合水文研究	2	BBC Worldwide Monitoring
2007.03.07	开发、水电	一家中国公司计划在黑龙江实施水电项目，已开启谈判进程	1	《中国能源周刊》（China Energy Weekly）
2007.04.06	水质	一个由400名俄罗斯青年组成的团体和一家当地贸易协会在中国驻哈巴罗夫斯克领事馆外抗议黑龙江污染	-1	哈巴罗夫斯克 territory media
2007.05.29	技术合作	中俄协定联合审查2005年松花江化学污染物泄露后水资源恢复成本。俄方代表高度赞扬中国是俄罗斯的战略伙伴	2	俄罗斯报 Российская Газета, Май 29, 2007, C.5
2007.06.14	防洪	俄罗斯国家电视台新闻频道报道中国在Протока Казакевичева canal的水坝可能导致黑瞎子岛俄罗斯一侧遭遇洪水	0	Financial Times Information
2007.08.30	联合管理	中俄总理定期会晤委员会环境保护合作分委会召开第2次会议	2	
2008	航行	中俄国境河流航行联合委员会第49次例会召开	2	黑龙江省交通运输厅
2008.06.06	水质	针对6月5日黑龙江省发生的化学毒剂泄露事件，俄罗斯自然资源部部长特鲁特涅夫表示，还未收到中国官方的消息，这违反了中俄签署的相关协议，中方应当提供事故信息和可能对俄罗斯水体造成的威胁信息	-1	俄罗斯卫星网
2008.06.25	联合管理	中俄总理定期会晤委员会环境保护合作分委会召开第3次会议	2	
2008.07.21	航行	中俄国境河流航行联合委员会对界河航道航行进行联合检查	2	黑龙江省交通运输厅网站
2008.09.15	渔业	中俄渔业合作混合委员会第18次会议召开	2	
2008	联合管理	签署《中俄关于合理利用和保护跨界水的协定》	6	

续表

时间	事件类型	事件描述	BAR等级	备注
2008	技术合作	签署《中俄关于建立跨界突发环境事件通报和信息交换机制的备忘录》	3	
2008	基础设施	签署《中俄关于共同建设、使用、管理和维护中国黑龙江省同江市—俄罗斯犹太自治州下列宁斯阔耶居民点区域内黑龙江（阿穆尔河）铁路界河桥的协定》	4	
2008.12.26	联合管理	中俄合理利用和保护跨界水联合委员会第一次会议举行，双方高度评价成立联委会	2	外交部网站
2009	航行	中俄国境河流航行联合委员会第50次例会召开，正式确认和签署修订后的《中俄国境河流航行规则》	3	黑龙江省交通运输厅
2009.05.06	航行	中俄国境河流航行联合委员会举行专题工作会议，研讨黑龙江（阿穆尔河）铁路界河桥涉航事宜	2	黑龙江省交通运输厅
2009.06.03	联合管理	中俄总理定期会晤委员会环境保护合作分委会第四次会议召开	2	
2009	联合管理	中俄制定了《黑龙江流域跨界自然保护区网络建设方案》	3	
2009.07.26	航行	中俄国境河流航行联合委员会对界河航道航行进行联合检查	2	黑龙江省交通运输厅网站
2009.08.18	联合管理	中俄两国在黑龙江黑河界河段开展首次应急联合演习，包括船舶航行和水域污染事故的应对	2	
2009.10.20	基础设施	中俄将在布拉克维申斯克和黑河之间修建浮桥，解决冬季冰封期运输问题	2	俄罗斯卫星网
2009.10.29	联合管理	中俄合理利用和保护跨界水联合委员会举办第二次会议，交换跨界水体联合监测信息，在水文交换、防洪减灾等方面达成共识，成立跨界水质监测和保护、水资源管理两个工作组	2	外交部网站
2009.12.15	水质	中俄召开跨界水体水质联合监测协调委员会暨联合专家工作组第五次会议	2	
2009.12.16	渔业	中俄渔业合作混合委员会第19次会议召开	2	
2010.04.20	航行	中俄国境河流航行联合委员会第51次例会召开	2	黑龙江省交通运输厅

续表

时间	事件类型	事件描述	BAR等级	备注
2010.06.21	联合管理	中俄总理定期会晤委员会环境保护合作分委会召开第5次会议，俄方提出于2011年举办黑龙江环保学术交流会，得到中方的支持	2	
2010.07.29	水质	中方迅速就28日发生的吉林市化工桶被洪水冲入松花江事件向俄方通报先关信息，并采取紧急处理措施。俄罗斯自然资源与生态部副部长迈达诺夫对此给予高度评价	1	凤凰网
2010.07.08	联合管理	中俄合理利用和保护跨界水联合委员会第三次会议举行	2	外交部网站
2010.08.05	航行	中俄国境河流航行联合委员会对界河航道航行进行联合检查	2	黑龙江省交通运输厅网站
2010.11.23	联合管理	《中俄总理第十五次定期会晤联合公报》提出，双方将共同对黑瞎子岛进行综合开发	2	外交部网站
2011.02.22	联合管理	俄罗斯阿穆尔州自然资源部副部长奥菲采罗夫表示，中俄两国计划在黑龙江两侧分别建立自然保护区，并且建立统一的管理系统	2	俄罗斯卫星网
2011.03.01	航行	中俄国境河流航行联合委员会举行专题工作会议，研究同江跨境铁路大桥通航事宜	2	黑龙江省交通运输厅
2011.04.11	渔业	中俄渔业合作混合委员会第20次会议召开	2	
2011.04.21	水质	中俄合理利用和保护跨界水联合委员会水质监测与保护工作组第2次会议召开	2	黑龙江省交通运输厅
2011.05.24	航行	中俄国境河流航行联合委员会第52次例会召开	2	
2011.06.02	联合管理	中俄总理定期会晤委员会环境保护合作分委会第六次会议召开，会议批准了《中俄黑龙江流域自然保护区网络建设战略》	3	
2011.06.09	渔业	根据中俄渔业合作混合委员会第20次会议的内容，中俄开展两江（黑龙江、乌苏里江）边境水域春季渔业联合执法检查活动	2	

续表

时间	事件类型	事件描述	BAR等级	备注
2011.08.23	航行	中俄国境河流航行联合委员会对界河航道航行进行联合检查	2	黑龙江省交通运输厅网站
2011.09.03	联合管理	签署了《中国黑龙江省与俄罗斯哈巴罗夫斯边疆区边境环境生态合作发展会议纪要》。之后中俄举办黑龙江流域环境保护学术交流会,研讨黑龙江流域环保及其相关问题	2	黑龙江省环境保护厅
2011.09.08	联合管理	中俄两国在黑龙江黑河界河段举行第二次大规模水上应急联合演习,内容是航行事故应对	2	
2011.09.17	渔业	根据中俄渔业合作混合委员会第20次会议的内容,中俄开展两江(黑龙江、乌苏里江)边境水域秋季渔业联合执法检查活动。期间在黑龙江抚远段和乌苏里江各查获1起中方渔船越界捕捞案件	2	
2011.10.27	联合管理	中俄合理利用和保护跨界水联合委员会第四次会议举行	2	外交部网站
2012.03.05	渔业	中俄渔业合作混合委员会第21次会议召开	2	
2012.04.18	联合管理	中俄总理定期会晤委员会环境保护合作分委会污染防治和环境灾害应急联络工作举行第6次会议	2	黑龙江省环境保护厅
2012.04.24	航行	中俄国境河流航行联合委员会第53次例会召开,解决了多年存在的界河困难河段通航难题	2	黑龙江省交通运输厅网站
2012.08.08	渔业	经过与俄罗斯哈巴罗夫斯克总领馆的协调,7月被俄方抓扣的中方4艘渔船65名渔公将回国	2	
2012.08.13	航行	中俄国境河流航行联合委员会对界河航道进行联合检查	2	黑龙江省交通运输厅网站
2012.11.19	联合管理	中俄总理定期会晤委员会环境保护合作分委会举行第7次会议	2	新华网
2012.12.15	联合管理	中俄合理利用和保护跨界水联合委员会第五次会议举行,签署了会议纪要	2	外交部网站
2013.06.25	渔业	中俄渔业合作混合委员会第22次会议召开	2	
2013.07.23	联合管理	中俄边防军首次在黑瞎子岛水域组织联合勤务演练,组织联合抓捕越界人员	2	

续表

时间	事件类型	事件描述	BAR等级	备注
2013.08.10	航行	中俄国境河流航行联合委员会开展对界河航道的联合检查工作	2	黑龙江省交通运输厅网站
2013.08.18	防洪	黑龙江洪水发生后,应中国的请求,俄罗斯利用境内水库消峰拦洪,减轻黑龙江干流的防洪压力	2	新华网
2013.08.20	防洪	中俄总理定期会晤委员会俄方主席罗戈津表示,中俄救援机构在黑龙江洪水期间发挥重要作用,中俄或成立联合行动指挥部,预防气候和人为灾害	2	俄罗斯卫星网
2013.09.04	联合管理	中俄总理定期会晤委员会环境保护合作分委会召开第8次会议	2	
2013.09.17	联合管理	中俄第三次界河应急联合演习在黑龙江黑河举行,提高共同应对界河水上突发事件的应急能力和搜救能力	2	环球网
2013.12.09	渔业	中俄渔业合作混合委员会第23次会议召开	2	
2014.01.23	联合管理	中俄合理利用和保护跨界水联合委员会第六次会议举行,双方高度评价联委会发挥的重要作用	2	外交部网站
2014.04.29	航行	中俄国境河流航行联合委员第55次例会举行	2	黑龙江省交通运输厅
2014.06.20	基础设施	应俄罗斯犹太自治州州长邀请,黑龙江省代表团赴俄访问,就同江——下列宁斯阔耶铁路界河桥建设进行会谈,签署谅解备忘录	2	《黑龙江年鉴》
2014.08	航行	签订《黑龙江流域国境河流航行安全合作与谅解备忘录》	3	
2014.09.10	联合管理	中俄总理定期会晤委员会环境保护合作分委会召开第9次会议	2	
2014	防洪	签订《中俄跨界水防洪领域谅解备忘录》	3	
2014	边界、领土纠纷	中俄两国第一次对界河界线进行联合检查	2	人民网
2014.08.21	航行	中俄国境河流航行联合委员会对黑龙江、乌苏里江特定河段的航道进行联合检查	2	黑龙江省交通运输厅
2014.12.18	基础设施	中俄两国交通部门代表就黑河界河大桥进行会谈,达成多项共识,签署相关协议	3	黑龙江省交通运输厅

续表

时间	事件类型	事件描述	BAR等级	备注
2015	基础设施	《关于修订1995年6月26日签署的〈中俄关于共同建设黑河—布拉戈维申斯克黑龙江(阿穆尔河)大桥的协定〉的议定书》	4	
2015.02.03	联合管理	中俄合理利用和保护跨界水联合委员会第七次会议举行,回顾上年成果和制定下年计划	2	外交部网站
2015.04.20	航行	中俄国境河流航行联合委员会第56次例会召开	2	黑龙江省交通运输厅网站
2015	基础设施	《中俄关于在中俄边境黑河市(中国)与布拉戈维申斯克(俄罗斯)之间共同建设、使用、管理和维护跨黑龙江(阿穆尔河)索道的协定》	4	
2015.06.03	边界、领土纠纷	中国水利技术专家代表团访问布拉戈维申斯克,视察了布市在黑龙江沿岸新建的堤岸,目的是获悉俄方新堤岸的施工信息以及对中方可能造成的影响。双方专家均认为需要共同努力维护界河。双方互相讨论了新堤岸的影响和如何将其影响最小化,并且彼此交换了黑龙江的变化信息	2	амур.инфо
2015.08.25	水质	中俄开展黑龙江水体水质联合监测	2	黑龙江省环境保护厅
2015.08.26	联合管理	中俄第四次界河应急联合演习在黑河举行,旨在提高界河水上事故搜救和应对能力、以及水域污染的预防能力	2	中新网
2015.09.21	联合管理	黑龙江省环保厅与哈巴罗夫斯克边疆区自然资源部举办边境环境保护合作第3届会议	2	黑龙江省环境保护厅
2015.10.12	航行	中俄国境河流航行联合委员会联合开展2015年界河航道航行检查工作,达成12项实质性协议	2	黑龙江省交通运输厅网站
2015.10.20	联合管理	中俄总理定期会晤委员会环境保护合作分委会第10次会议召开	2	黑龙江省环境保护厅
2015.12.17	联合管理	中俄合理利用和保护跨界水联合委员会第八次会议举行,双方表示继续积极发挥联委会作用	2	外交部网站
2016.03.15	渔业	中俄渔业合作混合委员会第25次会议召开	2	《中国渔业年鉴》

续表

时间	事件类型	事件描述	BAR等级	备注
2016.04.23	航行	中俄国境河流航行联合委员会举行第57次例会,达成159项协议	2	黑龙江省交通运输厅网站
2016.05.19	水质	中俄开展2016年度第一次跨界水体水质联合监测工作	2	黑龙江省人民政府网站
2016.06.15	基础设施	俄罗斯阿穆尔州州长、黑龙江省省长、与中俄合资公司签署建造黑龙江大桥的《特许合同》	3	俄罗斯卫星网
2016.07.20	航行	中俄国境河流航行联合委员会对黑龙江上、中游进行联合检查	2	黑龙江省交通运输厅网站
2016.08.05	联合管理	中俄合理利用和保护跨界水联合委员会第九次会议举行,双方高度评价联委会在跨界水合作方面发挥的重要作用	2	外交部网站
2016.09.07	联合管理	黑龙江省环保厅与哈巴罗夫斯克边疆区自然资源部举办边境环境保护合作第4届会议	2	黑龙江省生态环境厅网站
2016.09.14	基础设施	俄罗斯交通部长表示,黑龙江大桥建设工程已得到俄罗斯直接投资基金和远东发展基金的所有必要许可	2	俄罗斯卫星网
2016.09.27	航行	中俄国境河流航行联合委员会举行专题会晤,就黑河——布拉戈维申斯克跨江索道涉航问题达成共识,阿穆尔州政府副主席表示对跨江索道和界河水运的高度关心	2	黑龙江省交通运输厅网站
2016.10.12	水质	中俄总理定期会晤委员会环境保护合作分委会第十一次会议举行。俄罗斯自然资源与生态部部长Сергей Донской表示,黑龙江跨界水水质明显改善。	2	中国环保部网站+ИЗВЕСТИЯ 俄罗斯《消息报》
2016.11.07	联合管理	中俄总理第二十一次定期会晤发布的联合公报积极评价两国在利用和保护跨界水方面取得的成果。	2	新华网网站
2016.12.07	水质	中俄举行跨界水体水质联合监测协调委员会暨联合专家工作组第十二次会议	2	中国-上海合作组织环境保护合作中心网站

注：1.*表示由于缺乏资料,本项事件的发生时间由推算得来。

2. 在第四章中提到,1964—1969年间,中苏边界冲突事件达4000多起,但因未找到所有事件的具体信息,所以在此表中只列出了有具体信息的事件。

参考文献

中文著作

《毛泽东选集》第4卷，人民出版社1991年版。

步平：《东北国际约章汇释（1689—1919）》，黑龙江人民出版社1987年版。

戴长雷、李治军、林岚等：《黑龙江（阿穆尔河）流域水势研究》，黑龙江教育出版社2014年版。

樊勇明：《西方国际政治经济学》，上海人民出版社2006年版。

高飞：《政治文化变迁与中俄关系的演变》，世界知识出版社2008年版。

葛新蓉：《俄罗斯区域经济政策与东部地区经济发展的实证研究》，黑龙江大学出版社2010年版。

郝建恒、侯育成、陈本栽：《历史文献补编—17世纪中俄关系文件选译》，商务印书馆1989年版。

何大明、冯彦：《国际河流跨境水资源合理利用与协调管理》，科学出版社2006年版。

何大明、汤奇成：《中国国际河流》，科学出版社2000年版。

何俊仕、尉成海、王教河：《流域与区域相结合水资源管理理论与实践》，中国水利水电出版社2006年版。

何俊仕、尉成海、王教河：《流域与区域相结合水资源管理理论与实践》，中国水利水电出版社2006年版。

胡仁霞：《中国东北与俄罗斯远东区域经济合作研究》，社会科学文献出版社 2014 年版。

季志业、冯玉军：《俄罗斯发展前景与中俄关系走向》，时事出版社 2016 年版。

贾琳：《国际河流争端解决机制研究》，知识产权出版社 2014 年版。

李兴、阿·沃斯克列先斯基编：《亚欧中心跨区域发展体制机制研究》，九州出版社 2016 年版。

李兴、刘军等著：《俄美博弈的国内政治分析》，时事出版社 2011 年版。

李志斐：《水与中国周边关系》，时事出版社 2015 年版。

刘家磊：《东北地区东段中俄边界沿革及其界牌研究》，黑龙江教育出版社 2014 年版。

刘志青：《恩怨历尽后的反思》，黄河出版社 1998 年版。

吕一燃：《中国近代边界史》（上卷），四川人民出版社 2007 年版。

沈志华、李丹慧：《战后中苏关系若干问题研究——来自中俄双方的档案文献》，人民出版社 2006 年版。

沈志华：《苏联专家在中国（1948—1960）》，新华出版社 2009 年版。

沈志华：《中苏关系史纲》，新华出版社 2007 年版。

盛愉、周岗：《现代国际水法概论》，法律出版社 1987 年版。

谈广鸣、李奔编：《国际河流管理》，中国水利水电出版社 2011 年版。

佟冬编：《沙俄与东北》，吉林文史出版社 1985 年版。

王恩涌：《政治地理学——时空中的政治格局》，高等教育出版社，1998 年版。

王海运：《新世纪的中俄关系》，上海大学出版社 2015 年版。

王绳祖：《国际关系史》第 1 卷，世界知识出版社 1995 年版。

王铁崖：《中外旧约章汇编》（第一册），三联书店 1982 年版。

王铁崖编：《国际法》，法律出版社 1995 年版。

王希隆：《中俄关系史略（一九一七年前）》，甘肃文化出版社 1995 年版。

王曦：《联合国环境规划署环境法教程》，法律出版社 2002 年版。

王志坚：《国际河流法研究》，法律出版社 2012 年版。

王志坚：《水霸权、安全秩序与制度建构—国际河流水政治复合体研究》，社会科学文献出版社 2015 年版。

肖迪芳、戴长雷：《肖迪芳寒水研究暨黑龙江寒水探索》，哈尔滨地图出版社 2015 年版。

薛衔天：《民国时期中苏关系》（上），中共党史出版社 2009 年版。

杨闯、高飞、冯玉军：《百年中俄关系》，世界知识出版社 2006 年版。

杨新吉勒图、李长清、韩炜宏等：《中俄蒙地区合作制度模式及战略研究》，经济科学出版社 2012 年版。

余潇枫、徐黎丽、李正元等：《边疆安全学引论》，中国社会科学出版社 2013 年版。

张伯英：《黑龙江志稿（交涉志三·航权）》，黑龙江人民出版社 1992 年版。

张学昆：《中俄关系的演变与发展》，上海交通大学出版社 2013 年版。

赵建文：《国际法新论》，法律出版社 2000 年版。

郑羽：《多极化背景下的中俄关系（2012—2015）》，经济管理出版社 2015 年版。

中国社会科学院近代史研究所：《沙俄侵华史》第 1 卷，人民出版社 1978 年版。

朱宇：《中国东北地区发展报告（2015）》，社会科学文献出版社 2015 年版。

中文期刊论文

白明华：《国际水法理论的演进与国际合作》，《外交评论》2013 年第 5 期。

卞锦宇、耿雷华、田英：《中俄水质标准的差异及其对我国跨界河流开发与保护的影响》，《中国农村水利水电》2012 年第 5 期。

曹文发：《黑龙江左岸支流的规划及开发利用情况》，《东北水利水电》1986 年第 6 期。

曹雯：《新史料与清前中期中俄关系再研究》，《清史研究》2009 年第 3 期。

陈丽晖、曾尊固、何大明：《国际河流流域开发中的利益冲突及其关系协调——以澜沧江—湄公河为例》，《世界地理研究》2003年第1期。

冯怀信：《水资源与中亚地区安全》，《俄罗斯东欧中亚研究》2004年第4期。

冯彦、何大明、包浩生：《国际水法的发展对国际河流流域综合协调开发的影响》，《资源科学》2000年第1期。

宫少朋：《阿以和平进程中的水资源问题》，《世界民族》2002年第3期。

关培凤、胡德坤：《新中国边界政策的形成与发展》，《当代中国史研究》2010年第3期。

郭力：《中俄边境贸易发展的学理性研究——以黑龙江省与俄罗斯的贸易合作为例》，《国际贸易问题》2012年第6期。

郭晓琼：《黑龙江边境口岸：成果与问题》，《欧亚经济》2016年第2期。

郭延军：《大湄公河水资源安全：多层治理及中国的政策选择》，《外交评论》2011年第2期。

国永春：《沙俄在远东的扩张与日俄战争》，《社会科学战线》1996年第4期。

韩来兴：《〈瑷珲条约〉的签订和奕山的历史责任》，《黑河学刊》1988年第2期。

何铁华：《新修订的〈中俄国境河流航行规则〉特点分析》，《中国海事》2010年第3期。

何艳梅：《跨国水资源保护的法律措施——兼及中国的实践》，《长江流域资源与环境》2009年第10期。

何艳梅：《联合国国际水道公约生效后的中国策略》，《上海政法学院学报》2015年第5期。

黑龙江江东六十四屯问题调查组：《沙俄霸占江东六十四屯的前前后后——七十三位老人访问记》，《学习与探索》1979年第1期。

胡文俊、张捷斌：《国际河流利用权益的几种学说及其影响书评》，《水利经济》2007年第6期。

胡志丁、骆华松、李灿松等：《地缘安全视角下国家边界的"三重功能"及其优化组合》，《人文地理》2012年第3期。

黄巍：《中俄贸易发展中存在的问题与对策研究》，《对外经贸》2016年第3期。

姬忠光：《黑龙江国境界河水电开发与可持续发展》，《黑龙江水利科技》2007年第2期。

贾德香、白建华、梁芙翠：《中俄界河水电项目合作开发前景分析》，《能源技术经济》2010年第2期。

贾邵凤、张军岩、张士锋：《区域水资源压力指数与水资源安全评价指标体系》，《地理科学进展》2002年第6期。

姜毅：《中俄边界问题的由来及其解决的重大意义》，《欧洲研究》2006年第2期。

姜振军：《俄罗斯保护生态安全的措施分析》，《俄罗斯中亚东欧研究》2007年第6期。

孔令杰：《〈联合国国际水道非航行使用法公约〉的地位与前景研究》，《武大国际法评论》2012年第2期。

蓝建学：《水资源安全合作与中印关系的互动》，《国际问题研究》2009年第6期。

李传勋：《中俄毗邻地区非传统安全领域合作初探》，《俄罗斯东欧中亚研究》2006年第6期。

李丹慧：《同志加兄弟：1950年中苏边界关系——对中苏边界问题的历史考察（之一）》，《国际冷战史研究》2004年第1期。

李明斌：《导致中苏论战的意识形态因素分析》，《史学月刊》2004第8期。

李蓉：《俄罗斯水资源的保护、开发利用及其立法探微》，《黑龙江社会科学》2007年第4期。

李玮：《俄罗斯眼中的中国——影响在俄中国形象的文化因素分析》，《国外社会科学》2011年第1期。

李昕蕾：《冲突抑或合作：跨国河流水治理的路径和机制》，《外交评论》2016年第1期。

李雨佳：《吉林省产业结构与就业结构的偏离度分析》，博士学位论文，吉林财经大学，2016。

李志斐：《跨国界河流问题域中国周边关系》，《学术探索》2011年第1期。

李志斐：《水问题与国际关系：区域公共产品视角的分析》，《外交评论》2013年第2期。

李志斐：《水资源外交：中国周边安全构建新议题》，《学术探索》2013年第4期。

李志斐：《中国跨国界河流问题影响因素分析》，《国际政治科学》2015年第2期。

蔺雪春：《东北亚区域环境合作机制亟待加强》，《社会观察》2007年第1期。

刘华芹：《积极实施"走出去"战略 助推"一带一路"建设》，《国际商务财会》2015年第2期。

刘士奇：《松花江流域黑龙江省水环境现状与预测》，博士学位论文，哈尔滨师范大学，2012。

刘思伟：《水资源与南亚地区安全》，《南亚研究》2010年第2期。

刘长敏：《中俄东部边界近距离观察与思考》，《太平洋学报》2016年第3期。

刘志高：《中国东北三省对外贸易空间格局研究》，《地理科学》2016年第9期。

刘宗瑞、周海炜、赵又霖：《国际河流跨境洪灾防治的合作特征及趋势——基于防洪合作协议的内容分析》，《中国人口·资源与环境》2015年第25期。

吕萍：《黑龙江省边境口岸发展现状》，《俄罗斯学刊》2015年第2期。

倪小璐：《〈国际水道非航行使用法公约〉：中国参与的可行性》，《新西部旬刊》2013年第3期。

朴键一、李志斐：《水合作管理：澜沧江—湄公河区域关系构建新议题》，《东南亚研究》2013年第5期。

钱人瑜、钱振健、李智：《国际跨界河流与边界河流合作比较研究》，

《重庆理工大学学报（自然科学）》2015 年第 29 期。

强晓云：《人文合作与"丝绸之路经济带"建设——以俄罗斯、中亚为案例的研究》，《俄罗斯东欧中亚研究》2014 年第 5 期。

沈影：《黑瞎子岛：中俄边界争端的历史句号》，《俄罗斯中亚东欧研究》2009 年第 1 期。

水利部松辽水利委员会：《松辽流域水资源公报 2000—2015》。

宋恩来：《东北大中型水电站水量利用及发电量分析》，《东北电力技术》2005 年第 7 期。

孙汝岳：《黑龙江省水能资源开发与利用研究》，博士学位论文，东北农业大学，2003。

孙晓谦：《俄罗斯远东经济形势分析》，《西伯利亚研究》2011 年第 5 期。

唐霞、张志强、尉永平等：《黑河流域水资源压力定量评价》，《水土保持通报》2014 年第 6 期。

滕仁：《1920—1928 年奉苏关系问题研究》，中国社会科学院中文报告，2016 年。

滕仁：《中俄在边界水体水资源安全方面的合作》，博士学位论文，黑龙江大学，2007 年。

田鹏、田坤、李靖等：《黑龙江流域生态功能区划研究》，《西北林学院学报》2007 年第 2 期。

王爱新：《中俄毗邻流域生态安全合作对策建议》，《西伯利亚研究》2015 年第 4 期。

王殿华：《中国与俄罗斯渔业合作的潜力分析》，《俄罗斯中亚东欧市场》2006 年第 11 期。

王海运：《特朗普上台后俄美关系的走向及其对中俄关系的可能影响》，《俄罗斯学刊》2017 年第 1 期。

王联：《论中东的水争夺与地区政治》，《国际政治研究》2008 年第 45 期。

王益良：《我国国际河流水运通道建设现状和发展探讨》，《水道港口》2014 年第 4 期。

王志坚、邢鸿飞：《国际河流法刍议》，《河海大学学报（哲学社会科学版）》2008年第10期。

王志坚、翟晓敏：《我国东北国际河流与东北亚安全》，《东北亚论坛》2007年第16期。

王志远：《"一带一盟"：中俄"非对称倒三角"结构下的对接问题分析》，《国际经济评论》2016年第3期。

宿丰林：《俄罗斯学者关于中俄东段边界形成史研究概述（上）》，《西伯利亚研究》2005年第3期。

宿丰林：《关于中俄东段边界形成史问题的再探讨 兼评俄罗斯学者的新观点》，《俄罗斯学刊》2011年第3期。

徐坚：《非传统安全问题与国际安全合作》，《当代亚太》2003年第3期。

徐向群：《叙以和谈的症结，安全与水资源问题探析》，《西亚非洲》1996年第2期。

许振宝、李哲敏：《"一带一路"战略下中国与俄罗斯农业合作探析》，《世界农业》2016年第8期。

薛虹：《沙俄攫取松花江航行权的经过》，《社会科学战线》1979年第4期。

薛衔天：《海兰泡惨案死难人数究竟有多少？》，《历史研究》1980年第1期。

薛衔天：《江东六十四屯惨案研究》，《近代史研究》1981年第1期。

薛衔天：《有关江东六十四屯的记述（选译）》，《黑河学刊》1990年第4期。

阎国栋：《遥远的记忆与诱人的传闻——17世纪中期前俄国的中国形象》，《俄罗斯研究》2013年第3期。

阎学通：《权力中心转移与国际体系转变》，《当代亚太》2012年第6期。

杨明：《国际水法基本原则研究》，博士学位论文，昆明理工大学，2008。

杨荣海：《边界效应会制约中国跨境经济合作区建设吗——以中越、

中老和中缅的数据为例》,《国际经贸探索》2014年第3期。

杨恕、王婷婷:《中亚水资源争议及其对国家关系的影响》,《兰州大学学报(社会科学版)》2010年第38期。

易卿、程彦培、张健康等:《气候变化对黑龙江-阿穆尔河流域的生态环境影响》,《南水北调与水利科技》2014年第5期。

于江波:《中俄边境地区黑龙江段资源特点及经贸合作》,《俄罗斯中亚东欧市场》2010年第6期。

于敏、姜明伦、耿建忠:《中俄农业合作新机遇机对策研究》,《世界农业》2015年第8期。

张久辰:《》20世纪五六十年代中苏双方对黑龙江流域的合作考察》,《当代中国史研究》2006年第5期。

张俊海、丁晓阳、杨悦奉:《黑龙江干流界河段梯级水电站开发问题的探讨》,《东北水利水电》2005年第12期。

张立巍:《基于重化工业轻型化构建吉林省新型产业体系——兼论长吉图地区的产业布局》,《经济视角》2016年第3期。

张明明:《论非传统安全》,《中共中央党校学报》2005年第4期。

张宁:《中亚国家的水资源合作》,《欧亚经济》2005年第10期。

张晓萍:《黑龙江省水资源开发利用程度分析》,《黑龙江水利科技》2008年第2期。

张效廉:《贯彻"一带一路"战略 推进"龙江丝路带"建设》,《学习与探索》2015年第11期。

张馨原:《中俄(苏)松黑航权问题研究》,博士学位论文,黑龙江大学,2013。

张莹:《额尔古纳河水运发展对策》,《中国水运月刊》2014年第14期。

张郁、邓伟、杨建锋:《东北地区的水资源问题、供需态势及对策研究》,《经济地理》2005年第4期。

张宗海:《中俄边界沿革史研究》,《中国边疆史地研究》2001年第4期。

赵海燕:《俄罗斯联邦犹太自治州》,《西伯利亚研究》2003年第30期。

赵鸣文:《贸易下滑与中俄关系发展》,《国际问题研究》2016年第 3 期。

赵锡山：《俄罗斯结雅水库布列亚水库对黑龙江干流洪水影响程度分析》，博士学位论文，黑龙江大学，2015。

周海炜、郑莹、姜骞：《黑龙江流域跨境水污染防治的多层合作机制研究》，《中国人口·资源与环境》2013 年第 9 期。

周翔宇：《黑龙江流域跨境水电开发的多层次主体协同合作机制研究》，《水利经济》2016 年第 2 期。

朱晓峰：《黑龙江水系江海联运发展策略》，《水运管理》2008 年第 2 期。

竺效、丁霖：《绿色发展理念与环境立法创新》，《法制与社会发展》2016 年第 2 期。

邹春燕、丁丽、黄清：《中俄界河黑龙江生态环境保护与治理的对策研究》，《林业经济问题》2014 年第 3 期。

中译著作

《马克思恩格斯全集》第 12 卷，人民出版社 1962 年版。

［芬兰］阿尔伯·雍杜宁著：《向东还是向西？》，王家骥译，国防大学出版社 2012 年版。

［俄］根·伊·涅维尔科伊：《俄国海军军官在俄国远东的功勋（1849-1855 年）》，郝建恒、高文风译，商务印书馆 1978 年版。

［苏］卡巴诺夫著：《黑龙江问题》，姜延祜译，黑龙江人民出版社 1983 年版。

苏联科学院远东研究所等编：《十七世纪俄中关系》第 2 卷，黑龙江大学俄语系翻译组译，商务印书馆 1975 年版。

［苏］雅科夫列娃：《1689 年第一个俄中条约》，贝璋衡译，商务印书馆 1973 年版。

中文工具书

《黑龙江数据年鉴》，中国统计出版社 2014 年版。

《中国河湖大典》编纂委员会编：《中国河湖大典（黑龙江、辽河卷）》，中国水利水电出版社 2014 年版。

《中国河湖大典》编纂委员会编：《中国河湖大典（综合卷）》，中国水利水电出版社 2014 年版。

国家统计局、环境保护部：《中国环境统计年鉴—2015》，中国统计出版社 2015 年版。

黑龙江省地方志编委会：《黑龙江省志（第二卷　大事件志）》，黑龙江人民出版社 1994 年版。

黑龙江省地方志编委会：《黑龙江省志（第六十九卷　外事志）》，黑龙江人民出版社 1993 年版。

黑龙江省地方志编委会：《黑龙江省志（第六十六卷　军事卷）》，黑龙江人民出版社 1994 年版。

黑龙江省地方志编委会：《黑龙江省志（第三卷　地理志）》，黑龙江人民出版社 1998 年版。

黑龙江省地方志编纂委员会：《黑龙江省志（第九卷　水利志）》，黑龙江人民出版社 1993 年版。

黑龙江省地方志编纂委员会：《黑龙江省志（第六十六卷　军事卷）》，黑龙江人民出版社 1994 年版。

黑龙江省社会科学院历史研究所：《黑龙江近代历史大事记（1840—1949）》，黑龙江人民出版社 1987 年版。

黑龙江省统计局：《龙江六十年（1949—2009）》，中国统计出版社 2009 年版。

吉林省统计局、国家统计局吉林调查总队：《吉林省统计年鉴》，中国统计出版社 2015 年版。

李宪法：《中国大百科全书（环境科学卷）》，中国大百科全书出版社 1987 年版。

马骧聪译：《俄罗斯联邦环境保护法和土地法典》，中国法制出版社 2003 年版。

农业部渔业局：《中国渔业年鉴》，中国农业出版社 2002 年版。

水利部国际经济技术合作交流中心：《北美跨界河流管理与合作》，中国水利水电出版社 2015 年版。

水利部国际经济技术合作交流中心编译：《国际涉水条法选编》，社会科学文献出版社 2011 年版。

《中俄边界条约集》，商务印书馆 1973 年版。

中国工程院可再生能源发展战略研究项目组：《中国可再生能源发展战略研究丛书·水能卷》，中国电力出版社 2008 年版。

中华人民共和国外交部：《中华人民共和国条约集（第四十三集）》，世界知识出版社 1999 年版。

中华人民共和国外交部：《中华人民共和国条约集（第四十四集）》，世界知识出版社 1999 年版。

中华人民共和国外交部：《中华人民共和国条约集（第四十一集）》，世界知识出版社 1998 年版。

中华人民共和国外交部：《中华人民共和国条约集（第五十六集）》，世界知识出版社 2012 年版。

中华人民共和国外交部边界与海洋事务司：《中华人民共和国边界事务条约集（2004—2012 年）》，世界知识出版社 2013 年版。

中华人民共和国外交部条约法律司：《中华人民共和国边界事务条约集》中俄卷上，世界知识出版社 2005 年版。

中文报纸

胡德胜、张捷斌：《我国不宜加入〈国际水道法公约〉》，《中国社会科学报》2014 年 11 月 19 日 B01 版。

徐立凡：《松花江污染善后 验证中俄关系成熟性》，《华夏时报》2005 年 12 月 28 日 A02 版。

中文网站

凤凰网，http://www.ifeng.com/.

哈尔滨海关网站，http://harbin.customs.gov.cn/publish/portal118/.

黑龙江省环保厅网站，http://www.hljdep.gov.cn/.

黑龙江省交通运输厅网站，http://www.hljjt.gov.cn/.

黑龙江省统计局网站，http://www.hlj.stats.gov.cn/.

环球网，http://www.huanqiu.com/.

人民网，http://www.people.com.cn/.

松辽水利网，http://www.slwr.gov.cn/.

新华网，http://www.xinhuanet.com/.

中国国家统计局网站，http://www.stats.gov.cn/.

中国环保部网站，http://www.zhb.gov.cn/.

中国水利部网站，http://www.mwr.gov.cn/.

中国外交部网站，http://www.fmprc.gov.cn/web/.

中国新闻网，http://www.chinanews.com/.

中国驻哈巴罗夫斯克总领馆经济商务室网站，http://khabarovsk.mofcom.gov.cn/.

中华人民共和国水利部网站，http://www.mwr.gov.cn/.

中华人民共和国中央人民政府网站，http://www.gov.cn/.

英文著作

Alexander Lukin, *The Bear Watches The Dragon: Russia's Perceptions of China and The Evolution*, Routledge, 2002.

Alexander Lukin, *The image of China in Russian Border Regions*, University of California Press, 1998.

Allan A., J., *The Middle East Water Question: Hydropolitics and the Global Economy*, London and New York: I, B, Tauris Publishers, 2001.

Ariel Dinar, Shlomi Dinar, eds., *Bridges over Water: Understanding Transboundary Water Conflict, Negotiation and Cooperation*, Singapore: World Scientific Publishing Co., Pte, Ltd., 2007.

Arthur H. Westing, *Global Resources and International Conflict*, Oxford University Press, 1989.

Arun P. Elhance, *Hydropolitics in the Third World: Conflict and Cooperation in International River Basins*, Washington, D.C.: United States Institute of Peace Press, 1999.

Ashok Swain, *Managing water conflic: Asia, Africa and the Middle East*,

London:Routledge, 2004.

Cecilia Tortajada, Asit K. eds., *Asian Perspectives on Water Policy*, Routledge, 2012.

Edward A. Page, Michael Redclift, *Human Security and the Environment*, Edward Elgar Publishing Limited, 2002.

Filippo Celata, Raffaella Coletti, *Neighbourhood Policy and the Construction of the European External Borders*, Springer International Publishing, 2015.

Guo, Rongxing, *Cross-Border Management: Theory, Method and Application*, Springer Berlin Heidelberg, 2015.

Hao Y. F., Gorge Wei C. X., Dittmer L., eds., *Challenges to Chinese Foreign Policy*, Kentucky: The University Press of Kentucky, 2009.

J. W. Dellapenna, J. Gupta, eds., *The Evolution of the Law and Politics of Water*, Springer Netherlands, 2009,

John E. Moerlins、Mikhail K. eds., *Transboundary Water Resources: A Foundation for Regional Stability in Central Asia*, Netherlands: Springer, 2006.

LeMarquand, D. G. *International Rivers, The Politics of Cooperation*, Vancouver: University of British Columbia Westwater Research Centre, 1977.

Michal Lubina, *Back to the Past: The Present Model of Sino-Russian Relations as a Return to their Initial Asymmetry*, Wydawnictwo Uniwersytetu, 2014.

Mikiyasu Nakayama, *International Waters in Southern Africa*, Tokyo: UNU Press, 2003.

Rogers, P., Lydon, P., eds., *Water in the Arab World: Perspectives and Prognoses*, Boston: Harvard University Press, 1994.

Sergei, Vinogradov, Patricia Wouters, *Sino-Russian Transboundary Waters: A Legal Perspective on Cooperation*, Sweden: Institute for Security and Development Policy, 2013.

Shigeko Haruyama, Takayuki Shiraiwa, *Environmental Change and the Social Response in the Amur River Basin*, Springer Japan, 2015.

Shlomi Dinar, Ariel Dinar, *International Water Scarcity and Variability:*

Managing Resource Use across Political Boundaries, California: University of California Press, 2017.

Shlomi Dinar, *Beyond Resource Wars: Scarcity, Environmental Degradation, and International Cooperation*, London: The MIT Press, 2011.

Simonov E., Dahmer T., *Amur-Heilong River Basin Reader*, Hong Kong: Ecosystems Ltd., 2008.

Tai Sung An, *The Sino-Soviet Territorial Dispute*, Philadelphia: The Westminster Press, 1976,

Tuomas Forsberg ed., *Contested Territory: Border Disputes at the Edge of the Former Soviet Union*, Aldershot: Edward Elgar, 1995.

Viktor Lagutov, *Environmental Security in Watersheds: The Sea of Azov*, 2012.

Wolf Aaron T., Sharing Water, *Sharing Benefits: Working towards Effective Transboundary Water Resources Management*, Oregon State University, 2010.

英文论文

A. Szekely, "How to accommodate an uncertain future into institutional responsiveness and planning: The case of Mexico and the United States", *Natural Resources Journal*, 1993, 33(2).

Alexander Lukin, "Russia's image of China and Russian-Chinese Relations", *East Asia*, 1999, 17(1).

Chen, Huiping, Alistair Rieu-Clarke, Patricia Wouters, "Exploring China's Transboundary Water Treaty Practice through the Prism of the UN Watercourses Convention", *Water International*, 2013, 38(2).

Cooley John, "The War over Water", *Foreign Policy*, 1984(54).

Dinar, S., "Assessing Side-payments and Cost-sharing Patterns in International Water Agreements: The Geographic and Economic Connection", *Political Geography*, 2006.

Dmitri Trenin, "True partners? How Russia and China see each other", *Cetre for European Reform*, 2012.

Falkenmark Malin, "Global Water Issues Confronting Humanity", *Journal of Peace Research*, 1990, 27(2).

Feitelson E., "The ebb and flow of Arab-Israeli water conflicts: Are Past Confrontations Likely to Resurface?", *Water Policy*, 2000(2).

G. Ginsburgs, "A Calendar of Soviet Treaties: 1974-1980", *Review of Socialist Law*, 1988, 14(1).

Helen Ingram, David, R., "White, International Boundary and Water Commission: An institutional mismatch for resolving transboundary water problems", *Natural Resources Journal*, 1993, 33(1).

Ingram H., White D., "International Boundary and Water Commission: An institutional mismatch for resolving transboundary water problems", *Natural Resources Journal*, 1993(33).

Jeroen Warner, "The Politics of Diversion—Bridging Troubled Water in the Middle East," *Master's Thesis Submitted to the Department of International Relations, University of Amsterdam, Amsterdam, Netherlands*, 1992.

John Butterworth, Jeroen Warner,eds., "Finding Practical Approaches to Integrated Water Resources Management", *Water Alternatives*, 2010, 3(1).

Joyce R. Starr, "Water Wars", *Foreign Policy*, 1991, 82(82).

L.V. Gorbatenko, "Water use in the transboundary basin of the Amur River", *Georgraphy and Natural Resources*, 2016(2).

Lan-lan Y, Zi-qiang XIA,eds., "Climate change characteristics of Amur River", *Water Science and Engineering*, 2013(2).

Larry A. Swatuk, "Water conflict and cooperation in Southern Africa", *Wiley Interdisciplinary Reviews: Water*, 2015, 2(3).

Lucia De Stefano, Paris Edwards,eds., "Wolf, "Tracking cooperation and conflict in international basins: historic and recent trends", *Water Policy*, 2010(12).

M. Zeitoun, N. Mirumachi, "Transboundary Water Interaction: Reconsidering Conflict and Co-operation", *International Environmental Agreements*, 2008, 8(4).

Mark Zeitoun, Jeroen Warner, "Hydro-hegemony—a framework for analysis of trans-boundary water conflicts", *Water Policy*, 2006(8).

Michael T, Klare, "The New Geography of Conflict", *Foreign Affairs*, No.3, 2001.

Mumme, S, "Innovation and reform in transboundary resource management: A critical look at the International Boundary and Water Commission, United States and Mexico", *Natural Resources Journal*, 1993(33).

Naho Mirumachi, J, A.Allan, "Revisiting Transboundary Water Governance: Power, Conflict, Cooperation and the Political Economy, " *International Conference on Adaptive and Integrated Water Management, Basel, Switzedland*, November 12-15, 2007.

Neda A. Zawahri, "International rivers and national security: The Euphrates, Ganges-Brahmaputra, Indus, Tigris, and Yarmouk rivers", *Natural Resources Forum*, 2008, 32(4).

Patricia Wouters, "China's Soft Path to Transboundary Water Cooperation Examined in the Light of Two UN Global Water Conventions - Exploring the 'Chinese Way'", *The Journal of Water Law*, 2011, 22(6).

Peter H. Gleick, "Water and conflict: fresh water resources and international security", *International Security*, 1993(1).

S.I.Levshina, N.N.Efimov, V.N.Bazarkin, "Assessment of the Amur River Ecosystem Pollution with Benzene and Its Derivatives Caused by an Accident at the Chemical Plant in Jilin City, China", *Bulletin of Environmental Contamination and Toxicology*, 2009, 83(6).

Sadoff W. C., Grey D., "Beyond the river: the benefits of cooperation on international rivers", *Water Policy*, 2002(4).

Sclomi Dinar, "Water, Security, Conflict and Cooperation", *Sais Review*, 2002, 22(2).

Scott W.D. Pearse-Smith, "'Water War' in the Mekong Basin?", *Asia Pacific Viewpoint*, 2012, 53(2).

Sergei Blagov, "Damage control for Russia and China after chemical spill",

Eurasia Daily Monitor, 2006, 3(15).

Sergei, Vinogradov, Patricia Wouters, "Can the dragon and bear drink from the same well? Examining Sino-Russian cooperation on transboundary rivers through a legal lens", *International of Water Law*, 2012, 23(4).

Shim Yoffe, Aaron T. Wolf, Mark Giordano, "Conflict and cooperation over international freshwater resources: indicators of basins at risk", *Journal of the American Water Resources Association*, 2003,39(5), "

Shira B. Yoffe, Aaron T, Wolf, "Water, conflict and cooperation: Geographical perspective", *Cambridge Review of International Affairs*, 1999(2).

Song J. D. Whittington, "Why have some countries on international rivers been successful at negotiating treaties? A global perspective", *Water Resources Research*, 2004(5).

Stephen Mumme, "Innovation and reform in transboundary resource management: A critical look at the International Boundary and Water Commission", *Natural Resources Journal*, 1993, 33:1(1).

Thomas F. Homer-Dixon, "Environmental scarcities and violent conflict: evidence from cases", *International Security*, 1994(1).

Vlacho, A. C., Murphy, I. L., "The Management of International River Basin Conflicts, " *Proceedings of a workshop held at Laxenburg, George Washington University*, 1986.

Wolf, A. T., Yoffe, S., Giordano, M., "International waters: identifying basins at risk", *Water Policy*, 2003, 5(1).

英文报告

BP Statistical Review of World Energy , 2016.

CIA, "The Deterioration of Sino-Soviet Relations: 1956-1966", 1966.

Darman, Yury, Andrey Dikarev,eds., "Environmental Risks to Sino-Russian Transboundary Cooperation: From Brown Plans to a Green Strategy, "WWF's Trade and Investment Programme, 2011.

Falkenmark Malin, ed., "Water-Related Limitations to Local Development,

"Round Table Discussion, AMBIO, 1987, 16(4).

Friends of the Earth Middle East, "Why Cooperate Over Water? Shared Waters of Palestine, Israel and Jordan: Cross-border crises and the need for trans-national solutions", 2010.

OECD, "Economic Instruments for Water Resources Management in the Russian Federation",2013.

OECD, "Environmental policy and regulation in Russia", 2006.

Resolution of the International Scientific and Practical Conference , BRICS Water Forum, 2016.

UN Environment Programme, "Transboundary River Basins: Status and Trends", 2016.

UN Human Development Report 2006, "Beyond scarcity: Power, poverty and the global water crisis", 2006.

UN water, "Transboundary Waters: Sharing Benefits, Sharing Responsibilities", 2008.

UN World Water Development Report, "Managing Water under uncertainty and risk", 2012.

UN World Water Development Report, "Water, a shared responsibility", 2006.

UN-Water Annual Report , 2013.

Victor Dukhovny, Vadim Sokolov, "Lessons on Co-operation Building to Manage Water Conflicts in the Aral Sea Basin ", Technical Documents in Hydrology, 2004(11).

Warner, J., "Mind the GAP - Working with Buzan: the Illisu Dam as a security Issue, SOAS Water Issues Study Group, School of Oriental and African Studies/King's College – London, 2004.

英文数据库

Water Conflict Chronology database.

BAR Water Events Database.

英文网站

美国纽约时报，http://www.nytimes.com/.

美国之音，http://www.voanews.com/.

英国广播公司，http://www.bbc.com/news.

俄文著作

Александров В. А. *Россия на дальневосточных рубежах (вторая половина XVII в.)* Галенович М, Ю, *Россия и Китай в XX веке - Граница*, Изограф, 2001.

Андреев Б., А., *Геополитика трансграничного взаимодействия России и Китая*, Lambert Academic Publishing, 2014.

Воскресенский, А., Д., *Китай и Россия в Евразии: Историческая динамика политических взаимовлияний*, Москва: Восток-Запад, 2004.

Гиреев В., Г., *Россия - Китай, Неизвестные страницы пограничных переговоров*, Российская политическая энциклопедия, 2006.

Готванский, В.И., *Бассейн Амура: Осваивая–Сохранить*, Хабаровск: ООО Архипелаго Файн Принт, 2007.

Забияко А., П., *Россия и Китай на дальневосточных рубежах*, Мост через Амур, Амурский гос, ун-т, 2006.

Забияко А., *Россия и Китай на дальневосточных рубежах*, Мост через Амур, Амурский гос, ун-т, 2006.

Ларин В.Л., *Россия и Китай: опыт и потенциал регионального и приграничного взаимодействия*, Владивосток: Дальнаука, 2014.

Ларин В.Л., гл, ред, *Россия и Китай: опыт и потенциал регионального и приграничного взаимодействия*, Владивосток: Дальнаука, 2014.

Лукин В, А, *Возвышающийся Китай и будущее России* «Международные отношения, 2015,

Лукин, В. А. *Россия и Китай: четыре века взаимодействия, История, современное состояние и перспективы развития российско-китайских отношений*, Москва: Весь Мир, 2013.

Мелихов, В. Г., *Российская эмиграция в международных отношениях на Дальнем Востоке 1925-1932*, Русский путь, 2007.

Щебеньков, Б. Г., *Русско-китайские отношения в XVII в*, АН СССР, 1960.

俄文期刊论文

Александров, В. А., "Русско-китайские отношения в XVII веке", *Народы Азии и Африки*, 1974(3).

Болгов Михаил Васильевич, Демин Александр Павлович, Шаталова Ксения Юрьевна, "Российско-Китайское Сотрудничество В Области Использования И Охраны Трансграничных Водных Объектов: Опыт И Проблемы", *Использование и Охрана Природных Ресурсов в России*, 2016, 146(2).

Воронов, Б.А., Махинов А. Н., "Современное состояние водных ресурсов Дальнего Востока и их антропогенное преобразование", *Петропавловск-Камчатский*: ИВиС ДВО РАН, 2009.

Воронов, Б. А., Мандыч, А. Ф., Махинов А. Н., "Современность и вероятное будущее Амура и связанных с ним экосистем", Регионы нового освоения: ресурсный потенциал и инновационные пути его использования, *Участием, Хабаровск*, 2011.

Елена Борисовна Тютюкина, Татьяна Николаевна Седаш, Анатолий Иванович Данилов, "Государственая политика россии в области охраны окружающей среды: Проблемы и пути решения", *Экономический анализ: теория и практика*, 2015(45).

Кфрфиванов, А., "Проблемы восточной границы между РФ и КНР: взгряд с российского Дальнего Востока", *Проблемы Национальной Стратегии*, 2012, 10(1).

Лузянин, С.Г., "Россия и Китай: глобальные и региональные измерения безопасности и сотрудничества - 2015 г", *Китай в мировой и региональной политике,Москва*: ИДВ РАН, 2015.

Н.Г., Рыбальского, А.Д., Думнова, "Водные ресурсы и водное хозяйство России в 2014 году,М. ", *НИА-Природа*, 2015.

Носова, С.Ф., "Россия-Китай: Правовое Регулирование Отношений При-Родопользования В Бассейне Реки Амур", *Власть и управление на Востоке России*, 2007(3).

Подберезкина, О.А., "Российский Дальний Восток и Азиатско-Тихоокеанский регион: проблемы интеграции транспортных систем", *Вестник МГИМО-Университета*, 2010(4).

Прохорова, Наталья Викторовна, "Развитие Российско-Китайских Отношений В Свете Освоения Бассейна Реки Амур", *Китай в мировой и региональной политике: История и современность*, 2011(16).

Солнцев, А.М., "От Конфликта К Сотрудничеству: Российско-Китайские Отношения В Области Управления Водными Ресурсами", *Международное право–International Law*, 2009:37(1).

俄文报告

Водная стратегия российской федерации на период до 2020 года.

Горбатенко, Л.В., "Российский Дальний Восток В Атр: Водные Ресурсы И Проблемы Водопользования, " Paper presented at the 7th InternatIonal Science Practical conference ,The Rivers of Siberia and the Far East.

Муратшина К.Г., "Россия - Китай: риски сотрудничества в сфере использования трансграничных водоемов, " Уральского университета, 2015.

Стратегия развития хабаровского края.

Федеральная Служба Государственной Статистики, "Хабаровский край в цифрах 2014, "Хабаровск, 2014.

WWF России, En+Group, "Комплексная Эколого-экономическая Оценка Развития Гидроэнергетики Бассейна Реки Амур, "2015.

俄文网站

俄罗斯外交部网站，http://www.mid.ru/home.

俄罗斯国际事务委员会网站，http://russiancouncil.ru/en/.

俄罗斯政策研究中心网站，http://www.pircenter.org/.

俄罗斯联邦统计局网站，http://www.gks.ru/.

俄新社，http://ria.ru/.

俄罗斯消息报，http://izvestia.ru/.

俄罗斯卫星网，http://sputniknews.cn/.

俄罗斯阿穆尔信息网，http://www.amur.info/.

俄罗斯阿穆尔州统计部门网站，https://amurstat.gks.ru.

俄罗斯哈巴罗夫斯克地区、马加丹州、犹太自治区和楚科奇自治区统计网站，http://habstat.gks.ru.

塔斯社，http://tass.ru/.